PAPA FRANCISCO
EL PASTOR

Francesca Ambrogetti
Sergio Rubín

PAPA FRANCISCO
EL PASTOR

**DESAFÍOS, RAZONES Y REFLEXIONES
SOBRE SU PONTIFICADO**

ORIGEN®

Penguin
Random House
Grupo Editorial

Primera edición: junio de 2023

Originalmente publicado en Argentina bajo el título *El Pastor*, en febrero de 2023.

Copyright © 2023, Francesca Ambrogetti y Sergio Rubín
Copyright © 2023, Penguin Random House Grupo Editorial, S.A.
Humberto I 555, Buenos Aires
Copyright © 2023, Penguin Random House Grupo Editorial USA, LLC
8950 SW 74th Court, Suite 2010
Miami, FL 33156

Foto de cubierta: © Vatican Media
Diseño: Penguin Random House Grupo Editorial

Impreso en México / *Printed in Mexico*

ISBN: 978-1-64473-852-8

23 24 25 26 27   10 9 8 7 6 5 4 3 2 1

ORIGEN es una marca registrada de Penguin Random House Grupo Editorial

Índice

Prólogo, por el papa Francisco   7

1. De *El Jesuita* a *El Pastor*   11

2. Al rescate de los refugiados.   38

3. Acompañar en todas las circunstancias   52

4. Un descenso a los infiernos.   67

5. Lo primero es la familia.   96

6. Entre lo humano y lo divino. 109

7. "Justicia, justicia perseguirás..." 122

8. Tiempo de prueba 135

9. La capacidad de abrazar 149

10. El hombre detrás del Papa. 166

11. El profeta y su tierra 180

12. El genio femenino 195

13. Ante acechanzas y resistencias 212

14. La casa común, amenazada 231

15. De templos y mercaderes 249

16. La fuerza del testimonio 281

17. El desafío de perdonar. 299

18. Una Iglesia que mira al futuro 312

19. Del dolor a la esperanza 326

Anexo 341

Prólogo

Debo reconocerles una virtud a Francesca y Sergio: su perseverancia. En 2001, cuando era arzobispo de Buenos Aires y a poco de ser creado cardenal, me propusieron escribir un libro sobre diversos temas desde mi perspectiva de pastor. Nada convencido, les dije que lo iba a pensar y tardé varios años en contestar. Tuvieron la paciencia de esperar y fue precisamente una pregunta acerca del significado de la expresión "transitar la paciencia", que utilizaba con frecuencia, la que terminó convenciéndome de aceptar el pedido. A partir de ese momento comenzamos un diálogo de más de dos años en el que se creó un vínculo de confianza y entendimiento que se prolongó hasta ahora. Así nació *El Jesuita*, un libro que en la intención de los autores debía tener una continuación. Mi retiro era próximo y pensaron que iba a tener tiempo para dedicarles. No fue así.

Sin embargo, después de 2013 insistieron con un nuevo proyecto y una vez más pusieron de manifiesto su perseverancia. En esta ocasión no fue debido al tiempo que me tomé para aceptar la propuesta sino por el que demandó la elaboración del nuevo libro. Los autores querían seguir contando mi historia, pero también hacer un trabajo con mayor perspectiva de mi pontificado. Compendiando de alguna manera los aspectos que procuran responder a los desafíos que debía afrontar el sucesor de Benedicto XVI, definidos por los cardenales en los debates previos al cónclave. Así fue que mantuvimos encuentros regulares a lo largo de casi diez años.

Francesca y Sergio me explicaron que la idea del primer libro había nacido durante un encuentro con corresponsales extranjeros en abril de 2001. En esa ocasión me preguntaron cuál consideraba que debía ser el perfil del próximo papa y respondí sin dudarlo: un pastor. Difícil imaginar en ese momento que doce años después me convertiría en ese pastor: el que tiene que estar a la cabeza del pueblo para indicar el camino, en medio del pueblo para vivir su experiencia, detrás para ayudar a los rezagados y, a veces, respetar su intuición para buscar los mejores pastos. Es lo que intenté hacer desde que me ordené sacerdote y en estos años de pontificado siempre con el fuerte propósito de ser fiel a Dios y a la Iglesia y útil a los católicos y a todos los hombres de buena voluntad. Explicando, proponiendo, escuchando, pidiendo perdón cuando corresponde y sirviendo. Y fundamentalmente con cercanía de corazón, siempre. A lo largo de todos estos años, Espíritu Santo de por medio, nunca me abandonó la paz.

PAPA FRANCISCO

1. De *El Jesuita* a *El Pastor*

"Se dice que es un Papa conservador, pero acaba de tener un gesto revolucionario", afirmó el cardenal Jorge Bergoglio el 11 de febrero de 2013, apenas unas pocas horas después de que Benedicto XVI sorprendió al mundo con su renuncia —anunciada en latín ante un consistorio de cardenales—, convirtiéndose en el primer Papa en casi ocho siglos en dimitir y generando la extraordinaria circunstancia de la coexistencia de un pontífice emérito y otro en funciones. "Se trata de una decisión muy pensada delante de Dios y muy responsable por parte de un hombre que no quiere equivocarse él o dejar la decisión en manos de otros", consideró Bergoglio en declaraciones a la agencia de noticias italiana ANSA. Ahora —como cardenal menor de 80 años— debía prepararse para viajar y participar del proceso que desembocaría en la elección del sucesor de Joseph Ratzinger. Sin perder tiempo, sacó pasaje para el 28 de febrero, 17 días después de la histórica renuncia. Pero un laico amigo, enterado de la fecha de partida que había escogido, lo reprendió: "¡Cómo no vas a estar para la despedida del Papa!". Bergoglio, que era poco afecto a los viajes, y menos aún a estar un lapso prolongado fuera de Buenos Aires, se defendió diciéndole que tenía mucho trabajo. No obstante, comprendió que la amonestación era atinada y que iba a incurrir en una desconsideración hacia un pontífice que había tenido el coraje de protagonizar un enorme gesto de grandeza tras admitir por considerar que ya no contaba con la fuerza para ejercer el papado adecuadamente.

Bergoglio volvió a recorrer a pie las pocas cuadras desde el arzobispado hasta las oficinas de la compañía aérea para cambiar su pasaje. A diferencia de la vez anterior, cuando no tuvo que esperar, en esta ocasión numerosas personas aguardaban ser atendidas. Así que sacó número, se sentó, metió la mano en un bolsillo, tomó el rosario y se puso a rezar. Ya llevaba unos cuarenta minutos de espera cuando llegó el gerente y al verlo lo invitó gentilmente a pasar a su oficina. Enterado de que quería adelantar la partida, se ocupó personalmente del trámite y le dijo: "Tiene suerte, por la nueva fecha le cuesta más barato: 140 dólares menos". Eso sí, la de regreso la mantenía: era dos días antes del Domingo de Ramos porque quería presidir la celebración del comienzo de la Semana Santa (incluso, sabiendo que volvería cansado, optó por dejar escrita la homilía). Creía que eso era factible porque, por más largo que fuese el cónclave, un Papa no iba a asumir durante la Semana Santa.

En el fondo, Bergoglio no se resignaba a la larga ausencia que implicaba el viaje por los aprestos del proceso electoral, las dos semanas que insumiría el debate de los cardenales en las llamadas congregaciones generales sobre la situación de la Iglesia y el perfil del futuro Papa, el desarrollo del cónclave y, finalmente, la asunción del nuevo pontífice. Cuando aterrizó en Roma, y mientras se cruzaba junto a las cintas transportadoras de equipaje con otros purpurados que también arribaban, como el brasileño Odilo Scherer y el filipino Luis Antonio Tagle, pensaba que muy probablemente el futuro Papa estaba entre el puñado de nombres que mencionaban los periódicos. Acaso entre el italiano Angelo Scola, el propio Scherer... Por otra parte, a diferencia del cónclave anterior —cuando resultó el más votado después de Joseph Ratzinger, según la prensa especializada—, Bergoglio prácticamente no figuraba en los pronósticos que hacían los vaticanistas. Eso sí, se lo mencionaba como un *kingmaker*, o sea, alguien que podría orientar el voto de unos cuantos cardenales detrás de una candidatura.

Para muchos observadores argentinos su tiempo había pasado. Hacía más de un año que había renunciado como arzobispo de Buenos Aires por llegar a la edad límite de 75 años —desde diciembre tenía 76— y se desempeñaba con mandato prorrogado. En términos futbolísticos se diría que estaba jugando en tiempo de descuento. El día antes de partir se reunió con el nuncio apostólico, monseñor Emil Paul Tscherrig, con quien conversó sobre su eventual sucesor. "Cuando vuelvo comenzamos el sondeo para conformar la terna", le dijo en alusión a la definición de los candidatos a sucederlo. Consideraba que su reemplazante podría asumir en noviembre y asentarse en el cargo durante el receso de vacaciones en el hemisferio sur. Monseñor Tscherrig le preguntó si tenía algún candidato, a lo que Bergoglio respondió afirmativamente. Pero que no pensaba revelar su nombre por temor a que trascendiera y fuera objeto de un manoseo que a la postre perjudicara la candidatura. El nuncio prometió estricta reserva y Bergoglio soltó prenda. Además, le expuso sus razones para impulsarlo. Tras pedirle que lo estudiara, acordaron retomar el tema a su regreso.

El cardenal Bergoglio, además de pensar en su posible sucesor, también había definido su futura morada. En Navidad había ido a almorzar con los sacerdotes ancianos de Buenos Aires al hogar con que cuentan en el barrio porteño de Flores, donde nació y vivió hasta entrar al seminario. No solo quería estar con ellos en un día tan especial, también deseaba cerciorarse de que el cuarto que había elegido estuviera listo. Como los demás, era modesto, con un escritorio, un armario y una cama de madera con colchón duro —idéntica a la de su dormitorio en el arzobispado— que, ante una consulta, no quiso cambiar por un sommier. Eso sí: había pedido que el color de las paredes fuese blanco. "Es que a mí el blanco me inspira mucho porque puedo proyectar… es como una página vacía", fue la razón que dio. Pudo comprobar que la habitación estaba tal como quería. Ahora era cuestión de que se resolviera su sucesión para pasar sus últimos años en el barrio de su infancia, de su adolescencia, de su fugaz noviazgo, donde abrazó la pasión futbolística por San Lorenzo y empezó a degustar el tango y la ópera. Y donde descubrió su vocación religiosa luego de una iluminadora confesión en la parroquia de San José de Flores el día de la primavera. Precisamente, proyectaba en esa iglesia —que está a seis cuadras del hogar— ir de lunes a viernes a confesar, y los fines de semana hacerlo en la basílica de Nuestra Señora de Luján —la patrona nacional—, distante unos 65 kilómetros de Buenos Aires, ya que en los confesionarios de ese populoso templo había vivido una de las experiencias más gratas de su vida sacerdotal.

Después vinieron las vacaciones veraniegas de enero, que —como siempre— se tomaría sin salir de Buenos Aires, la sorprendente renuncia de Benedicto XVI y, por consiguiente, el inesperado viaje a Roma. Habitualmente reacio a conceder entrevistas, sabía que si bien la prensa estaría en la capital italiana al acecho de todo participante en el cónclave, en su caso contaba con una ventaja: su rostro era poco y nada conocido, aun para muchos vaticanistas. Además, pensaba que su sobretodo negro largo ocultaría su sotana con los botones púrpura, propio de los cardenales. En fin, creía que pasaría casi inadvertido con su característico maletín entre la prensa apostada en la puerta del Santo Oficio, por donde ingresaban y salían los purpurados que participaban de las sesiones plenarias.

Bergoglio padecía por aquellos días un dolor muy intenso en la columna y los pies a raíz de que, entre la cuarta y la quinta vértebra lumbar, el disco estaba muy debilitado, y entre la quinta y el sacro no había nada. Sumado al hecho de que desde hacía más de treinta años usaba zapatos ortopédicos porque tenía los huesos metacarpianos vencidos, casi soldados. Por eso, aunque prefería unir a pie la distancia de unas quince cuadras entre la Casa Internacional del Clero, donde se alojaba, y el Vaticano, en los últimos días de las congregaciones generales tuvo que recurrir a un taxi. Fue precisamente cuando se desplazaba en el auto para participar de la penúltima sesión en la que le tocaba hacer su exposición de tres minutos, que escribió los pocos puntos que quería desarrollar. Ya en el reciento expuso sus conceptos con su habitual tono sereno, sin que le pareciera que hubieran impactado. De hecho, no suscitaron un aplauso, si bien es cierto que, en general, las intervenciones no se aplaudían, salvo alguna que otra muy incisiva. Tampoco ningún purpurado le comentó nada al terminar la sesión.

Pero al día siguiente se cruzó al entrar a la sala con un cardenal emérito europeo que ponderó su intervención: "Usted la ve clara", le dijo. ¿Qué había dicho Bergoglio? Inspirado en el pasaje del Apocalipsis en el que Jesús afirma: "Estoy junto a la puerta y llamo y si alguien oye mi voz y me abre, entraré a su casa y cenaremos juntos", consideró que en la actualidad estaba ocurriendo lo opuesto. O sea, que la Iglesia lo tenía "aprisionado", no lo dejaba "salir". Por eso, destacó la necesidad de que la Iglesia "salga de sí misma" y lleve el Evangelio a lo que denominó "las periferias geográficas", pero también a las "existenciales", caracterizadas por "el misterio del pecado, del dolor, de la injusticia, la ignorancia y la prescindencia religiosa". Tras el elogio, su interlocutor le enumeró una serie de condiciones que, a su juicio, debía tener el futuro Papa. Bergoglio le preguntó entonces si tenía algún candidato que reuniera esos requisitos. Grande fue su sorpresa cuando el cardenal le respondió: "Sí, debería ser alguien... ¡como usted!".

En rigor, la tarde anterior, Bergoglio había recibido el primer comentario que lo inquietó. Esa vez un cardenal africano —el arzobispo de Kinshasa, Laurent Monsengwo Pasinya— con quien había trabado una amistad al coincidir en los trabajos de algunos sínodos de obispos le preguntó si tenía algún candidato. Bergoglio le respondió que estaba pensando en varios, que no terminaba de decidirse por ninguno y que confiaba en que Dios lo ayudaría a elegir. Él también lo sondeó. La respuesta de su colega fue elíptica, aunque inequívoca: "En el cónclave anterior tuviste votos", le recordó. Bergoglio, rápido de reflejos, esquivó el bulto con una salida ingeniosa acompañada de una sonrisa cómplice: "Los cónclaves son secretos y vos aún no eras cardenal así que no podés saber lo que pasó". No obstante, el africano le espetó: "Mira si te eligen a ti con ese antecedente…". "¡Qué buen chiste!", reaccionó Bergoglio. El purpurado siguió ignorando su renuencia y lo interpeló: "¿Aceptarías?". Al ver que el africano hablaba en serio, Bergoglio dejó de subestimar su elucubración y le respondió con gran convencimiento: "En este momento de la Iglesia ningún cardenal tiene derecho a decir que no".

Bergoglio tenía un escaso conocimiento de la evolución de las candidaturas porque prefería permanecer al margen de los conciliábulos de los cardenales, que estaban fuera de todo programa y siempre eran secretísimos. No se sentía cómodo participando de evaluaciones sobre sus colegas. En el cónclave anterior había asistido a una sola reunión que le confirmó su incomodidad, y esta vez aceptó una cena con un cardenal que, por sus tareas, necesitaba conocer un poco más acerca de la Argentina, donde apenas se habló del tema. Tampoco el domingo anterior al inicio de la elección fue a oficiar la misa a la parroquia de Roma que todos los cardenales tienen confiada (en su caso, San Roberto Belarmino) como hicieron muchos purpurados siguiendo una tradición. Optó por almorzar con la hermana anciana de un ex nuncio en la Argentina ya fallecido. Pero prácticamente nadie reparó en su ausencia. Los periodistas fueron a las iglesias donde oficiaban los considerados papables como el norteamericano Sean O'Malley o el canadiense Marc Ouellet, además de Scola y Scherer, que observaron la costumbre.

Finalmente, llegó el día de la reclusión de los cardenales en la residencia de Santa Marta (les habían asignado los cuartos por sorteo) y el comienzo del aislamiento de cara al cónclave. Atrás quedaban las sesiones de las congregaciones generales con los diagnósticos y las propuestas, entre ellas la creación de un consejo de cardenales que asesore al futuro Papa. A primera hora del martes 12 de marzo una larga cola se había formado en el ingreso para pasar el equipaje de los cardenales por un escáner de seguridad que buscaba sobre todo detectar aparatos de transmisión que les pudieran haber plantado para captar las conversaciones del proceso eleccionario. Fue entonces cuando el padre Fabián Pedacchio, que lo acompañó hasta ahí, le ofreció hacer la fila por él y mientras esperaba escuchó un intercambio entre dos cardenales que lo sobresaltó: "Esperemos que Bergoglio acepte", dijo uno. "Sí, ojalá que el Espíritu Santo lo elija y acepte", afirmó el otro. Pero no alcanzó a decírselo a Bergoglio, que entró con su maletín, debidamente requisado. En la puerta de su habitación se encontró con el cardenal alemán Walter Kasper, que le regaló la flamante edición en castellano de su libro sobre la misericordia, un ensayo que leería con fruición durante el encierro por la preponderancia que le asignaba al tema en la vida de la Iglesia.

Puntualmente, a las 11, los purpurados ingresaron en procesión a una basílica de San Pedro colmada encabezados por el decano del colegio cardenalicio, Angelo Sodano, para la misa "pro eligendo pontífice" que precede a los cónclaves. En la homilía, Sodano agradeció el "luminoso pontificado" de Benedicto XVI, lo que provocó un estruendoso aplauso, y le rogó a Dios: "Quiera pronto conceder otro buen pastor a su santa Iglesia". Por la tarde, a las 16, los 115 cardenales en condiciones de votar —o sea, menores de 80 años— ingresaron a la Capilla Sixtina —previo paso de oración por la Capilla Paulina— para comenzar las votaciones. Tras la exclamación "extra omnes" por parte del maestro de ceremonias, monseñor Guido Marini, que demanda la salida de toda persona ajena a la votación, las puertas se cerraron. Bergoglio quedó ubicado en segundo lugar de la segunda fila, entrando a la izquierda, flanqueado por el brasileño Cláudio Hummes y el italiano Severino Poletto. El cónclave —conducido por el cardenal Giovanni Battista Re, por ser el de mayor rango (de la orden de los obispos) y más antiguo— se inició con el característico juramento individual de guardar secreto sobre el desarrollo de la elección, de que cada uno votaba con total libertad y que cumpliría fielmente el ministerio petrino en caso de ser elegido. Como es un ritual largo, Bergoglio aprovechó para rezar completo el Rosario.

Precisamente por el tiempo que insume el juramento, desde el cónclave que eligió a Juan XXIII, en la primera sesión hay una sola votación, a diferencia de las siguientes —una matutina y otra vespertina— en las que se vota dos veces. Es más bien exploratoria, ya que se caracteriza por una gran dispersión de votos. Nadie espera que de ella surja el sucesor de Pedro. Eso sí, para evitar la confusión que se produjo en el cónclave anterior sobre el color del humo que despide la chimenea de la capilla al término de cada votación, esta vez se vertieron en la estufa donde se queman las papeletas otros químicos que hacían más nítido tanto el negro que indica que no se produjo la elección como el blanco que la preanuncia. A la mañana siguiente prosiguieron las votaciones y, como es fácilmente deducible, empezaron a perfilarse las candidaturas. A su vez, Bergoglio seguía recibiendo indicios de su condición de papable. Poco antes del almuerzo quiso cumplir con el arzobispo de La Habana, el cardenal Jaime Ortega, que le había pedido una copia de su ponencia en la congregación general. Como no encontró una fotocopiadora, se la transcribió a mano en su habitación y subió tres pisos para entregársela. "Gracias por el esfuerzo", le dijo Ortega. Y agregó para su estupor: "Así me llevo un recuerdo del Papa". Al volver, en el ascensor, otro cardenal dejó de lado las sutilezas y lo previno: "Andá preparando el discurso que harás desde el balcón".

Al ingresar al comedor, un grupo de cardenales europeos lo invitó a compartir la mesa. Bergoglio aceptó y durante toda la comida debió responder a una serie de preguntas sobre el quehacer de la Iglesia en Latinoamérica y otras puntuales como en qué medida estaba vigente en la región la Teología de la Liberación. Cuando acabó la comida y caminaba hacia la puerta de salida otro cardenal, presuroso, lo interceptó y, sin rodeos, le preguntó:

—¿Es verdad que le falta un pulmón?

—No, la parte superior del derecho. Me sacaron dos quistes.

—¿Y cuándo lo operaron?

—En 1957.

—Ah… ¡No es reciente!

Todo ello lo terminó de convencer de que era un candidato. Pero no creía, ciertamente, que sería elegido Papa.

A media tarde, otra vez, los purpurados enfilaron hacia la Capilla Sixtina. Es muy verosímil que en la nueva votación, la cuarta, la candidatura de Bergoglio se haya fortalecido. Acaso en el almuerzo se había terminado de consolidar. De hecho, el cardenal Hummes lo notó algo tenso y le dijo por lo bajo: "No te preocupes, así obra el Espíritu Santo". Se produjo, entonces, la quinta. ¿La decisiva? Pero algo pasó que sumó suspenso: al hacer el recuento se detectó que había una papeleta de más pegada a otra. Como aún no se había hecho el escrutinio ni leído el nombre de los votados —lo que podría influir en la decisión de algún elector—, se decidió también por votación volver a sufragar, pero sin repetir el juramento breve que se suma al largo del primer día. A todo esto, Bergoglio no paraba de rezar el Rosario. Aunque sentía mucha paz. Se volvió a votar y se llegó al escrutinio, que lo iba aproximando cada vez más al argentino a los necesarios dos tercios. "Bergoglio… Bergoglio… Bergoglio…". Hasta que los alcanzó —hacían falta 77 votos que, presumiblemente, superó holgadamente— y un cerrado aplauso quebró el recoleto ambiente, bajo los imponentes frescos de Miguel Ángel. Eran las 19:06. Entonces, Hummes lo abrazó y le dijo al oído: "No te olvides de los pobres". En un hecho sin precedentes, los cardenales habían decidido que el Papa 266° fuese latinoamericano y jesuita.

Un timbre sonó, el cardenal diácono abrió las puertas, entraron los asistentes, quemaron inmediatamente las papeletas con los químicos y el humo blanco comenzó a salir por la chimenea. La previsible exclamación de los fieles que aguardaban expectantes en la plaza ante la esperada señal sumó ansiedad y suscitó que muchísimos más se volcaran a las calles para marchar presurosos hacia las inmediaciones de la basílica y ser también ellos testigos del anuncio del nuevo pontífice, provocando un fenomenal atascamiento en el de por sí endemoniado tránsito romano. A la par, sonaban las campanas de las iglesias de la ciudad. Pero restaban varios pasos hasta que el nuevo pontífice hiciera su aparición en el balcón de la basílica. Por lo pronto, el cardenal Re convocó a Bergoglio a pasar adelante, le preguntó si aceptaba, a lo que respondió: "Soy pecador, pero confiado en la infinita bondad y misericordia del Señor Jesucristo, acepto". Luego lo interrogó sobre el nombre que iba a tomar. La sorpresa fue grande cuando dijo "Francisco" y se convirtió así en el primer pontífice en elegir el del gran santo de los pobres que purificó la Iglesia en tiempos de decadencia y opulencia. Con el tiempo explicaría que la recomendación del cardenal Hummes de no olvidarse de los pobres lo había inspirado para optar por ese nombre.

Tras la lectura de un pasaje del Evangelio y el rezo de una oración, el flamante Papa fue conducido a la sacristía papal —también conocida como la "cámara de las lágrimas" porque es allí donde los flamantes pontífices no pueden contener la emoción—, aunque no fue el caso de Bergoglio, para ser revestido con el hábito blanco y los ornamentos papales. Entonces, el ceremoniero, que es el único que acompaña al nuevo sucesor de Pedro, le indicó que debía quitarse la camisa negra y colocarse una blanca, pero Francisco se negó tras percatarse de que no tenía bolsillo. Es que en el de la camisa negra siempre llevaba una pequeña cruz de un rosario del sacerdote José Aristi que él admiraba porque durante muchos años —vivió más de 90— había sido en la iglesia del Santísimo Sacramento, en Buenos Aires, un gran confesor, muy misericordioso. Tanto lo admiraba que durante su velatorio en la cripta del templo, en un momento en que estaba casi vacía, se acercó al ataúd, tomó el Rosario y con fuerza le arrancó la cruz. "Me salió el ladrón que todos llevamos dentro", revelaría un año después al contar el episodio en un encuentro con sacerdotes de Roma. Recordaría que lo miró al sacerdote yaciente y le dijo: "Dame la mitad de tu misericordia". Ya como pontífice no tardaría en hacer un sobrecito de tela, poner adentro la cruz y engancharla con un alfiler a la camisa blanca de rigor. "Cada vez que tengo un mal pensamiento acerca de una persona pongo la mano sobre la cruz y siento la gracia, me hace bien", completaría.

Luego el ceremoniero le indicó la sotana blanca que mejor le iría de las tres que estaban preparadas y que le calzó de un modo aceptable. Pero una nueva diferencia volvió a surgir cuando le acercó uno de los pares de zapatos rojos, característicos de los papas: Bergoglio se negó a ponérselos. Si bien su argumento para reusarse fue más que contundente —"Uso zapatos ortopédicos", le dijo—, seguramente jamás los hubiera lucido: está claro que no va con su estilo despojado. Cuando el ceremoniero lo inquirió sobre el anillo de cardenal, de uso en las grandes ceremonias, le respondió que lo había

entregado y que ahora prefería ponerse el de su ordenación como obispo, que extrajo de su bolsillo, como
también llevar la austera cruz pectoral de aquella consa-
gración, que tienen para él un gran valor afectivo ("Es
mi primer amor", suele decir). En línea con el rechazo
a los zapatos rojos, tampoco quiso ponerse la muceta,
una especie de capa roja que llega hasta la altura de los
codos. Percatado de la estupefacción que sus decisiones
habían provocado en el ceremoniero, quien, de todas
maneras, se mostraba muy respetuoso de cada elección,
buscó tranquilizarlo: "Por favor, no se enoje, pero sepa
que se las va a tener que ver con un párroco…".

Revestido, Francisco volvió a la Capilla Sixtina y al
entrar se detuvo a saludar al cardenal indio Ivan Dias,
que estaba en silla de ruedas, pero cometió lo que con-
sideraría con humor como "la primera metida de pata
del nuevo Papa": tropezó con un escalón. Tras retomar
su marcha, evitó sentarse en el trono y "desde el llano"
comenzó a recibir el saludo de los cardenales tal como
lo había hecho Juan Pablo II, quien —en un gesto que
quedó inmortalizado en una foto que ningún polaco
olvidará— se arrodilló cuando se acercó su admirado
y abnegado compatriota, el cardenal Stefan Wyszyns-
ki. Acto seguido Francisco rompió por primera vez el
protocolo al pedirle al cardenal Hummes —por su gran
amistad— y a su vicario en la diócesis de Roma —el
Papa es el obispo—, el cardenal Agostino Vallini, que
lo acompañaran en su salida al balcón, sin saber que

debían hacerlo el cardenal Re y el camarlengo —quien sustituye al pontífice cuando la sede está vacante—, función que ostentaba el cardenal Tarcisio Bertone. Pero antes de hacer su aparición fue con Hummes y Vallini a cumplir con la tradición de rezar unos minutos en la Capilla Paulina, donde estaba dispuesto un reclinatorio. Hacia el final, como marca el ritual, el cardenal protodiácono (el más moderno), Jean-Louis Tauran, se adelantó a salir al balcón para hacer el célebre anuncio:

Annuntio vobis gaudium magnum;
Habemus Papam:
Eminentissimum ac reverendissimo Dominum,
Dominum Giorgium Marium,
Sanctae Romanae Eccleasiae Cardinalem Bergoglio,
Qui sibi nomen imposuit Franciscum.

La multitud, que a esa altura colmaba la plaza y se extendía por las adyacencias, en un anochecer frío y bajo una persistente llovizna, experimentó una mezcla de júbilo y sorpresa. Porque la alegría vino esta vez acompañada de interrogantes. ¿Quién era el nuevo Papa? "Dicen que es un argentino", afirmaban unos. "Parece que es un jesuita", señalaban otros. Es que era un auténtico desconocido para casi todos, salvo, claro, para un puñado de argentinos, algunos con banderas de su país, que estallaron de felicidad. Un estallido que se replicó a lo largo y a lo ancho de la Argentina, muchos de cuyos compatriotas no pudieron contener las lágrimas. Hasta que, finalmente, el flamante pontífice irrumpió en el balcón y con un coloquial saludo inicial, despojado de todo formalismo, suscitó una inmediata empatía: "Fratelli e sorelle: buona sera". Como también su comentario de que los cardenales habían ido a buscar al nuevo Papa "quasi alla fine del mondo". Además de que encantó su inmediato gesto de rezar con los fieles por su antecesor, Benedicto XVI. No pasó por alto para los expertos su insistencia en definirse por su primera condición: obispo de Roma, como una forma de trasuntar una mayor colegialidad con los obispos. Llamó la atención también el hecho sin precedentes de pedirles a los fieles el favor de orar unos instantes para que Dios lo bendijera. Finalmente, impartió la bendición Urbe et Orbi (A la ciudad de Roma y al mundo entero), inauguró como pontífice su habitual demanda de que recen por él, que se volvería característica, anunció que al día siguiente iría a rezarle a la Virgen María "para que custodie Roma" y se despidió otra vez de modo coloquial para regocijo de la multitud: "Buona notte e buon riposo".

Al retirarse en medio de renovados saludos, el maestro de ceremonias le indicó uno de los dos ascensores especialmente dispuesto para él, mientras que los cardenales lo harían por el otro, como ocurre en estos casos. Pero Francisco prefirió descender con otros purpurados. Algo parecido ocurrió abajo cuando dejó de lado la limusina papal preparada para llevarlo a Santa Marta y optó por uno de los autobuses que transportaba a los cardenales. Al llegar, lo primero que hizo fue llamar a Benedicto XVI, que por entonces residía temporalmente en la residencia papal de Castel Gandolfo, en las afueras de Roma. Joseph Ratzinger, emocionado, le agradeció enfáticamente que haya pedido rezar por él. Comenzaba así una relación cercana y cálida entre un Papa en funciones y otro emérito, en la que Benedicto XVI evitaría toda interferencia y Francisco apelaría a él como un sabio consejero. Luego se comunicó con el nuncio apostólico en la Argentina para pedirle que le transmitiera a los obispos y a los fieles que no fuesen a su toma de posesión y donaran el dinero del viaje a los pobres. Del otro lado de la línea, monseñor Tscherrig no pudo dejar de decirle que tras la última charla con él había quedado convencido de que era papable. Después llegó la cena y el momento del brindis. Francisco alzó la copa y suscitó una amplia sonrisa entre los cardenales al exclamar: "¡Que Dios los perdone!".

El papa Francisco durmió profundamente la primera noche en la sencilla habitación 202 de Santa Marta que venía usando. A la mañana, lo primero que hizo fue cumplir con su promesa de ir a la basílica Santa María Mayor a encomendarle a la Virgen su pontificado tras rechazar la limusina papal y hacerlo en un modesto coche. Ahora como pontífice, continuaba así una tradición, ya que era habitual que en sus viajes a

Roma fuera a ese templo a rezar. Luego se dirigió a la Casa Internacional del Clero a retirar la valija con sus pocas pertenencias y pagar la cuenta de su propio bolsillo ante la sorpresa de las recepcionistas. Al regresar a Santa Marta le propusieron un salón apartado del comedor general para sus comidas con el fin de tener privacidad. Pero se negó. "No, yo como con la gente", les respondió. No obstante, al poco tiempo tuvo que hacer un pequeño cambio: dado que cada vez que entraba los comensales se sentía protocolarmente en la obligación de ponerse de pie, optó por una mesa en un rincón del salón que le permite un acceso directo. Suele estar acompañado por sus colaboradores más estrechos y ocasionales invitados. Los miércoles, al término de la tradicional Audiencia General, como se desocupa más temprano, tiene el hábito de almorzar con los empleados de la cocina, al igual que los domingos tras el rezo del Ángelus.

El segundo día lo llevaron a tomar posesión de los apartamentos papales, que constituye toda una ceremonia. Francisco se sorprendió por su tamaño: las enormes dimensiones de la habitación y del baño, parte de una antigua construcción de cuatro siglos compuesta de cinco pisos que incluyen una recepción, el escritorio papal, la capilla, las oficinas de los dos secretarios, sus cuartos, un comedor, la cocina y una sala de audiencias, entre otras dependencias. Lo que se completa con una bella terraza llena de macetas con flores, donde Juan

Pablo II hizo construir una piscina por razones terapéuticas ("Solo falta una parrilla", bromearía en clave argentina). Poco demoró durante la recorrida en llegar a la conclusión de que ese ámbito no era para él. Pero no porque el lugar fuese lujoso, aunque sí bonito —aclararía después—, sino porque tenía una pequeña puerta de acceso que, según su propia descripción, convertía al lugar en una suerte de "embudo al revés" que predisponía a la circulación de muy pocas personas. La sensación de vivir aislado lo embargó. "Acá me muero... yo sin gente me vuelvo neurasténico... más de lo que soy...", pensó para sí. Pero no les dijo nada en ese momento a sus colaboradores. Ahora bien: ¿adónde iría a vivir? Al volver a Santa Marta, tanteó a un cardenal que residía en el Vaticano sobre una alternativa. Acaso el purpurado pensó que no le hablaba en serio y, sonriente, le contestó: "En mi apartamento tengo dos cuartos libres".

La humorada, sin embargo, le despertó a Francisco la idea de vivir en Santa Marta. Con el primero que lo conversó fue con el director de la residencia, quien le advirtió que sería una decisión de alto impacto en la curia romana y, en general, en los sectores más conservadores, porque quebraba una tradición de siglos. De todas formas, se comprometió a ayudarlo en su cometido. Para tranquilizarlo, el Papa le aclaró que su decisión no conllevaba el rechazo a las dependencias papales porque pensaba trabajar allí por las mañanas y realizar las audiencias oficiales en la biblioteca pontificia. Le contó, además, que días atrás había visto de casualidad en Santa Marta una habitación cuando la estaban limpiando, que era más grande que el resto, la 212, con un recibidor y un despacho, y que le explicaron que era el cuarto de huéspedes (solía ser ocupada por el patriarca ortodoxo Bartolomé, quien con el paso del tiempo le reprocharía jocosamente a Francisco haberle "robado" la habitación). Y le dijo que ese cuarto le parecía el apropiado. Claro que el siguiente paso —que no parecía fácil— era convencer a las autoridades de la Secretaría de Estado sobre su revolucionaria decisión.

El edificio donde hoy funciona la residencia de Santa Marta fue por disposición del papa León XIII un sitio de asistencia a los enfermos durante una epidemia de cólera que azotó a Roma en 1881. Convertida en un pequeño hospedaje de huéspedes, Pío XII ordenó durante la Segunda Guerra Mundial que se la utilizara para ocultar judíos ante la persecución nazi y alojar a diplomáticos de países que habían roto relaciones con Italia. También empezó a ser ocupada por los cardenales durante los cónclaves, salvo los electores que se alojaban en el Palacio Pontificio hasta que colapsó con ocasión de la elección de Juan Pablo I, en agosto de 1978. Es que los purpurados padecieron un calor tremendo, sin la mínima circulación de aire, ya que las ventanas estaban selladas para asegurar el aislamiento del mundo exterior, como exigen las normas. Muchos debieron dormir en oficinas o en precarios cuartos con improvisados separadores, compartir un baño entre ocho y lavarse la cara en una palangana. El clima fue más benigno dos meses después, durante la elección de Juan Pablo II, pero el Papa polaco decidió construir la residencia de los cardenales durante los cónclaves. Con 129 habitaciones distribuidas en cinco plantas, recepción, salones de reunión, comedor y capilla, funciona habitualmente como hotel para quienes están relacionados con el quehacer de la Santa Sede.

"¡Es un peligro que viva allí!", exclamó una alta autoridad de la Secretaría de Estado cuando Francisco le reveló su decisión. Otros, aunque no se lo decían, consideraban que estaba despreciando un ámbito acorde con la dignidad de un pontífice. Pero Jorge Bergoglio se mantuvo firme. Y, como suele decirse en la Iglesia, cuando "Roma locuta, causa finita". En otras palabras, cuando un Papa toma una decisión, la Iglesia la termina acatando. Así que diez días después de su elección dejó el cuarto de un ambiente con baño que le había tocado para el cónclave y se estableció en el de huéspedes, su hogar definitivo. Pero Santa Marta sería con el tiempo mucho más que su alojamiento: la sede de incontables reuniones, la mayoría privadas, que llevarían al periodista italiano Massimo Franco a considerarla como "el centro de su revolución". En el encuentro con los cinco mil periodistas que habían cubierto el cónclave, ocurrido tres días después de su elección, Francisco había dado las primeras señales del perfil de su pontificado, al pronunciar una frase de gran impacto: "¡Cómo anhelo una Iglesia pobre para los pobres!". Una definición que conectó con la elección de su nombre y que le permitió calzar una ironía sobre su condición de jesuita: "Alguno me dijo que mi nombre tendría que haber sido Clemente XV como una venganza a Clemente XIV, que fue quien suprimió la Compañía de Jesús" (una medida que tomó en 1773 y que estuvo vigente durante cuarenta años hasta que Pío VII restauró la orden). En esa ocasión quedó en evidencia, además, que no usaría los zapatos rojos: llamaban poderosamente la atención los modestos negros con suela de goma que lucía. Ni siquiera llevaba puesto el pantalón blanco de rigor, sino su habitual gris oscuro, acaso porque, como bromearía ante un allegado, "no soy un heladero".

Los aires de cambio que provocó Jorge Bergoglio soplaron fuerte en aquellos primeros días. La proximidad con la Semana Santa lo llevó a adelantar su toma de posesión al 19 de marzo con el fin de que los cardenales pudieran regresar a tiempo a sus diócesis para presidir las celebraciones y, de paso, hacerla coincidir con la festividad de San José, del cual es muy devoto. Su decisión implicó un gran esfuerzo de organización, ya que delegaciones de todo el mundo encabezadas por reyes, presidentes y primeros ministros serían de la partida. Pero el aceitado protocolo vaticano funcionó a la perfección, además de que el desarrollo de la ceremonia en la Plaza de San Pedro fue óptimo y Francisco observó las reglas. Sin embargo, cierto desconcierto se adueñó de la curia romana cuando a continuación hubo que preparar los oficios conmemorativos de la pasión, muerte y resurrección de Cristo, que comenzaban unos días después, Domingo de Ramos. Entonces los funcionarios le dijeron que el tradicional lavado de pies —que evoca el gesto de Jesús a sus doce apóstoles— no iba a poder realizarse ese año en la basílica de San Juan de Letrán, la catedral del obispo de Roma, como era habitual, porque estaba siendo refaccionada, sino que se haría en la basílica de San Pedro. Pero Francisco los sorprendió al decirles que quería seguir la costumbre que tenía en Buenos Aires de lavarles los pies a enfermos en un hospital o a presos en una cárcel. Uno de sus interlocutores intentó entonces disuadirlo, al señalarle que no era lo acostumbrado… que sería un cambio demasiado brusco. "Creo conveniente seguir con la tradición y el año que viene vemos", le sugirió. Pero Francisco pensó que si no lo hacía de entrada no podría concretarlo en el futuro. Así que se mantuvo en sus trece. "Por favor, busque esta vez una cárcel", le dijo. La elegida terminó siendo la muy conocida Casal de Marmo, para menores que cometieron delitos de poca gravedad. Su concreción tuvo un enorme impacto puertas adentro de la curia romana.

Al año siguiente Francisco doblaría la apuesta: pidió que el lavatorio de pies incluyera a mujeres. Pero esta vez la demanda era para la curia romana más difícil de complacer. Había que cambiar el rito y ello determinó de parte de algunos funcionarios una resistencia soterrada. El argumento era que el ritual antiguo establecía que se los lavara a doce hombres porque los doce apóstoles eran varones. Pero también existía la interpretación que se lo debía hacer a doce miembros del Pueblo de Dios. Además, como el Papa es servidor del Pueblo de Dios, Francisco se pronunció por esa hermenéutica para incluir mujeres. El cambio determinó un año y medio de estudio. E incluyó un intento de sacar de la misa el lavado, que se realiza al promediar el oficio, y hacerlo a su término. Pero Francisco rechazó de plano la idea: "La misa concluye con la procesión con el Santísimo Sacramento y el lavado está muy bien ubicado", sostuvo. Finalmente, se salió con la suya y desde entonces les lava los pies a seis hombres y seis mujeres. Claro que los cambios pueden conllevar imprevistos. De hecho, el segundo año nadie se percató de que una de las internas de una cárcel a la que le lavó los pies era musulmana y, por tanto, que solamente el marido o los hijos la pueden tocar. Aunque ella estaba muy complacida por el gesto, un imán puso el grito en el cielo. En otra ocasión, le avisaron que uno de los internos que se había anotado para el ritual del lavado era un transexual. "¿Qué hacemos?", lo consultaron sus colaboradores. "Es un hijo de Dios", respondió sin dudar. Y le lavó los pies.

En aquellos primeros días de su pontificado las humoradas acerca de su nacionalidad se multiplicaban como hongos en medios vaticanos y él no se privaba de celebrarlas y compartirlas. "Dicen que soy doblemente infalible, por ser Papa y por ser argentino". O: "Qué humilde es este Papa que siendo argentino se puso Francisco I y no Jesús II". Lo cierto es que, consciente de sus limitaciones, cada domingo cuando va a los apartamentos papales para rezar el Ángelus asomado a una de las ventanas de cara a la plaza, pasa por la capilla pontificia y se detiene delante de un cofre que contiene algunos huesos de San Pedro cuyos restos fueron hallados en 1949 durante unas excavaciones exploratorias debajo del altar de la basílica del Vaticano en un nicho de mármol. Francisco se inclina, besa el cofre y dice: "Vos fuiste el primer Papa, yo espero no ser el último".

2. Al rescate de los refugiados

Les parecía estar viviendo un sueño después de una larga pesadilla tras haber salido de Siria en medio de las bombas y de las balas, huyendo de una guerra interminable, y de una penosa travesía por el Mediterráneo y el Egeo, apiñados junto a otros compatriotas en precarias barcazas, intentando llegar con vida a la isla griega de Lesbos. Conducidas por personal del gobierno griego, las tres familias —un total de trece personas— subieron emocionadas al avión papal y ocuparon los asientos que les habían asignado. Para su sorpresa, a los pocos minutos, la jefa del protocolo les indicó que había habido un error, que debían bajar y esperar la llegada del primer ministro Alexis Tsipras para agradecerle haberles facilitado la salida y también al Papa, que debía darles la bienvenida, por la humanitaria iniciativa que había tenido. Inicialmente se negaron temiendo que estuvieran siendo engañados y que no volverían a ser embarcados, lo que obligó a una larga y persuasiva gestión de la mujer para convencerlos de que la decisión papal no tenía vuelta atrás: que Francisco había decidido llevarlos a Italia, donde recibirían por parte de la Iglesia todo tipo de ayuda hasta una efectiva integración que les permitiera valerse por sus propios medios. Que ahora solo debían cumplir con las exigencias del protocolo.

El gesto de Francisco reflejaba su principal preocupación social: el drama de los refugiados que escapan de la violencia y la hambruna. Un drama que a medida que avanzaba su pontificado se iba agravando por el aumento del flujo y el deterioro de las condiciones en los centros de acogida, el florecimiento del tráfico de personas, la creciente cerrazón de varios países europeos y, lo peor, las numerosas muertes en el Mediterráneo. Ya dos años antes de ir a Lesbos, cuando llevaba apenas tres meses como Papa, mientras realizaba la oración vespertina, le vino a la mente la isla italiana de Lampedusa, el punto más cercano de llegada de los refugiados a Europa. "No tenía ni idea de dónde quedaba, pero sentí que tenía que ir para manifestar mi cercanía con los refugiados", recuerda Francisco. Después se enteraría de que la joven alcaldesa de allí, Giuseppina Nicolini, había logrado convencer a sus habitantes de abrir a los migrantes las puertas y el corazón y correr el riesgo de que decrezca el turismo en la isla, una fuente de ingresos importante. También conocería el gran compromiso del obispo de Agrigento, Francesco Montenegro —que luego crearía cardenal—, quien a bordo de su moto recorría la isla procurando su ingreso y asistiéndolos. Durante su visita escucharía un relato en primera persona que patentizaría con singular crudeza el accionar de los que lucran con el éxodo: el de un eritreo que fue tres veces vendido como esclavo antes de conseguir cruzar el mar y llegar a la isla como parte de una horrible travesía que le llevó… ¡cuatro años! Lampedusa se convertiría así en su primer viaje y en todo un signo de su pontificado. Pero esa vez no retornaría con refugiados.

La idea de que Francisco regresara de su visita a un campo de refugiados de Lesbos con algunas de las familias allí alojadas —que tuvo gran impacto en la opinión pública mundial— se había tomado apenas una semana antes del viaje, previsto para el 14 de abril de 2016. Su preludio fue la decisión del Papa de pedirle en una carta a las parroquias, colegios e instituciones católicas de Italia que alojaran temporalmente hasta su inserción a una familia de refugiados. En algunas iglesias, como eran pequeñas, se decidió hacer una colecta entre los fieles para pagar un alquiler. En esa tarea, la asistencia de la Comunidad San Egidio —de gran experiencia en cuestiones humanitarias— fue muy valiosa. Si bien el Vaticano tiene internamente dos parroquias y, por tanto, le correspondía alojar a dos familias, como su desplazamiento sería dificultoso por las medidas de seguridad que rigen en el pequeño Estado, se les otorgó a cada una un departamento de entre las propiedades que la Santa Sede posee en Roma. En ese contexto, un funcionario de la curia romana le sugirió al Papa traer algunas familias. Francisco aceptó en el acto la propuesta.

La concreción de la idea requería de una serie de tramitaciones ante los gobiernos de Italia y Grecia. Ahora bien: ¿cuántas familias traer y en base a qué criterio? Se pensó en dos familias cristianas y una musulmana que estuvieran en la situación más precaria. Pero ese criterio debió desecharse al repararse que un acuerdo entre la Unión Europea y Turquía imponía restricciones sobre determinados refugiados. Entonces se detectó que 56 familias estaban en regla y se optó por un sorteo ante un escribano, todo a cargo de un alto funcionario griego. Las beneficiadas fueron tres familias musulmanas (se acordó no avisarles hasta la noche anterior a la partida). Francisco arribó a Lesbos por la mañana y recorrió el campo de refugiados de Moria —el más grande de la isla— en compañía del patriarca ortodoxo Bartolomé y del arzobispo de Atenas, Hieronymos, porque quiso darle un sesgo ecuménico a la visita. "No están solos", les dijo a los 250 refugiados allí alojados, a quienes, uno por uno, les tendió la mano, aunque le llamó la atención que mientras lo hacía los niños miraban con especial atención al patriarca. Hasta que se dio cuenta de que Bartolomé tenía los bolsillos llenos de caramelos que, discretamente, les iba dando. "¡Cuánta ternura! ¡Es un grande!", dice Francisco del líder ortodoxo, al recordar su gesto.

La visita del Papa siguió con la firma de una declaración conjunta con los líderes ortodoxos en la que se exhortaba a la comunidad internacional a ser más sensible ante el drama de los refugiados y terminó con un almuerzo con ocho damnificados. Minutos antes de las 15, Tsipras despedía en el aeropuerto local a Francisco, que había quedado bien impresionado por el segundo plano que adoptó el jefe de Gobierno durante la recorrida por el centro de acogida. El pontífice aprovechó para decirle que lamentaba que la Unión Europea y Turquía no encontraran otra manera de afrontar el drama de los nuevos refugiados que enviarlos de vuelta a su tierra. "Antes de cualquier acuerdo están los derechos humanos", le dijo Tsipras, para satisfacción del Papa. Finalmente, se produjo el mentado saludo a los integrantes de las tres familias que aguardaban ansiosos volver a subir al avión. Tras el despegue llegó el momento de distribuir la comida a todo el pasaje y como plato principal se sirvió lasagna. Los refugiados, más que contentos, no sabían por dónde empezar. Sin embargo, se frenaron ante la pasta al ver que estaba rellena de carne y temieron que fuese de cerdo, prohibida por su religión. Pero recuperaron la alegría cuando les dijeron que no. Nunca la habían probado y les encantó. Muchos comieron tres platos. Durante el vuelo

Francisco brindó la habitual conferencia de prensa tras una visita, ocasión en la que mostró uno de los dibujos que le habían dado varios de los niños que saludó. Era una conmovedora representación de un chico que se está ahogando en medio del naufragio de una barcaza con refugiados. Entonces comentó: "Esto es lo que ellos tienen marcado en el corazón porque lo vieron... Dan ganas de llorar".

El Papa no se conformó con haber traído a los 13 refugiados y al poco tiempo gestionó la venida a Italia de nueve más, que también serían sirios (en 2021, tras su viaje a Chipre, sumó otros 12). Con todos en Roma viviendo en casas que les procuró temporalmente la Comunidad San Egidio, Francisco decidió invitarlos un sábado a almorzar en el comedor de Santa Marta. En esta ocasión un niño le dio un precario álbum que había confeccionado con más dibujos de chicos con los que estuvo en el centro de acogida y nuevamente entre ellos se contaba uno que graficaba la imagen del horror más tremendo: esta vez eran dos los pequeños que levantaban los brazos en medio del mar pidiendo ayuda para que no se los tragara. Francisco volvió a sentir ganas de llorar. Evidentemente, el trauma que cargaban los niños era grande. Una de las madres presentes le contó que ya en Italia había ido con su marido y sus dos hijos al mar, pero que los chicos no querían saber nada de acercarse al agua, que estaban aterrados. Entonces ellos comenzaron a entrar y salir del mar para demostrarles que no había ningún peligro hasta que los niños le fueron perdiendo el miedo. "Había que hacerlo para reconciliarlos con el mar", le dijo. Mucho menos traumática y rápida fue la integración de los chicos al nuevo país, posibilitada por cierto por la plasticidad que se tiene a corta edad. "A los dos días de llegar ya iban a la escuela. Y en pocos meses aprendieron lo básico del italiano. Si me apuran diría que hoy lo hablan mejor que yo. A los padres, lógicamente, les cuesta más, pero están realizando un curso", cuenta Francisco.

Con todo, la integración de los mayores no debería ser en extremo difícil, pensaba Francisco, porque todos tenían un título o estudios avanzados o, cuando menos, una capacitación en un oficio. Además, la Comunidad San Egidio se esmeró para conseguirles trabajo como a tantos otros refugiados. Y les dio inicialmente dinero a condición de que asistieran a clases de italiano y que los chicos fuesen a la escuela. Hubo casos en que la inserción incluyó al mundo universitario. Por ejemplo, meses después de su viaje a Lesbos, el Papa fue invitado a dar una conferencia en la Universidad Roma Tres, pero prefirió no realizar una exposición, sino que los alumnos le hicieran preguntas. Cuatro fueron los seleccionados. Entre ellos había una joven de unos 25 años cuya cara le resultaba conocida, pero no podía identificar. Fue la última en preguntar. "En ese momento ella me dijo que efectivamente la conocía. Ahí caí en la cuenta de que era una de las personas que traje en el avión", cuenta Francisco. La joven había llegado con dos años cursados de la carrera de Biología, aprendió algo de italiano, revalidó sus conocimientos en inglés y estaba cursando el tercer año. "Eso se llama integrar bien", dice complacido Francisco.

—¿*Pero no es fácil la integración?*

—Depende de cómo se la haga; de la forma en que se fomente la convivencia. El problema en Europa es que en algunas ciudades se crearon guetos de inmigrantes. Eso no es bueno para ellos ni para el país receptor. Hubo un caso de jóvenes que perpetraron un atentado con decenas de muertos y heridos. Vivían en un gueto que se convirtió en el caldo de cultivo para que les lavaran la cabeza. Pensemos qué futuro tiene un joven al que se le cierran las puertas cuando busca trabajo por el solo hecho de tener un origen diferente. El riesgo de caer en el alcoholismo, la droga o delinquir para subsistir es alto. Incluso la tentación del suicidio. Cuando no algunos terminan enrolándose en ISIS. Hay casos en que son llevados a países de África o a Afganistán para adiestrarlos.

—*De todas formas, ¿usted acepta que constituye un desafío complejo?*

—Por supuesto, pero es necesario vencer prejuicios y que los propios refugiados hagan un esfuerzo y se abran a un nuevo entorno cultural sin perder sus tradiciones, que enriquecen. Perdón que cite mi país, pero es el ejemplo que más conozco y la verdad es que la Argentina es un ejemplo de integración ante la gran cantidad de inmigrantes de los más diversos países, culturas y religiones que recibió. En la escuela pública convivíamos muy bien chicos de los más variados orígenes familiares. No obstante, comprendo ciertas prevenciones de los ciudadanos como también la cautela de las autoridades de los países receptores porque algunas razones son atendibles. Ahora, que de cierto temor se pase al pavor y se cierren las fronteras me resulta una actitud irracional. ¿Por qué no nos sentamos y analizamos cómo podemos integrar? ¿E incluso determinamos hasta cuántos podemos integrar? Pero también en Europa hay excelentes ejemplos de integración.

—*¿Por ejemplo?*

—Suecia. Tiene diez millones de habitantes, entre ellos 850 mil que se nacionalizaron en los últimos años. Son inmigrantes que a los dos días de llegar ya tenían casa, escuela y un dinero sujeto al cumplimiento de su instrucción. Cuando en 2016 fui a Suecia para conmemorar los 500 años de la Reforma Protestante llegué a Lund y me recibió el primer ministro Stefan Löfven, pero al partir me despidió la ministra de Cultura y Democracia, Alice Bah-Kunke, que era de tez morena, hija de una sueca y de un inmigrante de Gabón. O sea, un migrante se casó con una sueca y tuvieron una hija que llegó a ser ministra. Eso indica el nivel de integración que lograron los suecos. Pero si miramos la historia comprobaremos que Europa es maestra en integración porque la actual no es la primera oleada inmigratoria. Pensemos en los bárbaros y en el papa Gregorio Magno negociando con Atila a las puertas de Roma.

—*Muchos creen, sin embargo, que la integración de los refugiados es una quimera, precisamente porque su cultura y creencias son muy diferentes y porque ellos mismos pueden aislarse y, como usted dice, caer en fundamentalismos y ser una amenaza...*

—Insisto en que la clave es integrar y hacerlo. Es verdad que la ideologización de lo religioso, lo que en África se llama el islam radicalizado, es un problema y constituye una perversión de lo religioso porque el islam es una religión de paz y la inmensa mayoría de sus miembros son pacíficos. Como ellos dicen, o se es terrorista o se es musulmán. Dicho sea de paso, fundamentalismos hay en todas las religiones. Además, por caso, en países africanos donde no entraron organizaciones como ISIS, la convivencia suele ser muy buena. En algunos, en Navidad, los musulmanes les hacen regalos a los cristianos. Y los cristianos les hacen regalos a los musulmanes por el Ramadán o la Fiesta del Sacrificio. Un nuncio destinado en un país africano me contó que en la catedral de su capital se forma una larga fila para atravesar la Puerta Santa y ganar indulgencias del Jubileo, y que entre los cristianos hay muchos musulmanes que luego se dirigen hacia el altar donde está la imagen de la Virgen porque María es una figura venerada en el islam.

—*Como contrapartida, en 2015 usted casi no va a República Centroafricana por los enfrentamientos entre una milicia que tenía en sus filas a cristianos y otra integrada por musulmanes...*

—En realidad, recibí fuertes presiones internacionales e incluso desde dentro del Vaticano en contrario porque me decían que no estaban dadas las condiciones de seguridad. Ciertamente, el país estaba hundido en una especie de guerra civil con dos bandos con miembros de distintas religiones, pero el conflicto era político. Ahora bien, desde el vamos sentí que debía ir. El arzobispo, el imán y el presidente de las iglesias evangélicas de Bangui, la capital, habían logrado la conformación de un gobierno de transición bajo determinadas condiciones. Producto del acuerdo fue elegida como presidenta la intendenta de Bangui, Catherine Samba-Panza, de unos cincuenta y tantos años, abogada, con hijos grandes y un marido en silla de ruedas. Una gran mujer que me recibió con un discurso formidable, revelador de su estatura moral, en el que en primera persona pedía perdón por la sangre derramada. Al punto que al leerlo en el avión, antes de aterrizar, tuve que cambiar un párrafo del mío para estar más a su altura.

—*Para las fuerzas de paz de la ONU, la seguridad del país y la custodia de su visita fue un gran desafío. Un cardenal del Vaticano que lo acompañó dijo que los propios fieles lo rodeaban todo el tiempo para protegerlo.*

—Pero creo que valió la pena. En Bangui estuve en un barrio musulmán por el que nadie se animaba a pasar y que de noche estaba bajo toque de queda. Pero fui porque quería visitar la mezquita. En la entrada me recibió el imán con un discurso y después le dije que deseaba ir adelante a rezar, aceptó, me saqué los zapatos, llegué hasta el lugar alfombrado y oré unos minutos. Complacido, el imán me preguntó luego cómo seguía mi visita. Le dije que iba al estadio a celebrar la misa, me comentó que como estaba repleto, en su mayoría de católicos, muchos musulmanes estaban al lado en otro más pequeño con pantalla gigante y me propuso pasar primero por allí. Le dije que sí, lo invité a subir al papamóvil y dimos la vuelta.

—*Debe haber sido la primera vez que un imán se sube al papamóvil...*

—Me pareció que correspondía. Después yo me fui al otro estadio y oficie la misa. Los jóvenes católicos pasaron toda la noche cantando y disponiéndose para confesarse. Al día siguiente los cristianos comenzaron a caminar por el barrio musulmán y estos por el cristiano y se levantó el toque de queda. La calma se mantuvo, más allá de que con el tiempo sobrevendrían rebrotes de violencia. Pero no fue un mérito mío, sino del gobierno de transición y un fruto del proceso de diálogo abierto por el arzobispo, el imán y el líder protestante. Yo aporté un granito de arena.

—*No hablamos de la responsabilidad de los países más desarrollados en el caos que viven muchos países del cual huyen los refugiados...*

—Es verdad. De las secuelas del colonialismo y, en

particular, la apropiación de sus recursos naturales. Pero también del fracaso de Occidente cuando quiso importar su propio estilo de democracia a ciertos países con una cultura, no digo tribal, pero parecida. Pensemos en Libia, donde parece que solamente personalidades muy fuertes como Kadafi la pueden conducir. Un libio me dijo que antes tenían un solo Kadafi, pero ahora 53. La Guerra del Golfo fue una de las cosas más desafortunadas y hasta diría malvadas. Sadam Husein no era un angelito, para nada, pero Irak era un país bastante ordenado. Cuidado: no estoy defendiendo a Kadafi y a Husein. ¿Pero qué dejó la guerra? La anarquía organizada y más guerra. Por lo tanto, creo que no debemos exportar nuestra democracia a otros países, sino ayudarlos a desarrollar un proceso de maduración democrática según sus propias características. No hacer una guerra para importar una democracia que sus pueblos no pueden asimilar. Hay países que tienen un sistema monárquico y probablemente nunca acepten una democracia, pero sí se puede contribuir a que haya más participación. De todas maneras, me considero un lego en política internacional, pero creo que en el fondo de la aparición de ISIS hay una desafortunada opción occidental.

—*Al comienzo de su pontificado usted logró detener un ataque a Siria encabezado por los Estados Unidos con aquella famosa carta al presidente ruso Vladimir Putin ante una reunión del G-20 en San Petersburgo.*

—Pero como decía en aquella carta, prevalecieron demasiados intereses que llevaron a que el conflicto se prolongue por años. Con Siria tengo gestos que me salen del alma. Hablo generalmente de la martirizada Siria. Porque es de terror todo lo sucedido allí, producto de una ensalada de guerras en las que escuelas y hospitales fueron usados como escudos humanos con una gran cantidad de muertos civiles.

—*Juan Pablo II ya había intentado detener el ataque a Irak que dio inicio a la Guerra del Golfo.*

—Comisionó al cardenal Roger Etchegaray para hablar con Husein, quien le manifestó su disposición a aceptar ciertas condiciones. Y a través del nuncio en Estados Unidos de aquel momento, el cardenal Pío Laghi, le envió una carta al entonces presidente George Bush, quien, si bien lo recibió, ni siquiera la abrió y le dijo: "Es un asunto decidido".

3. Acompañar en todas las circunstancias

El avión comenzaba a dejar atrás el inmenso Brasil y a volar sobre el océano Atlántico. Poco más de una hora antes el Papa se había despedido de Río de Janeiro después de haber presidido en el majestuoso escenario de Copacabana una nueva edición multitudinaria y entusiasta de la Jornada Mundial de la Juventud. Aunque sabiendo que podía estar exhausto después de haber vivido una semana intensa, los periodistas aguardaban con especial interés la rueda de prensa que ofrecería Francisco. Es que iba a ser su debut en el acostumbrado encuentro de los pontífices con la prensa tras sus periplos por el mundo, que Jorge Bergoglio, simpáticamente, describiría como "un lanzamiento a la jaula de los leones". Al hacer su aparición en la parte trasera se lo veía de buen semblante y con una sonrisa que esbozaría repetidamente a lo largo de la hora en la que se sometió a numerosas preguntas de los representantes de media docena de grupos lingüísticos. La mayoría se referían a los desafíos que afrontaba dentro del Vaticano: la necesidad de sanear la curia romana tras escándalos varios, las eventuales resistencias a sus reformas y, en fin, su relación con Benedicto XVI. El intercambio estaba llegando a su fin, pero Francisco accedió a responder una pregunta más de una periodista del grupo brasileño, Ilze Scamparini, de TV Globo. La respuesta se convertiría en la de mayor trascendencia mediática de todas las que brindó en esa ocasión y de más impacto en la opinión pública mundial.

La periodista le dijo al Papa que le iba a formular "una pregunta un poco delicada": "¿Cómo piensa afrontar la cuestión del lobby gay?", le preguntó en una referencia a un supuesto grupo de clérigos homosexuales que defenderían sus intereses dentro del Vaticano y encubrirían sus prácticas sexuales. Un mes antes un portal le había atribuido a Francisco aludir a su supuesta existencia durante un encuentro con miembros de la Confederación Latinoamericana y Caribeña de Religiosas y Religiosos (CLAR). En primer término, el pontífice le señaló la importancia de diferenciar entre delitos, como el abuso de menores, que deben ser severamente penados, y pecados, que quien los cometió, "si se arrepiente y le pide perdón a Dios, el Señor se lo concede y olvida". En cuanto a un presunto lobby gay, consideró que "hay que distinguir entre una persona homosexual de un lobby homosexual porque ningún lobby es bueno, son malos;

pero si una persona es gay, busca al Señor y tiene buena voluntad, ¿quién soy yo para juzgarla?". Ante este último concepto, los periodistas se miraron entre sí como diciendo: "Aquí está la principal definición".

Pasados unos cuantos años Francisco sigue sorprendido por la repercusión que tuvo aquella respuesta. Es que muchos la interpretaron como una inédita actitud de apertura de la Iglesia a las personas de condición homosexual. Pero el Papa recuerda que ya en ese momento apeló al Catecismo de la Iglesia católica para fundamentar su posición en cuanto a que —como dijo entonces— "estas personas no deben ser marginadas porque el problema no es tener esa tendencia, ya que todos somos hermanos, sino hacer lobby, lobby de gays, lobby de políticos, lobby de masones". Para que no queden dudas, busca la última edición de ese documento, que data de 1997, y lee pausadamente el punto 2358. "Un número apreciable de hombres y mujeres presentan tendencias homosexuales profundamente arraigadas. Esta inclinación, objetivamente desordenada, constituye para la mayoría de ellos una auténtica prueba. Deben ser acogidos con respeto, compasión y delicadeza. Se evitará, respecto a ellos, todo signo de discriminación injusta. Estas personas están llamadas a realizar la voluntad de Dios en su vida, y, si son cristianas, a unir al sacrificio de la cruz del Señor las dificultades que pueden encontrar a causa de su condición".

En la exhortación apostólica Amores Laetitia, de

2016, tras dos sínodos sobre la familia, Francisco reitera que "toda persona, independientemente de su tendencia sexual, ha de ser respetada en su dignidad y acogida con respeto". Pero señala la oposición de la Iglesia al matrimonio entre personas del mismo sexo. "En el curso del debate sobre la dignidad y la misión de la familia —se lee en el punto 251—, los padres sinodales han hecho notar que los proyectos de equiparación de las uniones entre personas homosexuales con el matrimonio, 'no existe ningún fundamento para asimilar o establecer analogías, ni siquiera remotas, entre las uniones homosexuales y el designio de Dios sobre el matrimonio y la familia'". En 2022, en respuesta a unos interrogantes que le formuló por carta el sacerdote norteamericano James Martin, que se ocupa de asistir a personas gay, Francisco le escribió que "Dios es padre y no reniega de ninguno de sus hijos. Y 'el estilo' de Dios es 'cercanía, misericordia y ternura'". Con respecto a qué les diría a quienes sufrieron "el rechazo de la Iglesia" por su condición sexual, le contestó que "le haría saber que no es 'el rechazo de la Iglesia', sino de 'personas de la Iglesia'; la Iglesia es madre y convoca a todos sus hijos".

En la Argentina varios católicos de condición homosexual afirman haber recibido el acompañamiento espiritual del "padre Jorge", más allá de que siendo arzobispo de Buenos Aires, cuando el Congreso nacional trató una ley de matrimonio entre personas del mismo sexo, recordó que para el catolicismo el matrimonio es la unión entre varón y mujer abierta a la descendencia. El entonces monseñor Bergoglio alentó, además, iniciativas para sacar de la prostitución a travestis. Particularmente, apoyó la obra de la hermana Mónica Astorga Cremona, una carmelita que en la ciudad patagónica de Neuquén les brinda a las mujeres trans desde 2006 contención y ayuda para la reconstitución de los vínculos familiares. También les procura el acceso a un trabajo y una vivienda dignas. La hermana Mónica recuerda que con ocasión de un viaje que realizó a Neuquén, en 2009, Bergoglio le pidió que no abandonara "este trabajo de frontera que te puso el Señor y para lo que necesites cuenta conmigo". Y que ya como pontífice le escribió varias veces diciéndole que Dios la retribuiría abundantemente por su obra y que rezaba por ella y por las mujeres trans que asiste.

En uno de sus encuentros con transexuales, Francisco saludó en agosto de 2022, tras la Audiencia General de los miércoles, a un grupo de la Comunità de la Beata Vergne Immacolata, en Torvaianica, una localidad balnearia romana en cuyas playas y aledaños se ejerce la prostitución. "Desde el inicio la comunidad cristiana obtuvo el apoyo de Francisco y del limosnero papal Konrad Krajewski (le llevaba comida en la pandemia) para dar vida a un itinerario de recuperación de la dignidad a través del rescate de la esclavitud de la prostitución", escribió Gianpaolo Mattei en *L'Osservatore*

Romano. El sacerdote Andrea Conocchia y la hermana Geneviéve Jeanningros, a cargo de la obra, dicen que "la atención del Papa hacia las personas que viven con gran sufrimiento está abriendo esperanzas inimaginables". Destacan que las recibe "dirigiéndose a ellas con amor, paternidad, simplicidad… ¡¿Y si esto no es una revolución?!". Concluyen que ninguna persona "tiene que ser descartada porque cada una tiene la dignidad de ser hija de Dios".

A lo largo de su pontificado, Francisco también se ocupó de recomendarles a los padres de un hijo o a una hija con tendencia homosexual que "no lo ignoren, ni lo condenen, sino que lo acompañen". Recuerda que, en 2019, en el vuelo de regreso de Irlanda, le preguntaron qué les diría a ese papá y esa mamá: "Que dialoguen con su hijo o hija, que le den espacio para que se exprese. Nunca diría que el silencio es el remedio. 'Tú eres mi hijo, tú eres mi hija así como sos, y yo soy tu padre, soy tu madre, y debemos hablar'. Y que en el caso de que los padres no sepan cómo encarar el diálogo pidan ayuda. Es un desafío. Pero el hijo o la hija tienen derecho a su familia. Ignorarlo, ni qué hablar apartarlo, es una falta de paternidad y maternidad".

A Francisco también le preocupa la creciente falta de interés de las parejas en tener hijos y que se manifiesta en la fuerte caída de la natalidad en muchos países. "Es que el amor es fecundo", dice, más allá de la situación que está provocando en sociedades económicamente desarrolladas: el envejecimiento de la población. Considera que cada matrimonio debe tener la cantidad de hijos que las circunstancias le permitan. Tras afirmar que "en una familia armoniosa el hijo es una riqueza", señala que en las familias pobres siempre es considerado así porque, "como afirman muy certeramente los curas de las villas de Buenos Aires, los padres quieren tenerlos". Más aún: dice que "es tal la riqueza con la que toman al hijo que a veces lo viven imprudentemente".

Por eso, cree que los padres deben actuar con responsabilidad y que la educación puede ayudar. "Tener muchos hijos podría llegar a ser, en algunos casos, una actitud irresponsable", opina, si bien aclara que "todo depende de los casos concretos". Recuerda, además, que la Iglesia está a favor de la paternidad responsable y, a tal fin, aprueba únicamente los métodos naturales de anticoncepción, que deben enseñarse adecuadamente. Admite, sin embargo, que escuchó a más de uno decir que esos métodos no funcionaban en su matrimonio y que iban a recurrir a los artificiales.

—*Pero Pablo VI estuvo cerca de aprobar en 1968 la píldora anticonceptiva con ocasión de su encíclica Humanae Vitae. Que, finalmente, no lo hiciera provocó que se lo acusara de haberse bajado del tren de la historia...*

—Lo que no tuvieron en cuenta los analistas en aquellos años es el enemigo que veía venir Pablo VI: el malthusianismo. O sea, la teoría demográfica de Thomas Malthus (1766-1834, que sostenía que el aumento de la población responde a una progresión geométrica, mientras que el incremento de los medios de subsistencia ocurre solo en progresión aritmética). Tengamos en cuenta que a poco de la salida de la encíclica esta posición fue enarbolada por el entonces presidente del Banco Mundial, Robert MacNamara ("El rápido crecimiento demográfico es una de las mayores barreras que obstaculizan el crecimiento económico y el bienestar social de nuestros Estados miembro"). Pablo VI veía venir un invierno demográfico en Italia, en Europa. No se equivocó. La suya fue una gran intuición. Además, se suele pasar por alto que hacia el final de la encíclica pide a los sacerdotes que en este punto sean muy comprensivos con los esposos en el confesionario.

—*Desde entonces la Iglesia y ONGs provida denuncian que organismos internacionales promueven el aborto como método de control de la natalidad y condicionan préstamos a los países a cambio de su legalización.*

—Efectivamente. Pero como dije tantas veces es importante la defensa de la vida en todos sus momentos, desde la concepción hasta la muerte natural. Debe haber políticas que protejan a la familia, que fomenten una adecuada nutrición de los menores y el acceso y permanencia en el sistema educativo; que combatan la pobreza y que cuiden a los ancianos, muchas veces abandonados y sin poder pagar los remedios, lo que los somete a lo que llamo una eutanasia pasiva. Más todo lo que puedan hacer y hacen las organizaciones de la sociedad civil y las religiones. Tampoco basta con oponerse al aborto pero desinteresarse de una mujer con un embarazo no deseado. Dejar que se arregle como pueda. En Italia existe una institución de ayuda. En la Argentina está Grávida y otras más pequeñas. Hay que decirle a esa mujer que lo tenga, que la vamos a acompañar y que si después no quiere criarlo lo daremos en adopción. Claro que la experiencia indica que una vez que lo ve no lo suelta más. En la Argentina hubo un caso famoso que me gustaría contar...

—*Adelante...*

—Se trató de una chica con síndrome de down que fue violada y quedó embarazada. Su familia consideraba que debía abortar. La legislación en esos casos lo permitía. Dieron con un médico que estaba dispuesto a realizar la intervención. Por lo tanto, le pidieron la autorización a un juez, quien les dijo que primero quería interrogar a la chica. Los padres inicialmente se negaron con el argumento de que era una niña con síndrome de down, pero ante la insistencia del magistrado cedieron. El juez fue muy afectuoso con la chica que, como es característico de las personas con esta condición, le devolvió con la misma intensidad los gestos cariñosos. Le preguntó qué le pasaba, si estaba enferma. Ella le contestó que sí, que tenía un bicho que le estaba comiendo las entrañas y que se lo debían sacar. Entonces, el juez le preguntó si quería que le dijese la verdad, a lo que ella respondió afirmativamente. "Bueno... no tienes un bicho... tienes un bebé", le contó. La reacción de la chica fue de gran felicidad. Entonces, el magistrado optó por no autorizar el aborto y ponerle una asistente social. La chica tuvo una nena que gozó de una infancia y una adolescencia feliz, estudió abogacía y llegó a ser secretaria de un juzgado. Durante muchos años esa mujer llamaba el día de su cumpleaños al juez para agradecerle su decisión.

—*No obstante, ¿no debe tener la Iglesia una actitud más comprensiva con la mujer que aborta, porque no suele ser una decisión fácil?*

—Para subrayar la gravedad del pecado del aborto, porque supone la eliminación de una vida humana, la Iglesia había dispuesto que el sacerdote debía contar con la autorización del obispo para administrar la absolución de la mujer que libremente se lo practicó y de quienes lo procuraron tras un sincero arrepentimiento. Durante el Año de la Misericordia suprimí la necesidad de pedir esa autorización, no porque ese pecado no fuese grave, sino para resaltar la misericordia de Dios, que alcanza a todos en todas las situaciones. Por otra parte, debemos acompañar a quien abortó porque ciertamente es una decisión traumática con consecuencias anímicas. Los sacerdotes lo constatamos en el confesionario al escuchar a mujeres a las que les sigue pesando veinte o treinta años después de habérselo hecho. Una genetista afamada me explicó una vez en Buenos Aires que en los primeros días de la gestación se desarrolla en la médula de la madre una célula que quedará para el resto de la vida. Por eso, mientras la mujer trata de olvidar el aborto, el cuerpo de alguna manera se lo impide. Esta, no obstante, es una hipótesis de algunos científicos que no está cerrada.

—*La misericordia es una de las vigas de su prédica, ¿pero la Iglesia no fue demasiado severa a lo largo de su historia con la observancia del sexto mandamiento, o sea, con todo lo relacionado con el sexo, en detrimento de otras faltas?*

—La misericordia hace a la esencia del mensaje evangélico. No es un invento mío. Ahora bien: es verdad que hubo una obsesión por la pureza en el plano sexual, y eso es una desviación doctrinal. Pero hemos ido tomando conciencia de la mayor gravedad de otros pecados. La categorización fue encontrando así su orden correcto, más allá de que puedan persistir algunos grupos que prioricen lo sexual. Si hiciéramos una lista de pecados por los que hay que pagar más para ser perdonados, hacer mayor penitencia, los de la carne como la lujuria y la gula no estarían en los primeros lugares. Claro que la trata con fines sexuales es uno de los peores porque es explotar personas. Después, subiendo, vienen los otros pecados y, finalmente, la soberbia. En otras palabras, los pecados del espíritu son más graves que los pecados de la carne. Recuerdo que un sacerdote jesuita, el padre Eduardo Peralta Ramos, que era un genio, me dijo una vez en la Argentina algo que nunca olvidé: que los pecados del espíritu son más graves porque tienen más angelicalidad; se parecen más al pecado de los ángeles. En cambio, la lujuria y la gula no tienen nada de angelicalidad.

—*Además, la sensibilidad va cambiando. Más allá del recato que se exige para entrar a un templo, hace décadas no se hubiese permitido cierta vestimenta que hoy sí se permite...*

—También antes había un puritanismo excesivo. Hasta diría hipócrita. Pensemos en lo muy extendido que estaba en ciertos países de mayoría católica la doble vida, la llamada "casa grande" y la "casa chica". La mirada en perspectiva histórica puede ayudar a poner las cosas en su lugar. En Buenos Aires había hace muchos años un programa de televisión que se llamaba *El abogado del diablo* en el que un periodista, Raúl Urtizberea, le hacía incisivas preguntas a un sacerdote, el jesuita Fernando Storni. Una vez Urtizberea comenzó a echarle en cara el énfasis de la Iglesia en condenar los pecados que se vinculan con la sexualidad y puso como ejemplo el caso de San Luis, rey de Francia en el siglo XIII, cuya madre, Blanca de Castilla, le impedía ver a su esposa. Luis tuvo que construir un pasadizo secreto para verla y llegó a tener con ella once hijos. Storni respondió: "Usted dice que la Iglesia estaba obsesionada con el sexo, pero yo le pregunto: ¿a quién canonizó la Iglesia? ¿A Blanca de Castilla o al que hizo el pasadizo?".

—*Precisamente por la gravedad que la Iglesia le*

adjudicó a la violación del sexto mandamiento segura-
mente no pocos fieles, sobre todo los mayores, centran su
confesión en ellos...

—Como decimos en mi país, yo "pinché muchos globos" en el confesionario al respecto. Traté de que pusieran las cosas en el lugar que correspondía. Sí, les decía, avergüénzate, pide perdón por ese pecado, que lo es. Pero también examínate de los otros nueve mandamientos para ver cómo andas. Si alabas a Dios, si pagas los impuestos, si les retribuyes con el salario justo a tus empleados. Pero hay que tener cuidado porque la actitud del sacerdote debe ser siempre la de tender la mano para ayudar a salir del paso. Tengamos en cuenta además que en la confesión del sexto mandamiento hay más vergüenza. Por ejemplo, habitualmente a un hombre que fue infiel le da mucha vergüenza confesarlo. Un cardenal de la curia romana me ayudó mucho en esto en una ocasión que hablábamos de cómo preparar a los sacerdotes para las confesiones durante el Jubileo de la Misericordia y, específicamente, en los casos de fieles que confiesan haber faltado a ese mandamiento. Me dijo que cuando alguien empieza a contarle su falta enseguida le dice "sí, entendí", evita que entre en detalles y mucho menos se los pide. Lo que pasa es que hay curas que empiezan a hacer preguntas y convierten el confesionario en una sala de torturas cuando, en realidad, el feligrés debería salir sonriendo, en paz, con ganas de volver. El sacramento de la confesión impartido como Dios manda es algo muy lindo porque uno sale realmente renovado.

—*¿Usted tuvo buenos confesores?*

—Sí. Cuando era estudiante de teología. Me confesaba con el padre Francisco Jalics, con quien me inventaron una mala relación a raíz de una leyenda negra que decía que cuando era provincial de los jesuitas lo había dejado a él y al padre Orlando Yorio, que se desempeñaban en un barrio pobre, algo "sospechoso" para los militares de aquella época, a merced de la última dictadura. Pero Jalics, que luego se radicó en Alemania, siendo yo arzobispo, venía a Buenos Aires y celebrábamos juntos la misa. Además, le permitía que diera cursos de espiritualidad. Pero también tuve muchos otros buenos confesores. Cuando fui elegido Papa le pedí al superior de los franciscanos que me enviara a un confesor de su orden. Me envió a un español de gran sabiduría espiritual que me ayuda mucho. Es importante contar con un buen confesor. Por eso, le digo a la gente renuente que lo busque, se anime y se confiese.

—*Se supone que el Papa tiene pocos pecados y además menos graves...*

—Qué va... En la Argentina decimos que "no hay que hacerse la mosquita muerta". Debemos reconocernos pecadores. Yo, el primero. Cuando voy en el papamóvil por la Plaza de San Pedro o por tantos lugares en Italia y el mundo saludando a la gente y me responden con tanto cariño, me digo: "Atención, Jorge... ¡no te la creas!, porque si esta gente te escuchara cuando te estás confesando...".

4. Un descenso a los infiernos

Una niña violada en su propia casa por un sacerdote que la estaba preparando para la primera comunión y que los padres confiaron a su cuidado por unas horas es revelador de hasta dónde puede llegar la perversión de una persona que se aprovecha de la confianza que otorga su condición de ministro religioso y de su posición de poder. Ese fue uno de los muchos testimonios que Francisco escuchó en la residencia de Santa Marta y en sus viajes por el mundo durante encuentros con víctimas de las atrocidades cometidas por miembros del clero en las últimas décadas que causaron un daño irreparable a tantas personas, la gran mayoría de ellas menores, provocaron el peor escándalo de la historia reciente de la Iglesia católica y afectaron gravemente su credibilidad. Claro que no era fácil para las víctimas rememorar lo que les sucedió, a lo que se suma —apunta el Papa— un mecanismo psicológico defensivo que suele aflorar ante situaciones tan dolorosas: una amnesia parcial o total, que las ayuda a sobrellevar el trauma. Pero ante la máxima jerarquía de la Iglesia sentían la necesidad de exponerlo después de años de no ser recibidas por las autoridades eclesiásticas correspondientes o que estas les restaban credibilidad a su testimonio o que las presionaban para guardar silencio y, eventualmente, aceptar una propuesta económica que implicaba que sus victimarios eludieran la acción de la justicia. Víctimas que, en definitiva, anhelaban conocer de boca del propio pontífice lo que estaba haciendo la Iglesia para combatir la impunidad y evitar que estos delitos se repitan.

El flagelo había comenzado a salir a la luz pública hacia el final del papado de Juan Pablo II, en 2002, con la célebre investigación del periódico norteamericano *Boston Globe*, que denunció centenares de abusos en la arquidiócesis de Boston y reveló la repudiable metodología de trasladar a los abusadores a un destino lejano para encubrirlos y "evitar el escándalo". Luego se sumaron numerosas denuncias en otras diócesis de Estados Unidos y de otros países. Hacia el interior de la Iglesia, sin embargo, los casos la estaban jaqueando, al punto que Juan Pablo II emitió en 2001 —ya muy enfermo— un decreto en el que determinaba que el Dicasterio para la Doctrina de la Fe —uno de los ministerios más importantes de la Santa Sede— sería el organismo que intervendría ante una denuncia de abuso sexual en perjuicio de un menor y designaría a quienes juzgarían al acusado. Además, elevaba de 16 a 18 la edad hasta la que se considera menor en la legislación eclesiástica, establecía cómo debe ser el proceso, el plazo de prescripción y las posibles sanciones que incluían la expulsión del estado clerical. Tras su muerte, Benedicto XVI profundizó y multiplicó las medidas. En 2009 modificó el decreto de su antecesor ampliando el plazo de prescripción a 20 años contados desde que el menor cumple 18 años (e incluso la posibilidad de dispensarlo), introdujo el delito de pornografía infantil y estableció los procesos extrajudiciales para acelerar el juzgamiento cuando el delito aparezca con claridad. Y que, en casos muy graves, el Papa pueda aplicar directamente la expulsión del estado clerical.

2013

Francisco era plenamente consciente de que debía seguir adoptando decisiones contundentes para combatir el flagelo, en el marco del proceso iniciado por sus antecesores. Un flagelo que no se resuelve solo con decretos, sino que implica un cambio de actitudes dentro de la Iglesia, una institución milenaria que cultiva como pocas el secreto y considera al escándalo un pecado. A ello hay que sumar la sólida presunción de que en ciertos funcionarios del Vaticano hubo defensas inexplicables o directamente encubrimiento de eclesiásticos de gran influencia y enorme poder económico. Tal el caso del fundador de los Legionarios de Cristo, el sacerdote mexicano Marcial Maciel, abusador de seminaristas, padre de tres hijos y gran manipulador, que durante décadas logró ocultar sus fechorías. Francisco cuenta que el entonces cardenal Joseph Ratzinger, siendo prefecto de la Congregación para la Doctrina de la Fe, había reunido suficientes indicios sobre el comportamiento delictivo de Maciel. Pero que tras una reunión en la Secretaría de Estado del Vaticano para analizar el caso volvió a su oficina decepcionado porque se había concluido que faltaban evidencias. "O no veían las cosas o no las querían ver, pero lo cierto es que la investigación se frenó", agrega. Sin embargo, recuerda que una de las primeras medidas que tomó Benedicto XVI ni bien resultó electo, en 2005, fue reactivar el caso. Un año después dispuso que Maciel se abstuviera de ejercer su ministerio públicamente y se recluyera en "una vida de oración y penitencia". El sacerdote murió en 2008, a los 87 años.

Sin embargo, Francisco admite que no esperaba que esta escabrosa situación prosiguiera en su papado con la magnitud que lo hizo, particularmente a través de investigaciones judiciales y diocesanas que sacaron a la luz cientos de casos —si bien la gran mayoría se remontaban a varias décadas atrás— y evidenciaron los encubrimientos. Pero destaca que permitieron aproximarse a la dolorosa verdad, requisito básico para reparar en lo posible a las víctimas y llevar adelante un proceso de saneamiento profundo. Además, a pocos meses de asumir su papado, estalló el resonante caso del nuncio apostólico en República Dominicana, el arzobispo polaco Józef Wesolowski, luego de que una investigación de la televisión dominicana denunció que el diplomático pagaba para mantener relaciones sexuales con menores. Francisco lo destituyó inmediatamente del cargo y tiempo después dispuso su arresto en su lugar de alojamiento en el Vaticano. La Congregación para la Doctrina de la Fe dictaminó su expulsión del estado clerical. Finalmente, el Vaticano anunció el comienzo del juicio en su contra. Wesolowski —que por entonces tenía 67 años— murió pocas semanas después de iniciado el proceso judicial. El Vaticano informó que había sido hallado sin vida en su habitación y que la autopsia determinó que su deceso se produjo como consecuencia de un ataque cardíaco.

2014

Entre las primeras medidas que tomó sobresale a comienzos de 2014 la creación de una Comisión Pontificia para la Protección de los Menores que, según el decreto respectivo, tiene por objeto proponer "las iniciativas más adecuadas para la protección de los menores y adultos vulnerables, así como realizar todo lo posible para asegurar que delitos como los sucedidos ya no se repitan en la Iglesia". Además, la comisión "promoverá, conjuntamente con la Congregación para la Doctrina de la Fe, la responsabilidad de las Iglesias particulares para la protección de todos los menores y adultos vulnerables". Al frente quedó el arzobispo de Boston, Sean O'Malley, muy respetado por la firmeza con la que saneó su emblemática arquidiócesis tras suceder al cardenal Bernard Law, quien luego del escándalo renunció y se refugió en el Vaticano hasta que murió en 2017. Entre los miembros de la comisión se contó Marie Collins, abusada cuando era niña por un capellán en Irlanda, pero tres años más tarde renunció por considerar que organismos del Vaticano —sobre todo la Congregación para la Doctrina de la Fe— no colaboraban con las recomendaciones de la comisión avaladas por el Papa.

2016

A mediados de 2016 Francisco emitió un decreto en el que establece explícitamente la remoción de obispos si actúan con negligencia ante casos de abusos sexuales de menores o personas vulnerables cometidos por miembros de su clero. Dice que toma esa medida por el cuidado especial que debe tenerse en tan delicadas situaciones. En noviembre Francisco recibió una horrenda noticia proveniente de su propio país que patentizaba hasta qué punto clérigos abusadores se aprovechaban de la vulnerabilidad de sus víctimas. Consistía en las denuncias de que más de una veintena de niños, niñas y adolescentes sordomudos de un instituto religioso ubicado en la provincia de Mendoza habían sido violados por dos sacerdotes —a la postre condenados a más de cuarenta años de prisión— y una monja. Se trataba del Instituto Próvolo, que lleva el nombre de su fundador, un sacerdote italiano que fundó en siglo XIX, en Verona, una congregación dedicada a la atención de chicos hipoacúsicos y con problemas de lenguaje. En diciembre Francisco promulga una reforma de los seminarios que, entre otros objetivos, apunta a prevenir que se enrolen abusadores. Principalmente, suma una etapa previa de al menos dos años no solo instructiva, sino de discernimiento de los formadores acerca de si los aspirantes al sacerdocio —que no pueden tener "tendencias homosexuales profundamente arraigadas"— han alcanzado "el grado de madurez humana y vocacional que se requiere para cada etapa". Advierte, en ese sentido, que "la carencia de una personalidad bien estructurada y equilibrada se constituye en un serio y objetivo impedimento para la continuidad de la formación para el sacerdocio".

En mayo de 2017 el periodista italiano Gianluigi Guzzi publicó el libro *Pecado original* en el que, entre otras denuncias, revela presuntos casos de abusos en perjuicio de menores dentro del mismísimo Vaticano: en el preseminario San Pío X. Conocidos como "los monaguillos del Papa", allí residían y se formaban los adolescentes que sirven en la misa y otros oficios litúrgicos en la basílica de San Pedro. Además, se busca despertar vocaciones sacerdotales. Concretamente se sospechaba que el sacerdote Gabriel Martinelli había abusado de varios alumnos entre 2006 y 2017 cuando, siendo un joven seminarista, actuaba como coordinador, y que el entonces rector, Enrico Radice, lo encubría. Sin que mediara una denuncia formal, Francisco ordenó la apertura de un proceso judicial. Y en 2021 dispuso el traslado del seminario a "un lugar conveniente" fuera del Vaticano y cerca de "donde los jóvenes estudian y realizan actividades recreativas".

2018

Francisco comenzó 2018 con una gira por Chile y Perú que en el primer país se le presentaba difícil por un resonante caso de abusos sexuales cometidos por un muy influyente sacerdote, Fernando Karadima, encontrado culpable por la Santa Sede en 2011 y obligado a recluir-se en oración y penitencia. Y, en particular, porque él mismo había defendido años antes, durante una audiencia general en la Plaza de San Pedro, a un obispo, Juan Barros, acusado de encubrir a Karadima cuando, siendo sacerdote, se contó entre sus colaboradores en la parroquia de El Bosque, en la aristocrática comuna de Providencia. Francisco consideraba que la acusación era infundada. Y volvió a defenderlo antes de partir de Chile al ser consultado por la prensa. Pero ya en la rueda de prensa en el vuelo de regreso a Roma pidió disculpas por su vehemencia. Poco después ordenó una investigación canónica encabezada por el máximo experto en abusos clericales, el arzobispo maltés Charles Scicluna, quien viajó a Estados Unidos y Chile, donde recabó numerosos testimonios. Su resultado llevó a Francisco a reconocer que no había sido debidamente informado. La pesquisa de Scicluna fue más allá del caso Karadima: puso en evidencia la dimensión de los abusos en la Iglesia chilena y la falta de una adecuada respuesta del episcopado. Esto determinó que el Papa convocara al Vaticano a los obispos chilenos, quienes le elevaron su renuncia. La primera dimisión que aceptó fue la de Barros con la que inició una profunda renovación. Además, expulsó a Karadima del ejercicio del ministerio sacerdotal.

A Francisco le tocó gestionar un caso que —como el que tuvo de protagonista a Maciel— evidenciaba las graves opacidades en lo más encumbrado de la Iglesia. Fue el que protagonizó quien fuera arzobispo de Washington, el muy influyente cardenal Theodore McCarrick, que igualmente había abusado de seminaristas, además de sacerdotes, a lo largo de décadas. Hasta que la ola que provocó el destape de los abusos clericales lo alcanzó, favorecida también por investigaciones periodísticas, particularmente una del *New York Times*. Sin embargo, lo alcanzó mucho después de que en 2006 elevara su renuncia a Benedicto XVI por haber llegado a la edad límite de 75 años, pero siguiera desarrollando una cierta actividad pública. Luego de una investigación preliminar en la arquidiócesis de Nueva York fue suspendido del ministerio público por la Santa Sede en junio de 2018 y un mes después Francisco aceptó su dimisión —inducida— al Colegio de Cardenales (se convirtió en el segundo cardenal que le presentó su renuncia por denuncias de abusos sexuales luego del arzobispo de Edimburgo, Escocia, Keith O'Brien, quien ya no había asistido al último cónclave). Finalmente, tras un proceso canónico (juicio eclesiástico) que lo encontró culpable de abusos sexuales a menores y adultos, el Papa lo expulsó del sacerdocio en febrero de 2019, siendo el primer cardenal al que se le aplicó la pena canónica máxima por delitos sexuales. Quedó flotando una gran pregunta: cómo McCarrick llegó a escalar tanto en la pirámide eclesiástica, a pesar de que las denuncias sobre su conducta eran muy antiguas.

No obstante, el Papa argentino soportó un mal trago el mismo día en que pronunciaba en agosto de 2018 un contundente mea culpa por los numerosos casos de abusos clericales que diezmaron a la Iglesia en Irlanda. Fue delante de una multitud congregada en las afueras de Dublín, en el cierre de una nueva edición del Encuentro Mundial de las Familias, que la Iglesia organiza cada tres años en un país de los cinco continentes. Porque simultáneamente trascendía a través de medios informativos católicos ultraconservadores una confusa y larga carta —tenía once carillas— de un arzobispo que fue nuncio en los Estados Unidos hasta 2016, Carlo María Viganó, en la que afirmaba que había informado oportunamente a Francisco sobre la conducta de McCarrik y lo acusaba de haberlo protegido. E incluso decía que debía renunciar al papado. Fiel a su estilo de no contestar agravios, el Papa afirmó en el vuelo de regreso a Roma que dejaba al buen criterio de los periodistas una evaluación de la seriedad de la imputación. Con el paso del tiempo muchos observadores vaticanos interpretaron la carta como parte de una ofensiva de los sectores ultraconservadores contra el pontífice. "Fue uno de los dos o tres intentos de tumbar su papado", diría tiempo después el vaticanista del *ABC* de Madrid, Juan Vicente Boo.

De todas maneras, al volver, Francisco le encomendó a la Secretaría de Estado una investigación sobre cómo había sido el ascenso de McCarrik. En contraste con el secretismo que rodeaba en el pasado las cuestiones más delicadas de la Santa Sede, su idea era hacerla pública. Así fue. Dos años después, en noviembre de 2020, se difundió un informe de más de 400 páginas (subido a internet en italiano y en inglés). En una síntesis, el director editorial de los medios del Vaticano, Andrea Tornielli, consignó: "La Santa Sede actuó sobre la base de información parcial e incompleta. Desgraciadamente, se cometieron omisiones y subestimaciones, se tomaron decisiones que después se evidenciaron equivocadas, entre otras cosas porque, en el curso de las verificaciones solicitadas por Roma en su momento, las personas interrogadas no siempre dijeron todo lo que sabían. Hasta 2017, ninguna acusación fundada se refirió a abuso o acoso de menores; tan pronto como llegó la primera denuncia de una víctima menor de edad en el momento de los hechos, el papa Francisco actuó de modo rápido y con decisión contra el anciano cardenal".

En el informe se reconoce que "en los años noventa lo habían mencionado algunas cartas anónimas llegadas a los cardenales y a la nunciatura de Washington, pero sin dar indicios, nombres ni circunstancias. Lamentablemente, estas fueron consideradas no creíbles precisamente porque carecían de elementos concretos". También se revela que, con vistas a la designación de McCarrick en Washington, "se registró el parecer negativo del cardenal John O'Connor (por entonces arzobispo de Nueva York)". Agrega que si bien O'Connor

admitía que "no tenía información directa", consideraba "un error" la nominación porque "se corría el
riesgo de un grave escándalo a causa de los rumores
de que en el pasado el arzobispo había compartido el
lecho con jóvenes adultos en la residencia curial y con
seminaristas en una casa junto al mar". Pero concluía
que las consultas efectuadas arrojaron datos "no exac-
tos e incompletos". Juan Pablo II acogió la sugerencia
de retirar la candidatura. Sin embargo, una carta que
McCarrick le envió al secretario del pontífice, el obispo Stanislaw Dziwisz, en la que se proclamaba inocente, convenció a Juan Pablo II de que decía la verdad y
de que las acusaciones eran infundadas o no probadas.
Según algunos testimonios citados en el informe, pesó
también "la experiencia personal vivida por el entonces
arzobispo [Karol] Wojtyla en Polonia, quien durante
años había sido testigo del uso instrumental de falsas
acusaciones por parte del régimen para desacreditar a
sacerdotes y prelados".

2019

En tren de avanzar por el camino de la verdad, por dolorosa que sea, el suplemento "Mujeres Iglesia Mundo"
del periódico vaticano *L'Osservatore Romano* publicó
a comienzos de 2019 un artículo en el que denunciaba
los abusos sexuales cometidos por sacerdotes contra

monjas que fueron obligadas a abortar o que dieron a luz niños cuyos padres no los reconocieron. Con la firma de su entonces jefa de redacción, Lucetta Scaraffia —una reconocida luchadora por un mayor reconocimiento de la mujer en la Iglesia—, destaca el criterio de Francisco en el sentido de que el poder clerical está en la raíz de estos delitos. Y consigna que ya en 1990 religiosas habían presentado a autoridades del Vaticano informes sobre este tipo de abusos en África, donde los victimarios los consideraban "seguros" ante el sida. La denuncia se produjo en vísperas de la inédita realización, al mes siguiente, de un encuentro de presidentes de los episcopados de todo el mundo en la Santa Sede sobre protección de los menores en la Iglesia, convocado por el Papa ante los abusos clericales, que despertó un enorme interés reflejado en su vasta cobertura mediática. Con el objeto de crear una mayor conciencia en la Iglesia sobre la gravedad de este flagelo y sumar propuestas para combatirlo, cada uno de los cuatro días que abarcó comenzaba con el testimonio de una víctima y luego se suscitaban intensos intercambios. Mientras tanto, había víctimas y ONGs que acusaban a la Iglesia de no ir a fondo y de seguir protegiendo a los abusadores. Otras, en cambio, consideraban que se estaba avanzando en la buena dirección, aunque dudaban de la voluntad generalizada de aplicar las medidas.

Entre las primeras acciones y medidas que se fueron concretando tras el encuentro se contó en lo inmediato con la integración de un grupo de expertos para asesorar a las conferencias episcopales acerca de cómo afrontar estos casos. Dos meses más tarde Francisco emitió un nuevo decreto —largo y con muchos aspectos jurídicos— que introduce como delito eclesiástico cualquier acción sexual con personas vulnerables (no solo menores). Establece la obligación de todas las diócesis del mundo de contar con una oficina de recepción de informes o denuncias de abusos y que cualquier persona puede hacerlo y que deben ser recibidos. Señala que los sacerdotes y religiosos tienen la obligación de denunciar delitos sexuales de clérigos o religiosos a sus superiores y también las acciones u omisiones dirigidas a eludir o interferir investigaciones eclesiásticas o civiles. Además, determina con precisión quién debe intervenir y cómo actuar cuando el denunciado es un obispo o el superior general de una orden o congregación. E incluye un apartado sobre el respeto a las leyes de los Estados y un pedido de cuidadoso trato de escucha y atención a las víctimas.

En diciembre elevó la edad de lo que considera la Iglesia como pornografía infantil de los 14 —fijada por Juan Pablo II siguiendo algunas legislaciones civiles— a los 18 años como en relación con la categoría de menor respecto de cualquier delito sexual. Además, permitió que los abogados de los acusados en estas causas sean laicos, sin ser necesaria la autorización de la Congregación para la Doctrina de la Fe. Y pocos días después anunció una de las decisiones más valorada hacia el interior de la Iglesia —también propuesta en el encuentro sobre los menores— por víctimas: la supresión del secreto pontificio en los casos de abusos sexuales. Esto conlleva el acceso de la justicia de cada país a los juicios canónicos contra miembros del clero, sea a nivel diocesano, sea a nivel del Vaticano. El elogio más significativo fue el de Marie Collins: "Excelente noticia. Muy bueno ver que esto se implementa. Finalmente, un cambio real y positivo", afirmó.

2020

A mediados de 2020 el Vaticano sumó un manual de procedimiento ante la presunción de un caso, que establece —entre otras cosas— que aunque no haya habido ninguna denuncia oficial o la noticia haya sido difundida por los medios de comunicación, incluidas las redes sociales, o la fuente sea anónima, se deberá evaluar cuidadosamente toda la información recibida y profundizar en ella. Pide "acoger y ofrecer escucha y seguimiento, incluso a través de servicios específicos, a la presunta víctima y su familia, así como asistencia espiritual, médica y psicológica, según cada caso concreto". Demanda que "incluso en ausencia de una explícita obligación legal, la autoridad eclesiástica dé noticia a las autoridades civiles competentes cada vez que considere que esto es indispensable para tutelar a la persona ofendida o a otros menores del peligro de eventuales actos delictivos". A la vez que señala que "el trabajo de investigación debe realizarse respetando las leyes civiles de cada país".

2021

Finalmente, en junio de 2021 el Vaticano presentó una actualización del Código de Derecho Canónico —rector del ordenamiento jurídico de la Iglesia— que tipifica los delitos de abusos sexuales cometidos contra menores y consumo de pornografía infantil. También establece criterios más claros para la aplicación de las penas e incluye no solo a los clérigos que los cometan, sino también a todo feligrés que desarrolla alguna tarea dentro de la Iglesia. Brinda, además, precisiones sobre el derecho a la defensa y la prescripción penal. Estas incorporaciones en el código —cuya última edición data de 1983, durante el papado de Juan Pablo II— constituye la culminación de un proceso de revisión solicitado en 2007 por Benedicto XVI que abarca también delitos económicos y que demandó una amplia consulta entre organismos vaticanos, órdenes y congregaciones, conferencias episcopales y canonistas. En la constitución apostólica que presenta las incorporaciones, Francisco las fundamenta al señalar que "no puede haber misericordia sin corrección". "En el pasado ha causado mucho daño la falta de comprensión de la relación íntima existente en la Iglesia entre el ejercicio de la caridad y el recurso – cuando las circunstancias y la justicia lo requieren— a la disciplina sancionadora". Más aún, afirma que "la negligencia del pastor al recurrir al sistema penal pone de manifiesto que no está cumpliendo su función de forma correcta y fiel". Con la actualización del código Francisco completó pues un proceso normativo —siempre abierto a mejoras— basado en criterios de aplicación inexcusables.

Tres días después el arzobispo de Munich, el reputado cardenal Reinhard Marx, estremeció a la Iglesia al revelar que había presentado su renuncia al Papa debido a los abusos clericales, pese a no pesar sobre él acusación alguna de haber abusado o encubierto casos. La drástica decisión estaba precedida de dos devastadores informes de la Iglesia alemana sobre el flagelo. El primero data de 2018 y determinó que al menos 3677 personas —más de la mitad tenían 13 años o menos— sufrieron abusos por parte de sacerdotes en ese país entre 1946 y 2014. El otro se conoció en marzo de 2021 y estableció específicamente en la diócesis de Colonia que 202 sacerdotes y responsables laicos habían abusado de 314 personas —más de la mitad de menos de 14 años— entre 1975 y 2018. En la carta de dimisión que le elevó a Francisco, Marx —quien además coordina el Consejo Económico del Vaticano— le dice que tomó la decisión por su "corresponsabilidad" en la "catástrofe de los abusos sexuales" expresada en el "fracaso personal e institucional" ante estos delitos. En ese sentido, deplora que "algunos en la Iglesia no quisieron reconocer la corresponsabilidad y con ello la culpa de la institución y se posicionaron así en contra de cualquier diálogo de reforma y renovación por la crisis de los abusos". Considera que la Iglesia se encuentra en "un punto muerto" en este aspecto y que con su renuncia quiere mostrar "un signo personal que produzca un nuevo comienzo" en la comunidad católica. Y completa: "Quiero mostrar que el puesto no está delante, sino el encargo del Evangelio".

Sorpresivamente, el Papa le comunicó a los pocos días que rechazaba su renuncia en una carta con los fundamentos de su decisión. Comienza afirmando que está de acuerdo con él en "calificar de catástrofe la triste historia de los abusos sexuales y el modo de enfrentarlo que tomó la Iglesia hasta hace poco tiempo. Caer en la cuenta de esta hipocresía en el modo de vivir la fe es una gracia, es un primer paso que debemos dar. Tenemos que hacernos cargo de la historia, tanto personal como comunitariamente. No se puede permanecer indiferente ante este crimen. Asumirlo supone ponerse en crisis". Más adelante señala que "se nos pide una reforma que —en este caso— no consiste en palabras, sino en actitudes que tengan el coraje de ponerse en crisis, de asumir la realidad sea cual fuere la consecuencia.

Y toda reforma comienza por sí mismo. La reforma en la Iglesia la han hecho los hombres y mujeres que no tuvieron miedo de entrar en crisis y dejarse reformar a sí mismos por el Señor. Es el único camino, de lo contrario no seremos más que 'ideólogos de reformas' que no ponen en juego la propia carne". Advierte en otro tramo que "no nos salvarán las encuestas, ni el poder de las instituciones, ni el prestigio de nuestra Iglesia que tiende a disimular sus pecados, ni el poder del dinero, ni la opinión de los medios (de los que somos tantas veces dependientes), sino el Único que puede hacerlo y ante quien debemos confesar nuestra desnudez: 'he pecado', 'hemos pecado'". Francisco termina proponiéndole: "Y si te viene la tentación de pensar que, al confirmar tu misión y al no aceptar tu dimisión este Obispo de Roma (hermano tuyo que te quiere) no te comprende, piensa en lo que sintió Pedro delante del Señor cuando, a su modo, le presentó la renuncia al decirle 'apártate de mí que soy un pecador' y escucha la respuesta: 'Pastorea a mis ovejas'".

En octubre se difundió el informe más estremecedor entre los que comenzaron a realizarse en diversos países. Correspondió a la Iglesia en Francia. Una comisión investigadora independiente creada a instancias de los obispos galos estimó que entre 1950 y 2020 se produjeron 216 mil casos de conductas sexuales delictivas en perjuicio de menores —desde insinuaciones hasta violaciones— cometidos por unos 3000 sacerdotes, la gran mayoría ya fallecidos. El cálculo se eleva a 330 mil casos si se consideran los perpetrados por laicos. El trabajo comenzó en 2018 y su resultado está contenido en un dossier de 2500 páginas. El arzobispo de Arras y vicepresidente de la Conferencia Episcopal de Francia, Olivier Leborgne, destacó la independencia de la comisión, encabezada por un ex vicepresidente de la Corte Suprema francesa, Jean-Marc Sauvé, y compuesta por veintidós profesionales tales como psicólogos, sociólogos y antropólogos, pero ningún miembro de la Iglesia, ni tampoco víctimas. "Era tal la sospecha que pendía sobre nosotros, los católicos, que nuestra futura credibilidad dependía de la autonomía de esta labor", dijo Leborgne. Y admitió: "Nadie había contado con que el abuso estuviera tan extendido en nuestra Iglesia".

—*¿Cómo es posible que una institución como la Iglesia católica haya sido alcanzada por el flagelo de los abusos sexuales, por tantos casos de pederastia cometidos por miembros del clero?*

—Lo primero que debo decir es que, lamentablemente, esta situación no es nueva. San Francisco Javier allá por el año 1500 y pico le escribe dos cartas a unos monjes de un monasterio no cristiano de Japón reprendiéndolos porque tenían mancebos. Digo esto para no irme más atrás y mencionar determinados momentos históricos como la época del Imperio romano. En segundo lugar, estamos viviendo en un mundo en el que proliferan estos casos y el clero no es el conjunto donde hay más pedófilos y abusadores. En el discurso que pronuncié en el cierre del encuentro sobre la protección de los menores en la Iglesia, allá por febrero de 2019, decía que según los datos disponibles quien comete los abusos, o sea las violencias (físicas, sexuales o emotivas), son sobre todo los padres, los parientes, los maridos de las mujeres con hijas de otro matrimonio, los entrenadores y los educadores. Además, según los datos de Unicef de 2017 referidos a 28 países del mundo, 9 de cada 10 chicas que han tenido relaciones sexuales forzadas declaran haber sido víctimas de una persona conocida o cercana a la familia. Citaba, además, fenómenos como el llamado turismo sexual. Concluía que estamos, por tanto, ante un problema mundial y transversal que desgraciadamente se verifica en casi todas partes. No obstante, subrayaba que la universalidad de esta grave plaga no disminuye su monstruosidad dentro de la Iglesia. Pero también decía que todo esto no se explica sin la presencia del demonio, sobre todo en la pornografía infantil.

—*Sin embargo, no faltaron quienes lo criticaron porque al dar esos datos e interpretaciones desde su creencia le adjudicaron querer licuar la responsabilidad de la Iglesia...*

—Un periódico consideró que me estaba lavando las manos por decir que es un flagelo que abarcaba a toda la sociedad y de "echarle la culpa al diablo". Pero si queremos hacer un análisis completo debemos exponer el contexto y a la hora de barajar las causas también tenemos el derecho de hacerlo desde nuestra cosmovisión religiosa. Además, subrayaba en aquel discurso que quería reafirmar con claridad que si en la Iglesia se descubre siquiera un solo caso de abuso, que representa ya en sí mismo una monstruosidad, debe ser afrontado con la mayor severidad. Decía que en la justificada rabia de la gente, la Iglesia ve el reflejo de la ira de Dios, traicionado y abofeteado por esos consagrados pervertidos. Y que el eco del grito silencioso de los pequeños, que en vez de encontrar en ellos paternidad y guías espirituales encontraron a sus verdugos, hará temblar los corazones anestesiados por la hipocresía y por el poder. Nosotros tenemos el deber de escuchar atentamente ese sofocado grito silencioso, señalaba. Y agregaba que no se puede comprender el fenómeno de los abusos sexuales a menores sin tomar en consideración el poder, en cuanto estos abusos son siempre la consecuencia del abuso de poder, aprovechando una posición de inferioridad del indefenso abusado que permite la manipulación de su conciencia y de su fragilidad psicológica y física.

—*En* El Jesuita *usted negaba una vinculación del celibato con estos delitos y lo sigue haciendo como Papa, a pesar de que mucha gente infiere una relación. Como también no faltan quienes los relacionan con la homosexualidad.*

—En cuanto a lo primero, sigo pensando lo mismo porque considero que estamos en presencia de una perversión que es anterior a la opción celibataria. Un cura pedófilo la tiene desde antes de ordenarse. Tengamos en cuenta que también hay pervertidos entre ministros de otras religiones que están casados. Con respecto a lo segundo, nuestras investigaciones no arrojan que la mayoría de los sacerdotes pedófilos y abusadores tienen una tendencia homosexual. Por otra parte, hay quienes dicen que en el Vaticano existe un "lobby gay", pero si efectivamente existe no creo que sea un lobby organizado. Conocí un solo caso de dos sacerdotes gay abusadores que se tapaban. Los dos están presos. Por supuesto que es clave la selección de los candidatos al sacerdocio. En el seminario metropolitano de Buenos Aires admitíamos aproximadamente al 40 % de los que se presentaban, en su gran mayoría porque no todos tenían una clara vocación sacerdotal, pero también a veces detectábamos a través de los profesionales ciertas patologías. Además de que hacíamos un cuidadoso seguimiento de su proceso madurativo. En mi discurso en el encuentro sobre la protección de los menores destaqué la exigencia de la selección y de la formación de los candidatos al sacerdocio, aunque no solo con criterios negativos, o sea, preocupados principalmente por excluir a las personas problemáticas, sino también positivos para ofrecer un camino de formación equilibrado a los candidatos idóneos, orientado a la santidad y en el que se contemple la virtud de la castidad.

—¿No estuvo el Vaticano detrás del tan desafortunado

criterio de trasladar a los sacerdotes abusadores con el
propósito de "evitar el escándalo"? ¿No era una ins-
trucción de Roma a los obispos de todo el mundo?

—Esa visión se origina en una mentalidad anglosajo-
na que concibe a la Iglesia como una empresa mundial
con un directorio que ordena a sus filiales todo lo que
tienen que hacer. Sin embargo, la Iglesia no funciona
así. La Iglesia son las diócesis. Es cierto que cada diócesis está unida a Roma, pero cada obispo tiene una cierta
autonomía en la suya. Roma ayuda, baja orientaciones,
cuida la doctrina. Pero, insisto, no es la casa central de
una gran empresa. Por otro lado, en el pasado no había
normas ante estos casos en la Iglesia. Era costumbre
trasladar a los sacerdotes sospechados o hacerlos salir
del ministerio si las evidencias eran sólidas. No existía
suficiente conciencia sobre la gravedad de estos hechos
y la necesidad de enfrentarlos con toda severidad. Tampoco había tanta conciencia en la sociedad sobre este
flagelo como la hay hoy. Gracias a Dios se fue crecien-
do en una mayor conciencia social. Basta ver que hoy
no está bien visto que alguien que no es de su círculo
cercano bese a un chico. Como también hubo cambios
en la percepción de otras cosas. Por ejemplo, la pena
de muerte era algo muy aceptado, incluso en la Iglesia
para ciertos casos, pero hoy hay un extendido rechazo
social y en su momento decidí que figurara en el Catecismo como un castigo inadmisible porque atenta contra la dignidad de la persona. Con esto tampoco estoy

justificando el criterio de ocultar y trasladar, sino de encontrar una explicación a un proceder completamente errado en los casos en que pudo haberse aplicado. Hoy las normas de actuación son clarísimas.

—*También se le imputa a la Iglesia haber tomado la cuestión de los abusos solo como un pecado, pero no como un grave delito con todo lo que ello supone, comenzando por la denuncia judicial.*

—Si alguien lo tomó únicamente así es evidente que se equivocó feo. No solo es un delito, sino efectivamente un delito grave cuyo daño es irreparable y que obviamente demanda una severa condena, que además tiene el valor de poner las cosas en su lugar, un efecto si se quiere educativo en la sociedad. No se puede decir "acá no pasó nada" y se lo perdona y listo. Ya dije que estoy convencido como hombre de fe de que detrás de todo esto, sobre todo en la pornografía infantil —un flagelo acerca del cual organizamos varios encuentros—, está metido el demonio porque es una manera de destruir la humanidad. Pero eso no significa que sus perpetradores no sean unos delincuentes a los que les debe caer todo el peso de la ley. En esto soy intransigente. El episodio de mi actuación ante los casos de abusos en la Iglesia en Chile es claro como el agua. En el Vaticano no había evidencias contundentes ante determinadas acusaciones y, por lo tanto, no podía avanzar. Cuando finalmente las tuve, actué, ordené una investigación, llamé a todos los obispos, tomé las medidas correspondientes. Pero a veces no se puede dar una respuesta porque las cosas no son claras. O hay que empezar procesos largos y la gente se impacienta y dice que no hacemos nada. Además, encuentros como el de la protección de los menores sirven para profundizar las respuestas y sobre todo crear conciencia. Hubo presidentes de Conferencias Episcopales que el primer día de sesiones dijeron que ellos no tenían este problema en sus países y se fueron reconociéndolo. Ahí iniciamos un proceso.

—*De todas formas, usted es consciente de que no se va a conformar a todos, que siempre habrá quienes afirmen que las medidas son insuficientes o que, como Juan Carlos Cruz, la víctima chilena más conocida, teman que su voluntad de ir hasta el fondo no sea compartida por toda la Iglesia...*

—Es verdad, pero me basta con cumplir a conciencia lo que debo hacer más allá de mis limitaciones y con pedirle a Dios que me ayude. El hecho de que Cruz venga acá, diga que lo escucho y que estoy haciendo todo lo posible me da una seguridad muy grande. Que él, que hizo tambalear a la Iglesia en Chile, afirme incluso que es mi amigo, es un buen signo. Además, lo nombré miembro de la Comisión para la Tutela de los Menores. Pero cuidado: no debo dejarme manejar por el lucimiento personal, ni mucho menos por la moda. Por otra parte, existen organizaciones que nuclean a víctimas que empiezan pidiendo ayuda y luego derivan a cuestiones políticas y demandas de dinero. Durante el encuentro sobre protección de los menores algunos grupos manifestaron en la Plaza de San Pedro y emitieron una declaración en la que decían que las deliberaciones no sirvieron para nada. Mi respuesta es que nos reunimos para continuar procesos que ya estaban iniciados. No para tomar medidas extremas que vayan a cambiar las cosas de la noche a la mañana sencillamente porque eso no solucionaría nada. Si yo en esos días hubiera ahorcado a un cura abusador en la Plaza de San Pedro seguramente se habrían ido tranquilos. ¿Pero qué hubiese solucionado realmente?

—*Seguramente llevará tiempo la recomposición de la imagen de la Iglesia después de episodios tan desgraciados...*

—Yo no trabajo para la imagen de la Iglesia, ni mucho menos para la mía. Trabajo para el bien de las personas y de la Iglesia. Y para la resolución de conflictos, a pesar de que no siempre se logran los resultados deseados. Como arzobispo de Buenos Aires tuve que afrontar casos de abuso. Y no me salvé de alguna que otra acusación infundada de proteger a reales o supuestos abusadores. Eso sí, a cada persona que venía a denunciar haber sido víctima de abuso le pedía que la pusiera por escrito. Lamentablemente, solo una lo hizo. Pero lo importante ahora es seguir con este proceso frente a un flagelo mundial que demanda un cambio de actitud no solo en la Iglesia, sino en la sociedad. En una ocasión vinieron a verme en Buenos Aires tres legisladoras de la Ciudad para manifestarme que estaban preocupadas por los menores y a pedirme que las ayudara en una campaña para poner un cartel en los hoteles que diga: "Aquí no se ofrecen entretenimientos con menores". Porque todos sabemos que hay "catálogos" de oferta sexual escondidos. El alcalde, que en ese momento era Mauricio Macri, las alentó. Pero los hoteles pusieron todo tipo de excusas y ninguno aceptó hacerlo.

—*¿Considera que su pontificado será evaluado en buena medida por cómo enfrentó este flagelo?*

—En parte sí. En este aspecto miremos todo el proceso, que se inició en la Iglesia antes de mi elección, y los resultados que se van obteniendo. El informe difundido en 2018 por la justicia de Pensilvania sobre abusos clericales, si bien reveló muchos casos, detectó poquísimos desde 2002. O sea, lo que estamos haciendo está teniendo resultados, pero obviamente hay que seguir trabajando.

5. Lo primero es la familia

Como sus cuatro hermanos, Jorge Mario Bergoglio —el mayor— nació en su casa del barrio porteño de Flores con la asistencia de una partera que usó la misma palangana que luego emplearía con todos los que le siguieron y que su madre conservaría como si fuera una reliquia. Pero debió ser alimentado con leche de burra porque ni bien llegó a este mundo se acercó a colaborar con la familia una monja allegada, de una comunidad religiosa vecina, la hermana Oliva, quien detectó tocándole el pecho que la madre no tenía leche. Lo mismo ocurriría con los demás hijos, aunque los tres últimos serían alimentados con leche para bebés dado que para entonces ya se producía en el país. Su infancia transcurrió feliz en una familia numerosa que se ampliaba los domingos cuando, a la mejor usanza italiana, compartían el almuerzo con las familias de los otros cuatro hermanos de su madre en la casa de los abuelos. Nunca eran menos de treinta. A Jorge le encantaban esos encuentros.

Los mejores momentos de su niñez fueron cuando jugaba con los abuelos. Celebraría de grande haber tenido la dicha de disfrutar de todos ellos hasta los 16 años, en que murió el primero, los otros murieron mucho más tarde. Debido a que sus padres preferían cuidar el presupuesto familiar y no salir de vacaciones, pasaba con sus hermanos la mitad de las vacaciones de verano en la casa de los paternos y la otra mitad en la de los maternos, una antigua casona con dos patios. Como había un gallinero, la abuela solía despertarlos con un huevo batido con azúcar o simplemente con un agujerito para que lo sorbieran. El abuelo, un argentino hijo de genoveses, fabricaba muebles artesanalmente, tarea que solía acompañar cantando arias de la lírica, lo que llamaría la atención de Jorge y despertaría su amor por la ópera. Una afición que su madre consolidaría años después, los sábados a la tarde, al hacerle escuchar con sus hermanos un programa de música lírica de Radio Nacional.

De su abuelo materno también recordaría la cuidadosa preparación que hacía del pavo para la comida de Navidad con el propósito de que fuese bien sabroso. Luego de comprarlo en agosto y engordarlo, a comienzos de diciembre le daba de comer nueces enteras —acompañadas con aceite para que pudiera tragarlas— y dos días antes de matarlo lo emborrachaba con coñac —que ponía en su pico con una jeringa— para evitarle el estrés de intuir que su final estaba llegando y la consiguiente liberación de toxinas. Como también guardaría en su memoria que jamás salía sin bastón, sombrero y polainas. Además de que recibía con frecuencia la visita de un señor de barba que le vendía anilinas y con quien compartía en el patio tazones de té con vino. Era un ex vicepresidente de la Nación, Elpidio González, del Partido Radical, agrupación con la que simpatizaba.

Eso sí: quien más influiría en su vida —sobre todo guiándolo por el camino de la fe— sería su abuela paterna, doña Rosa. Ella, por otra parte, se convertiría en la primera en presenciar un episodio que, como pocos, revelaría el carácter fuerte del pequeño Jorge. Fue cuando en una ocasión salieron de paseo y ella le compró un par de zapatos y él —que por entonces tenía apenas cuatro años— le pidió que hiciera lo mismo con el hermano que le seguía, Oscar. Pero doña Rosa se mantuvo firme: "No, esta vez te toca a vos". Ello derivó en una discusión que concluyó con una advertencia de su irascible nietito: "Si no se los compras también a Oscar, yo no los quiero". En ese momento justo pasaban por una obra en construcción y Jorgito, que llevaba el paquete con los zapatos, lo arrojó detrás de una valla. Estupefacta, la abuela debió llamar al cuidador para recuperarlo.

En otro paseo con la abuela, más pacífico, se cruzaron en la calle con dos señoras del Ejército de Salvación

—la institución evangélica de ayuda— con sus característicos uniformes. Jorge le preguntó si eran monjas y doña Rosa le contestó que eran protestantes… "pero buenas". La aclaración resultaba pertinente en aquellos años porque —acotaría ya adulto Jorge Bergoglio— en la Argentina los católicos más cerrados decían que los evangélicos "irían a parar al infierno" y que Lutero era un "gordo al que le gustaba la cerveza". Más aún: algún que otro sacerdote nacionalista les quemaba las carpas en las que se congregaban. A Jorge el episodio lo marcó porque —otra vez gracias al papel clave de doña Rosa— le señaló el camino del ecumenismo que con el paso de los años desarrollaría y lo llevaría, ya como arzobispo, a arrodillarse ante la bendición de sacerdotes y pastores en un multitudinario encuentro en Buenos Aires.

Hubo otra circunstancia que lo despertó al valor de la paz: el anuncio del fin de la Segunda Guerra Mundial, que ocurrió cuando tenía nueve años. Fue a partir de que una vecina que colaboraba con la familia en las tareas domésticas, desde el patio de al lado de su casa, separado por un tapial de poca altura, comenzó a gritarle a su madre: "¡Doña Regina, doña Regina!". Y ella, sobresaltada, le preguntó: "¿Qué pasa? ¿Qué pasa…?". La vecina le respondió eufórica: "¡Terminó la guerra…! ¡Firmaron la paz…!". Las sirenas del diario *La Prensa* comenzaron a sonar y, pese a lo distante que estaba el edificio, en una ciudad que todavía no era muy ruidosa, se podían escuchar perfectamente. Para parte de los

Bergoglio, que habían padecido los horrores de la conflagración anterior, la noticia les produjo tal júbilo que Jorge nunca olvidaría aquel momento.

Al año siguiente se produciría otro episodio que volvería a evidenciar el carácter de Jorge. Mientras estaba en cuarto grado en una escuela estatal —salvo en sexto grado que estuvo pupilo en un colegio salesiano por estar enferma su madre, tanto la primaria como la secundaria las cursó en escuelas públicas—, la maestra lo retó por una indisciplina y él le contestó de manera grosera. En términos italianos se diría que la mandó a "quel paese…". Entonces ella lo puso en penitencia fuera de la clase, le aplicó una amonestación que asentó en su cuaderno y llamó a la madre para informarle, quien le exigió a Jorge que le pidiera perdón y le diera un beso. Así fue. La maestra le devolvió el gesto dándole un cálido abrazo. "La saqué barata", pensó Jorge. Pero al volver a su casa la mamá le pegó con un cinto en las piernas, a tono con los castigos de la época. Él se aguantó el dolor sin derramar una sola lágrima. Es que siempre procuraba no llorar, al menos delante de alguien.

De todas maneras, el travieso de la familia era su hermano Alberto, el cuarto. Por caso, con un primo se divertían tratando de hacerles un nudo en el cogote a los pavos del abuelo. Una vez fue al cine, vio una película en la que los soldados se lanzaban en paracaídas y al volver a su casa se tiró desde la terraza con un paraguas, lo que le produjo un golpe terrible por el que debió ser llevado al hospital. Pero Jorge era más compinche con Oscar, a quien le reconocería una gran inteligencia y habilidad para manejarse, que le suscitaría una cierta competencia. Claro que el curso de sus vidas sería muy diferente: Oscar se casaría dos veces y tendría cuatro hijos con cada matrimonio. A su velorio iría —como fue cuando estaba internado— su primera mujer, que le daría el pésame a la viuda. En la familia compartían su pasión por el club de fútbol del barrio, San Lorenzo, y marchaban juntos los domingos a ver los partidos.

Con el paso del tiempo, Jorge llegaría a ser abanderado. En esa condición, iría a un acto al Teatro Colón, donde vería por primera vez al entonces presidente Juan Perón, de quien recibiría una beca de 50 pesos, gracias a su promedio, para facilitar sus estudios. El coliseo lo deslumbró. Como a los 16 años empezó a trabajar en un laboratorio y le pagaban una mensualidad, comenzó a ir al "paraíso", el sector más barato del teatro, en lo más alto, a escuchar ópera. En una de esas funciones, percibió con tristeza que Tito Schipa —un tenor italiano de renombre— había perdido buena parte de su voz. Con frecuencia invitaba a la vecina que era amante de la ópera. Pero un día en que se había portado mal su padre le prohibió ir. Jorge se las arregló para convencerlo de que le cambiara la penitencia porque no podía desilusionar a la mujer. Tiempo después, la muerte de ella le provocó una gran tristeza. En esa ocasión no pudo evitar llorar, pero —fiel a su estilo— lo hizo a escondidas.

Quizá la única circunstancia en que lloró de chico, sencillamente porque no pudo contenerse, ocurrió cuando presenció una pelea de sus padres que terminó con su mamá poniéndose un abrigo y saliendo de la casa. Jorge pensó que estaba abandonando el hogar y eso le produjo una gran angustia que jamás olvidaría, pese a que su padre intentó inmediatamente calmarlo diciéndole que no era como él creía, sino que se trataba de una salida que ella tenía planeada. Aquel episodio lo llevaría, ya como sacerdote, a aconsejar a los padres que nunca peleen delante de los hijos. "Los chicos no pueden dimensionar, ni procesar la agresividad, ni manejar la angustia de pensar que la pelea puede terminar en una separación", dice hoy el papa Francisco.

—*Pero entre los padres las discusiones son inevitables...*

—Es verdad, pero si tienen que discutir que se vayan a un cuarto y en soledad se digan todo lo que quieran decirse.

—*De todas maneras, las separaciones están hoy a la orden del día.*

—Está claro que la familia está en crisis...

—*¿La familia o el matrimonio está en crisis?*

—Hay una crisis matrimonial que puede generar una crisis familiar. Porque a veces las crisis matrimoniales crean problemas familiares. Pienso, por ejemplo, cuando los padres usan a los chicos como rehenes en sus peleas.

—*¿Y a qué atribuye esta crisis?*

—A mi juicio es producto de la inmadurez y de un predominio de un pensamiento único, necesariamente débil, que no permite administrar las diferencias que enriquecen. Es más, hay miedo a confrontar las diferencias. Un ejemplo extremo son las guerras en las que buscamos destruir al otro y quedar solo nosotros. Por eso dispuse la realización de dos sínodos sobre la familia que derivaron en la exhortación apostólica Amoris Laetitia, cuyo capítulo cuarto —el núcleo— es una joya, y que hay que leer. Lamenté que muchos periodistas redujeran todo a si se concluiría que los divorciados en nueva unión pudieran comulgar y a la posibilidad de una flexibilización de la objeción al casamiento de los homosexuales cuando, en realidad, lo que se buscaba era redescubrir el amor en la familia y su importancia como institución básica de la sociedad.

—*Sin embargo, a veces la separación es lo más conveniente para que los chicos no crezcan en un ambiente muy belicoso...*

—Sí, pero no perdamos nunca de vista el tremendo impacto que tiene en los hijos. Creo que muchos matrimonios que se separan no lo tienen en cuenta, por lo menos en su real dimensión. Ni qué hablar, como decía antes, si los chicos terminan siendo rehenes. Hay otras situaciones también dañinas para los hijos, sobre todo en la adolescencia, la etapa más difícil de acompañar, como cuando los padres quieren hacerse los adolescentes. Eso arruina todo. Además, es difícil no quedar prisionero de la maraña de obligaciones cotidianas y no perder el sentido de la vida. Las madres, a veces, se ocupan con minuciosidad de las tareas domésticas y dejan de lado el diálogo, la atención de las necesidades más profundas de los hijos. Y los padres suelen caer en la contradicción de trabajar excesivamente para que los chicos posean muchos bienes materiales, pero no están nunca y los privan de lo que más necesitan, que es su presencia. Además, esa excesiva atención a las cosas superficiales en algunos casos puede ser una vía de escape para no afrontar los verdaderos problemas existenciales.

—*No se puede ignorar que el matrimonio entendido como una unión para toda la vida hoy no tiene "buena prensa".*

—Pero hay que mirar a los que llevan años de casados, se pelean como todas las parejas, siguen adelante y llegan a la madurez. En las misas que celebro en Santa Marta, como en las audiencias generales, siempre asisten matrimonios que llevan juntos cincuenta, sesenta años... Una vez en la Plaza de San Pedro había una pareja muy linda que cumplía sesenta años de casada. Tenían alrededor de 80 años. Les pregunté a qué edad se habían casado. Ella me dijo a los 17 y él a los 20. En tren de broma les pregunté quién soportó a quién. Entonces ellos se miraron y volvieron su rostro hacia mí con los ojos llenos de lágrimas y me dijeron: "Siamo innamorati..." ¡Después de sesenta años seguían enamorados! Seguramente de una manera distinta que cuando se casaron porque el amor va cambiando. Esas son las cosas que por lo general no se dicen, no se publican en los diarios y no se muestran en la televisión, pero que expresan una auténtica y profunda felicidad.

—*Usted subrayó en el sínodo que hay una insuficiente preparación para el matrimonio.*

—Efectivamente, es una carencia muy seria. Por eso, en el caso de los cónyuges católicos, cuando además está de por medio el matrimonio sacramental, hay un apartado en Amoris Laetitia dedicado a su preparación. De allí surgió la idea de la impartición en las diócesis de un catecumenado para la vida matrimonial que abarque no solo la preparación próxima y la preparación inmediata para el matrimonio, sino también el acompañamiento durante los primeros años con el propósito de ayudar a los cónyuges a superar una eventual crisis. Cuando hay una crisis matrimonial no hay que tener miedo. Lo grave es cuando se convierte en conflicto, porque el conflicto destruye. De las crisis se puede salir mejor. De los conflictos se desemboca en la destrucción del otro. Lamentablemente, a veces nos faltó humanidad para atender este tipo de situaciones.

—*También es cierto que hay parejas recurren al*

casamiento religioso, sacramental, por una tradición familiar o para dar una imagen social...

—Es verdad. A veces sería preferible que inicialmente buscaran otro camino, pero que no conviertan el casamiento por iglesia en una exhibición frívola. En Buenos Aires tuve un caso de una chica que me pidió que la casara y cuando me vino a ver con su novio me quedó una buena impresión por lo que decidí hacerlo. Pero al poco tiempo me enteré de actitudes de ellos que ponían de manifiesto una cierta inmadurez. Lo concreto es que al año estaba cada uno por su lado. Por otra parte, puede haber causales de nulidad del matrimonio sacramental que justifiquen abrir un proceso canónico y que, si se comprueba su invalidez, permite volver a casarse "por iglesia". La inmadurez que impide ser plenamente consciente del compromiso que se asume es una causa, pero hay otras. Hoy estos procesos son más ágiles y prácticamente sin costo.

—La carencia de afecto, dicen los expertos, es un factor clave en la caída en las adicciones.

—Precisamente porque los padres no están suficientemente presentes o no los cuidan como debería ser. Eso sí, cuando tuvieron una buena crianza instintivamente la replican con sus hijos. A veces un gesto mínimo puede cambiar la vida de un chico. Recuerdo el caso de un sindicalista argentino muy destacado que cuando tenía 20 años cayó en el alcoholismo y dejó el trabajo. Su madre, que era empleada doméstica y llegaba tarde a la humilde vivienda donde vivían, pasaba largo tiempo delante de su cama viéndolo con una enorme ternura mientras él, en medio de la resaca y por vergüenza, se hacía el dormido. Aquella mirada llena de amor era para él como una daga que lo atravesaba y que lo llevó un día a recapacitar y recuperarse. Una mirada que expresaba la sabiduría de una buena madre, tal como podría manifestarlo también un buen padre, que va por el camino de la bondad que sana.

—*Además, para los creyentes la fe es un camino de sanación y, en cierta forma, no solo espiritual...*

—Cuando era obispo en Buenos Aires y el primer fin de semana de octubre se hacía la peregrinación juvenil a la basílica de Luján, me pasaba toda la noche confesando o atendiendo gente en la basílica. Recuerdo que una vez se acercó un muchacho de unos 23 años, grandote, con pelo largo, aritos y colgantes. Me contó que era un obrero especializado que tenía un problema que le había arruinado la vida y que un día no aguantó más y se lo contó llorando a su madre. Ella, empleada doméstica, luego de pensar un rato, le propuso que fuese a Luján a preguntarle a la Virgen qué tenía que hacer. Pese a no tener una devoción mariana, si bien creía en Dios, aceptó la sugerencia, caminó los más de 60 kilómetros hasta el santuario y se puso delante de la imagen. El resultado fue que encontró la repuesta. "Mi problema es este y tengo que hacer esto", me dijo. Le di la absolución y lo animé a que tomara la comunión porque le iba a dar fuerza. Aquí también vemos la sabiduría de una madre que, como no tenía una respuesta, lo mandó a la otra Madre para que se la dé. Creo que toda mujer tiene esa capacidad de ser una gran madre.

—*Convengamos también que los hijos, sobre todo cuando son pequeños, observan todo el tiempo a los padres y registran todo.*

—En este aspecto hay una anécdota muy linda que protagonizó mi hermana con sus hijos que quiero contar porque me hace muy bien y estoy seguro de que puede ayudar a los padres. Un día ella estaba almorzando con los tres mayores que tenían más o menos seis, cinco y tres años, golpean la puerta, el mayor va a ver quién es y cuando vuelve dice que es un pobre que pide de comer. La madre entonces les pregunta qué debían hacer. Los chicos le responden que había que darle un sándwich. "Bueno, tomen un pan cada uno", les dijo. "Ahora cada uno corta la mitad de la milanesa que tiene y la pone en el pan". Sorprendidos, se negaron. Pero ella, categórica, les advirtió: "Si le damos, le damos de lo nuestro". Así fue. Dos semanas después, al regresar de hacer unos trámites, mi hermana fue la sorprendida al encontrarse a los tres chicos tomando café con leche… con un linyera (*homeless*).

6. Entre lo humano y lo divino

"No entendemos nada... Usted no debería poder caminar y, sin embargo, hasta sube escaleras...". El comentario no pertenece a un lego en cuestiones de salud, sino a los médicos que atienden a Francisco. Se lo dijeron pocos años después de haber asumido el pontificado. Es que su elección como Papa estuvo acompañada de un hecho en cierta forma inexplicable para la ciencia, lo que lo emparenta a los ojos de la fe con un milagro (porque ese es, precisamente, el argumento que emplea el Vaticano para reconocerlo). Fue la desaparición de los fuertes dolores en la columna como consecuencia del problema en los discos y los huesos de los pies, más allá de las dos sesiones semanales —los martes y viernes— de fisioterapia a las que comenzó a someterse y a la eficiencia de los dos profesionales intervinientes, uno de ellos una mujer que también había atendido a Juan Pablo II. Ambos también le manifestaron considerando, además, el avance de su edad y su actividad: "Usted no se da cuenta de cómo debería estar y cómo está". Francisco les dijo que lo vivía como "una gracia de Dios".

Por lo demás, Jorge Bergoglio sigue durmiendo seis horas por día. Apaga la luz a las diez de la noche y se levanta a las cuatro. Más unos 40 minutos de siesta. Pese a sus múltiples actividades, continúa leyendo mucho, un hábito facilitado por el hecho de que en la escuela secundaria fue entrenado para hacerlo velozmente. Y no abandona su costumbre de escribir todo a mano con letra muy pequeña. "Me agrada más y creo que me salen mejor las cosas de esa manera", dice. Señala, además, que esa le parece "una forma de comunicación más humana, si se quiere más artesanal, y prefiero los gestos para comunicarme". Le recordamos que como arzobispo de Buenos Aires se había fijado para cuando llegara su retiro el objetivo de aprender computación. Apela a un argumento inapelable para excusarse: "Lo que pasa es que todavía no me jubilé".

—*Algunos dicen que usted se "escapa" del Vaticano de vez en cuando, claro que en auto.*

—Es verdad, especialmente cuando el lugar donde voy tiene garaje. Pero lo que extraño es "callejear".

—*Y aseguran que en una ocasión un control policial detuvo su auto, usted bajó la ventanilla y los oficiales se encontraron con... ¡el Papa!*

—Cosas que se dicen... —afirma con una sonrisa

cómplice. Admite, sin embargo, que no es fácil "escaparse" del Vaticano y recuerda cuando tenía que ajustarse los lentes con un aparato y el oftalmólogo le dijo que podía ir a su óptica a las siete de la tarde porque era invierno y el barrio era una "boca de lobo". "Me 'jugué', pero con tanta mala suerte que una vecina se percató de mi presencia, gritó '¡El Papa!', la gente comenzó a arremolinarse y aquello tuvo gran difusión", se lamenta.

Si bien es cierto que Jorge Bergoglio recorría a pie o en transporte público Buenos Aires y, ya como arzobispo y cardenal primado, rechazaba un auto con chofer, no lo movía solo su espíritu "callejero". "Lo hacía por una opción de pobreza, pero también porque me parecía importante vivir y sentir lo que la gente vive y siente cotidianamente", dice. Reconoce que es una manera "menos cómoda, pero más práctica de trasladarse desde el centro de la ciudad a la periferia". En cambio, les recomendaba a sus sacerdotes "tener un autito" para facilitar su labor. Más aún: cree que "a una parroquia que no tiene un auto le falta algo" y que "no es pecado tenerlo". Por entonces había dispuesto una línea telefónica para que sus curas lo llamaran a cualquier hora ante una necesidad y hasta solía pernoctar en alguna parroquia para tener una mejor percepción de su comunidad. Como también tenía el oído siempre dispuesto a escuchar a todo aquel que se le acercaba buscando un consejo o una palabra de aliento. "A mi juicio, el primer apostolado de un cura es el de la oreja", señala. Una actitud que como Papa sigue conservando al encontrar el tiempo a pesar de sus múltiples ocupaciones y atender personalmente o incluso llamar por teléfono a personas sencillas. "Me sale solo, me gusta escuchar, me gusta que me cuenten", explica. "Eso sí —aclara—: no pregunto porque siento un gran respeto por el otro y no quiero que sienta vergüenza, sino que dejo que solo me cuente lo que quiera. Es cierto que hay quienes necesitan desahogarse, pero en cuestiones de conciencia hay que ser muy delicado y por eso a los curas les indico que nunca pregunten acerca de detalles; a mí me encanta confesar así".

En contraposición con la actitud de escucha, Francisco advierte sobre el riesgo de que el pastor caiga en lo que denomina el "funcionalismo", el volverse un funcionario o, peor, un burócrata de la religión. "Los grandes curas perdían tiempo, estaban en todo", dice. Incluso considera que "los fieles son los dueños del tiempo del Papa. Y si no quiero que usen mi tiempo no aparezco, pero si aparezco ellos son los dueños". No obstante, su disposición no se ciñe a los católicos, sino a toda persona más allá de su creencia o increencia o, incluso, su comportamiento en la vida. "Para mí cualquier persona tiene mucha importancia y no desprecio a nadie, ni a un sinvergüenza porque, como decía Terencio en el siglo II a. C., "nada de lo humano me es ajeno". Es una frase que me llega mucho y la tengo siempre presente. Esta consideración del otro es un regalo de Dios, de mi familia, de la educación que recibí. Estar con una persona me enriquece siempre. Y me siento inferior, siempre, sin que ello me acompleje. Claro que me duele mucho cuando esa riqueza del otro está obnubilada por una pasión desbordante que lo domina, por un pecado dominante, dicho en términos religiosos. Un tratante de personas o un traficante de armas es un ser humano que tiene una riqueza soterrada, vendida, corrompida, que no puede expresar. Eso también se ve en personas públicas, incluso eclesiásticos, que tienen tanta riqueza, pero también tanta sed de poder, de dominación que desplaza toda manifestación de humanidad".

Francisco reconoce, sin embargo, que la ideología es un escollo para las relaciones interpersonales porque "hace las veces de un alambique que destila la realidad. Y como suelo decir, con las disculpas por el mal gusto de citarme a mí mismo, la realidad es superior a la idea. O sea, la ideología arruina, deforma, prostituye la realidad. No la deja aflorar". Para graficarlo, apela al siguiente ejemplo: "Cuando una persona viene a verme y me dice que es atea yo le respondo: 'A mí que me importa. A mí me importas tú, no lo que piensas, lo que tienes…'. Eso me sale como un impulso natural". De todas maneras, no cree que haya una radical contraposición entre un creyente y un ateo. Más aún: piensa que los ateos no existen, y lo fundamenta. "El ser ateo es una opción de vida, pero estoy convencido de que no existen. Porque toda persona cree en algo, que es un valor para él. Y ese valor tiene una chispa de Dios. La mayoría de los ateos, además, se referencia con un más allá, con algo superior. Pero eso no se lo digo nunca a un ateo para que no sienta que le estoy quitando su opción". Para reafirmar su actitud de respeto trae a colación un comentario simpático que le hizo al prestigioso periodista Eugenio Scalfari, fundador del diario italiano *La Repubblica*, quien lo visitaba con frecuencia. En una ocasión, Scalfari le contó que un amigo le advirtió que corría el riesgo de que Francisco lo convirtiera. "Le dije a Eugenio —recuerda— que se quedara tranquilo, entre otras razones porque lo veía muy convencido y porque yo... ¡iba a tener que buscar otro ateo para conversar!".

—*Por cierto, un periodista español dijo que usted es el Papa de los ateos. ¿Cómo le cae esa definición?*

—Como un elogio.

—*Pero usted es el Papa de los católicos...*

—Soy pastor de la Iglesia, pero me debo a todos. Y tendré que rendir cuentas a Dios por cada uno.

El humanismo de Jorge Bergoglio tiene entre sus fuentes de inspiración a Virgilio con su obra *Eneida* —cita de memoria parte de un verso: "Aquí se llora y las cosas humanas tocan el corazón"—, que considera "un monumento a lo humano" y que valora particularmente por haber sido escrita por un pagano. "Me ayudó mucho a abrirme a lo humano", admite. En la dimensión cristiana fue clave para él, obviamente, la humanidad asumida por Jesús, quien, por lo demás, enfatiza, "fue muy crítico de la falta de humanidad, del legalismo de los doctores de la ley, del predominio de las ideologías... En cambio, lo humano, incluso lo humano más miserable, lo humano enfermo, lo humano pecador, lo humano dejado de lado, él lo toma y aparece en el Sermón de la Montaña y en el protocolo con el cual seremos juzgados. No dice por caso si fuimos a misa el domingo o, situado en su circunstancia, si observamos el sábado, sino si realizamos las obras de misericordia: 'Tuve hambre y me diste de comer, tuve sed y me diste de beber...'. Lo humano de Jesús siempre me atrapó". Sin embargo, Francisco lamenta que la humanidad de Jesús "haya sido rechazada desde un principio no solo por los doctores de la ley, sino también por ciertas corrientes espiritualistas, que lo interpretaban de una manera más intimista. Los esenios, por ejemplo, que encarnaban la primera herejía denunciada por Juan: el gnosticismo, es decir, la salvación a través del conocimiento". Pero advierte que no es algo del pasado, sino que hoy "está lleno de movimientos gnósticos que no se hacen cargo de la humanidad de Jesús. Por caso, se mata a nuestro alrededor, pero nos abstraemos en cursos de espiritualidad gnóstica desencarnados, supuestamente cristianos".

Francisco menciona otra herejía que desplazaba la

humanidad de Jesús: "El docetismo, que negaba que Jesús fuese hombre, sino que era Dios con apariencia humana. Es que lo humano —insiste— siempre fue atacado y de ahí se desprenden las posturas extremistas". De hecho, considera que "la rigidez que también hay en la actualidad en algunos sectores de la Iglesia o el clericalismo, tan de todos los días en América Latina, es una incapacidad de hacerse cargo de lo humano que lleva a refugiarse en un espiritualismo desencarnado". En fin, al resaltar una vez más la humanidad de Jesús señala que "muere como hombre, no como Dios porque Dios no puede morir, pero asume todo lo humano, incluso la muerte".

—*Ahora bien: ¿no existe el riesgo de reducir la humanidad a un sentimiento? ¿O incluso de vaciar de divinidad lo religioso?*

—Lo humano no se reduce al sentimiento, pero puede pasar que se lo reduzca. El sentimiento es una parte de lo humano como también lo es la verdad, el bien y la belleza. Y dado que la base del cristianismo, como dice Pablo en la Carta a los Filipenses, es lo humano, también existe el riesgo de vaciar lo religioso. De caer en una religión sin Dios, o en un Dios gaseoso, tipo spray, o sea, en una suerte de panteísmo donde Dios es de alguna manera reemplazado por la naturaleza, el universo… Por ejemplo, las técnicas de respiración son ayudas humanas que no objeto. Lo malo es creer que esas prácticas son una forma de orar y nos olvidamos de Jesús y de la encarnación del Verbo. Entonces caemos otra vez en el gnosticismo. Porque, cuidado, también hay formas de oración que son gnósticas, no cristianas.

—*¿Podría dar un ejemplo?*

—Hace un par de años me contaron de una tanda de ejercicios espirituales en el que participaba una veintena de religiosas, entre ellas una española, ya mayor, que había trabajado toda la vida en hospitales y, por lo tanto, sabía lo que era trabajar con lo humano en una de sus máximas expresiones. Esa religiosa, viendo que Jesús no aparecía y estaba todo centrado en uno mismo, al segundo día se puso de pie y, enojada, anunció que se iba porque no sabía a qué tipo de oración se estaba apelando. A otra religiosa le oí decir una vez que a la mañana no hay que rezar y ofrecerle el día a Dios, sino que cuando uno se levanta debe darse un baño de vida con la creación. Esto es también gnosticismo porque falta lo humano. Falta ir a la capilla y decirle a Dios: "Yo creo que vos estás". Falta un acto de adoración. El gnóstico adora a su manera o no adora. Pero carece de una adoración auténticamente cristiana que, por cierto, se enseña poco.

—*Hay corrientes de espiritualidad muy en boga desde hace ya varias décadas que promueven un aislamiento del mundo para supuestamente lograr el bienestar personal, en contraste con el cristianismo (y no solo el cristianismo) que propone la búsqueda de la felicidad en el encuentro con el otro.*

—Por lo pronto, tomarse un día para abstraerse,

contemplar la naturaleza y respirar aire puro puede ser sano. Ahora bien: el aislamiento de los monjes no era antiguamente solo oración, sino también trabajo. Los primeros padres en el desierto hacían cestas. Después llega San Benito y su regla era "ora et labora". La entrega amorosa a los demás desde nuestro lugar es un mandato evangélico y nos hace bien. Suele decirse que hay más satisfacción en el dar que en el recibir. En el darse uno se vuelve plenamente humano y cristiano. Recuerdo a un misionero español que murió muy anciano y confesó hasta el final de su vida. Él decía que había que trabajar hasta morir y morir sin dar trabajo.

—*¿Pero un Papa no descansa? ¿No necesita momentos de soledad?*

—Ayer a la tarde sentí que necesitaba aislarme, apagué todo y me quedé solo rezando en un sillón de mi escritorio. No fue únicamente un momento de oración, sino de relajación física que me dio mucha paz. A veces salgo al patio y me quedo un rato solo porque necesito un poco de la soledad. Sin esos momentos no podría soportar estar todo el tiempo en el escenario. Pero no me gusta tomar vacaciones. La última vez fue en el verano de 1975 cuando vivía en Buenos Aires. Fui con mi comunidad jesuita a la ciudad balnearia de Mar del Plata. Al año siguiente decidí no ir porque presentía que se avecinaba un golpe militar con graves consecuencias y preferí permanecer en la sede de la Compañía de Jesús. En esa ocasión me di cuenta de que podía sistematizar las vacaciones de otra manera: más oración, más lectura, más música, más silencio aprovechando que todos están afuera. Le tomé el gusto a ese tipo de vacaciones.

—*Convengamos que mucha gente no soporta el encierro...*

—Digamos que me armo un paisaje interior.

—*No obstante, ¿le gusta la naturaleza?*

—Me encanta.

—*¿Prefiere el mar o la montaña?*

—La llanura.

—*¿La pampa argentina?*

—Sí, me encantan los campos de la provincia de Buenos Aires.

—*¿O sea, ver el horizonte?*

—Claro, que no termina... la imagen del infinito. El horizonte es una realidad. Una realidad objetiva que me pone en contacto con la trascendencia. La pequeña, la mediana y la gran trascendencia. Esto lo digo para mí... Si pierdo el horizonte, me ensimismo, vivo en mi departamento, en mi casita intelectual, espiritual, afectiva, lo que sea, pero no puedo mirar más allá. Será por esto que me gusta la llanura.

—*¿Mirar más allá es mirar a Dios? ¿Es mirar su destino?*

—Es mirar todo. Todo lo que no está aquí está más allá. Y al mirar más allá veo al vecino, al amigo, al enemigo, al diferente... a Dios... Veo todo lo que hay más allá de mí. Es salir de sí mismo. Uso mucho la palabra salida. La Iglesia en salida es la que nos pone en camino hacia el horizonte.

—*¿La oración puede ser terapéutica?*

—Sí, porque no solo pone el alma a tono, sino también el cuerpo.

—*¿Repite fórmulas o habla con Dios?*

—A veces repito fórmulas, otras me quedo en silencio delante de Dios. Soy libre en este aspecto. Pero la oración no se puede reducir a esquemas. Hay que rezar de acuerdo con como uno es en la vida, es decir, con las manos sucias y teniendo en cuenta los dos aspectos que tiene la oración como también la vida: el coraje, interpretado como la parresía, o sea, el hablar francamente, el decir todo, y el aguante, en el sentido de soportar. Con frecuencia hablo, pregunto, escucho y hasta me quedo dormido. Es curioso, pero a veces al día siguiente, de improviso, inesperadamente, llega la respuesta. Uno la siente e incluso la ve con claridad.

—*Cuando un creyente agradece, la oración parece más fácil, pero cuando le pide a Dios encontrar sentido a un sufrimiento se hace más difícil...*

—Un maestro de la pregunta es Dostoievski que se cuestiona por qué sufren los niños y no encuentra respuesta. Hay tragedias que no pueden explicarse. Por ejemplo, la muerte de un niño en un accidente. Me preguntaron mucho sobre esto durante mi vida sacerdotal. Contesto que no tengo una respuesta y que miren el crucifijo para que el Señor les conteste. Un teólogo hacía una distinción entre significación y explicación. Hay cosas que tienen una significación pero no una explicación. Y ante las cuales hay que levantar los ojos, tener el coraje de pelearse con Dios, sí, de pelearse con Dios. Pero, finalmente, pedirle que las arregle a su manera.

—*De todas formas, desde la perspectiva cristiana siempre está la esperanza en el milagro...*

—Por supuesto. Fui testigo del principio al fin del caso de un matrimonio muy creyente que debió enfrentar la enfermedad grave de una hija y que rezó mucho con mucha confianza en Dios hasta que se produjo una curación casi milagrosa.

—*Pero eso no es lo habitual y el dolor suele ser tremendo, insoportable...*

—Dios nunca nos somete a situaciones que no soportamos. Aunque uno se resista, insulte, blasfeme, lo cual es muy humano, si se es fiel en la búsqueda se termina encontrando un poco de alivio. Porque Dios siempre está a nuestro lado.

7. "Justicia, justicia perseguirás..."

Un domingo durante el "sagrado" almuerzo en familia en casa de los abuelos maternos todo transcurría plácidamente entre los siempre numerosos comensales. Como italianos o hijos de italianos, no era la carne asada —la comida por antonomasia de los argentinos— la que se servía, sino unos tallarines "fatti in casa", que hacían las delicias de todos. Hasta que uno de los tíos de Jorge Bergoglio al que le iba muy bien en los negocios comenzó a referirse en términos muy prejuiciosos y despectivos hacia los pobres, especialmente los que llegaban del interior a Buenos Aires en busca de un futuro mejor, y que habían ganado visibilidad por la preeminencia que les daba el entonces presidente Juan Perón. "Esos negros de porquería que nos traen ahora...", fue uno de los epítetos que disparó. Hasta que Jorge, que en ese momento tenía 16 años, reaccionó indignado. "¡No digas eso porque es gente que viene a trabajar!", le retrucó. La discusión comenzó a subir el tono. "¡Pero que sean educados! ¡Que trabajen! ¡Que no sean sucios!", le decía el tío. "¡Tú hablas así porque eres rico y crees que los pobres tienen la culpa de serlo!", le replicaba el sobrino, mientras el resto escuchaba estupefacto. La pelea verbal tuvo un final abrupto cuando Jorge, furioso, tomó un sifón y le tiró en la cara el agua gaseada. Todos quedaron paralizados, menos su padre que se paró en el acto y lo sacó de la mesa. El precoz Jorge había mostrado hasta dónde podía llegar su enojo ante manifestaciones que consideraba claramente ofensivas e injustas.

El episodio no tuvo un final amargo para el ofuscado jovencito. "Fue muy lindo", dice Francisco al evocar el episodio. Es que su tío, una vez calmado por la parentela, decidió ir a buscarlo para hacer las paces. "Yo te entiendo porque cuando de joven era como tú", trató de conciliar. Una tía a la que le gustaba la política lo siguió y fue más allá procurando encontrar el lado bueno del altercado. "A tu edad convienen estas reacciones porque sacan lo que tienes adentro en vez de que afloren siendo adulto, cuando debes ser más equilibrado", le señaló. Dos años después su sensibilidad ante la injusticia volvió a manifestarse y dejarle un recuerdo indeleble al quedar muy impactado por la famosa ejecución en la silla eléctrica en Estados Unidos del matrimonio Rosenberg, acusado de espionaje —haber revelado los secretos de la bomba atómica a la Unión Soviética—, tras un juicio que para muchos distó de ser justo y en el que pesó la filiación comunista de ambos. Jorge conocía bien la historia gracias a la jefa del laboratorio donde trabajaba, Esther Balestrino de Careaga, simpatizante del comunismo, que le daba literatura sobre el matrimonio. "Yo no era comunista, discutía con ella, pero posibilitó que me interiorizara", aclara Francisco. Particularmente lo sacudió el momento en que le permiten al matrimonio despedirse con un abrazo antes de ser llevados al patíbulo, pero sin sacarles las cadenas. "Esa foto todavía la estoy viendo y me sigue revolviendo el estómago", dice.

Desde la discusión con su tío, Jorge procuraría moderar sus reacciones, aunque inicialmente con éxito dispar porque —como él mismo admitiría a poco de ser elegido Papa— en sus primeros años de sacerdocio afloraría su fuerte carácter, que le traería no pocos roces con miembros de su comunidad religiosa, pero que la madurez iría poniendo en caja. No obstante, su sensibilidad no quedaría en una mera expresión del idealismo que suele ganar a los jóvenes. En sus primeros años de seminarista jesuita, mientras cursaba en 1960 el juniorado en Santiago de Chile, en la casa de retiros San Alberto Hurtado, le escribió una elocuente carta a su hermana María Elena que estaba en Buenos Aires, en la que le contaba su experiencia en las barriadas pobres del gran Santiago. Ante las carencias más elementales de tanta gente que estaba viendo, le manifestaba su deseo de que se entregase a la atención de los pobres, les anunciara el Evangelio y llegara a ser "una santita":

Cuando estás contenta, hay muchos niños que están llorando. Cuando te sientas a la mesa, muchos no tienen más que un pedazo de pan para comer, y cuando llueve y hace frío, muchos están viviendo en cuevas de lata, y a veces no tienen con qué cubrirse. Los otros días me decía una viejita: "Padrecito, si yo pudiera conseguir una frazada [manta], ¡qué bien me vendría! Porque de noche siento mucho frío". Y lo peor de todo es que no conocen a Jesús. No lo conocen porque no hay quién se lo enseñe. ¿Comprendes ahora por qué te digo que hacen falta muchos santos?

Ya como director espiritual de novicios en el colegio Máximo de la localidad bonaerense de San Miguel, se ocuparía de que los seminaristas visitaran los fines de semana barriadas pobres. No era cuestión de que se dedicaran solo al estudio y la oración y dejaran de lado el contacto con los más necesitados con la consiguiente asistencia espiritual y material que les implicaba su vocación religiosa. Pero sin caer en los ideologismos que agitaban en aquellos años —los 60— al mundo y de los cuales la Iglesia ciertamente no escapaba. Con el paso del tiempo y su nombramiento como obispo en Buenos Aires, su dedicación a los habitantes de los asentamientos se convertiría en un eje de su acción pastoral. Denunciaría, por caso, que pese a que hace dos siglos se abolió la esclavitud en la Argentina, la sigue habiendo en los talleres clandestinos. Y que, a pesar de estar prohibida en la ciudad, continúa la tracción a sangre de quienes empujan sus carros mientras revuelven la basura en busca de elementos de algún valor. Hoy continúa sublevándolo, por ejemplo, que en una provincia del norte argentino se recurra a niños —y mujeres jóvenes— para la cosecha de arándanos y la recolección de huevos de codorniz, tarea que requiere manos delicadas, y encima les paguen una miseria.

Claro que a Francisco también le duelen formas de abuso laboral larvadas, pero con frecuencia naturalizadas, de empleadores que se aprovechan de la escasez de empleo, exigen muchas horas de trabajo, pagan un salario inferior al que correspondería y evitan una estabilidad. Pero cree que los atropellos a la dignidad del trabajador y sus derechos no solo provienen de ciertos patrones, sino también de "aquellos sindicatos que se enferman porque sus dirigentes van lentamente elevando su nivel de vida y olvidándose de sus representados. O porque crean funciones que quitan libertad y se convierten así en los segundos explotadores, por no hablar directamente del sindicalista corrupto, que es un explotador". De hecho, considera que los llamados movimientos sociales, que surgieron en los últimos años en muchos países para promover alternativas laborales ante la falta de trabajo —la llamada "economía popular"— y reclamar su formalización, fueron además una reacción a los malos sindicalistas. Aunque advierte que esos movimientos —"a los que desde el vamos apoyé", acota— corren el riesgo de ideologizarse, "de convertirse en esclavos de una ideología".

—*Ahora bien, a usted se lo acusa de ser muy crítico del capitalismo y de no reconocer que este modelo económico se mostró eficaz para crear riqueza y disminuir la pobreza.*

—Ante todo aclaro que todo lo que digo está en la Doctrina Social de la Iglesia, que comenzó a desarrollarse hace más de un siglo con León XIII en su encíclica Rerum Novarum. No condeno el capitalismo. Tampoco estoy en contra del mercado, sino a favor de lo que Juan Pablo II definía como "economía social de mercado". No de una mera economía de mercado. Repito lo que él decía. Esto implica la presencia de una "pata" reguladora, que es el Estado, que debe mediar entre las partes. La mesa económica con dos patas no funciona. Con tres sí: el Estado, el capital y el trabajo. Después me enfoco preferencialmente hacia los pobres porque es lo que hacía Jesús y lo que dice el Evangelio. No es que me crea uno de sus discípulos, pero con todas mis limitaciones y pecados procuro ser fiel a su mensaje. Con respecto a que estamos mejor que antes, me pregunto cómo estaríamos antes. En lo que creo que todos podemos coincidir es que aumentó la concentración de la riqueza y la desigualdad. Y que hay mucha gente que se muere de hambre.

—*Benedicto XVI dio un paso más y en su encíclica* *Caritas in Veritate, en 2009, manifiesta su preocupación* *por una suerte de globalización de las finanzas domina-* *da por la especulación.*

—No podría estar más de acuerdo. El problema económico más acuciante hoy es que priman las finanzas. En cierta forma, el capitalismo es algo casi del pasado. Por supuesto que una cosa es el ahorro, la inversión, que son tan importantes para producir y generar trabajo. Y otra es la especulación, que es como el sarampión del ahorro y la inversión. Especular es una enfermedad que perjudica siempre a otro. No hace falta que diga que desde una computadora, apretando botones, se ejecutan decisiones que terminan siendo muy dañinas para la economía de mucha gente. Además, no es nada fácil establecer un diálogo con el mundo de las finanzas. Una economista muy renombrada me contó hace un tiempo que generó un encuentro de diálogo entre economía, humanismo y espiritualidad y que funcionó muy bien. Pero que al repetirlo con el mundo de las finanzas no anduvo. ¿Por qué? Porque la economía (que debe tener siempre como centro a la persona, no lo olvidemos) es algo concreto, mientras que las finanzas son algo gaseoso. Es un mundo inasible.

—*En el avión regresando de una de sus visitas un* *periodista le preguntó si no habla mucho de los pobres y* *se olvida de la esforzada clase media...*

—Lo recuerdo. Le dije que tomaba en cuenta su inquietud. Pero estuve tentado de señalar que la clase media está en extinción en muchos países. ¿Quiénes integran la clase media? El obrero que tiene trabajo y quiere que su hijo estudie. En el Río de la Plata esta aspiración la describió muy bien a comienzos del siglo pasado el escritor uruguayo Florencio Sánchez en su libro *M'hijo el dotor.* Pero las cosas se complican cuando se frena la movilidad social y a ello se suman los prejuicios hacia los pobres que, no lo niego, en ciertos casos pueden tener algún asidero. Por ejemplo, una persona que busca trabajo, no lo encuentra y no tiene la inventiva de creárselo corre el riesgo de convertirse en un vago. Ahora bien: ¿quién es el responsable de que caiga en esa actitud? ¿Solo el desocupado o también la sociedad que lo empujó a esa situación? Por otra parte, la ayuda económica del Estado al desempleado debe ser pasajera para no afectar la cultura del trabajo. Además, tengamos en cuenta que el trabajo hace a la dignidad de las personas y una cosa es vivir de la caridad y otra ganárselo con el esfuerzo.

—*Pero también se acusa a la Iglesia de denostar la riqueza y "canonizar" la pobreza. Es conocida la tesis basada en Max Weber de que las naciones de cultura calvinista se desarrollaron más que las católicas, precisamente porque valoran producir y ganar dinero.*

—Creo que esa conclusión es equivocada. Dejemos de lado la moneda, que es necesaria para el intercambio.

Vayamos al producto. ¿Cuál es la grandeza del hombre? Producir riqueza. Y repartirla. Producir y participar. Eso ya está en el mandato que tiene el hombre desde el Génesis de tomar la tierra y hacerla fructificar. En ninguna parte de la Biblia figura un mandamiento de producir pobreza. Sí es bienaventurado el pobre de espíritu, el que no está apegado a la riqueza. Pero de ninguna manera está mal producir riqueza para el bien de todos. Diría más: producir es un acto de justicia. Y para que esa justicia sea plena debe ser distributiva. La economía social de mercado señalada por Juan Pablo II que cité antes va justamente en esa dirección. Debe pues reconocerse a quien invierte para producir y, consecuentemente, crea empleo, siempre que le pague lo que corresponde al personal. Más aún si lo participa cuando hay mayores ganancias conformando así una suerte de cooperativismo, que aquí en Italia está muy difundido y que nació en las parroquias, en los obispados.

—*Quizás influyó una lectura errónea del testimonio de santos que hicieron una opción radical por la pobreza, como Francisco de Asís. Por no hablar de la condena de la Iglesia al consumismo, que algunos consideran que colisiona con la producción y la consiguiente oferta de trabajo.*

—Francisco de Asís le da un sentido espiritual a la pobreza y toma el Evangelio como es. Pero en ningún momento es sectario, sino que trata a todos con una bondad enorme, incluso a personalidades que vivían con gran lujo. Pero antes del Poverello de Asís hubo movimientos que enarbolaban la pobreza por la pobreza misma. No era la pobreza participativa de San Francisco, la pobreza para el servicio. Pecaban por lo contrario: el endiosamiento de la pobreza. Las ideologías también metieron la cola en esto y terminaron desdibujando una recta concepción. En el siglo XX hemos visto al comunismo con su ideología sobre la lucha de clases, así como el nazismo tenía la suya respecto de la "pureza" de la raza. Por otra parte, una cosa es el consumo y otra su exceso: el consumismo, que nos impulsa a llenarnos de cosas como una falsa gratificación que al final no sacia nuestro espíritu y, por tanto, no nos acerca a la auténtica felicidad. Evidentemente, hay que consumir, pero no consumir consumo. Además, como digo en la encíclica Laudato Si', el consumismo impacta en el medio ambiente.

—*De todas formas, la Iglesia no ofrece soluciones técnicas en materia económica, sencillamente porque no le corresponde, sino consideraciones desde el plano de los principios…*

—Pero también es verdad que en el ámbito de los laicos, de sus organizaciones y movimientos, suelen surgir propuestas, además de que abrimos espacios de reflexión y debate entre los expertos en las diversas instancias que se ocupan de lo social en la Santa Sede, a nivel continental, regional y de las Iglesias particulares. Porque no se trata solo de criticar, sino de promover propuestas alternativas. En esa línea existe, por ejemplo, lo que se llama Economía de Comunión, de la que habla mucho el Movimiento de los Focolares. Aquí en Italia el principal referente es Luigino Bruni que me propuso hacer un encuentro sobre el tema y así surgió el de jóvenes economistas en Asís, que despertó gran interés. Quisiera también mencionar iniciativas fuera de la Iglesia como los microcréditos que impulsa el premio Nobel bangladesí Muhammad Yunus, una alternativa ciertamente creativa que soluciona muchos problemas. Es verdad también que a veces no se deja que progresen propuestas económicas más justas y equitativas.

—*Llegados a este punto quizá sea oportuno recordar que la codicia se ha mostrado a lo largo de la historia como un gran motor de la economía.*

—Eso es cierto. Es una realidad que no podemos ignorar. Pero, insisto, la riqueza siempre tiene que ser participativa. Si se encierra en sí misma, hace daño o, al menos, es estéril, no es fecunda. Repito: Dios nos hizo para que creáramos riqueza, riqueza bien habida, riqueza distributiva. Y así nace la justicia distributiva. El encargado de la Limosnería del Vaticano, el cardenal Konrad Krajewski, cuando se calmó un fuerte terremoto aquí en Italia, fue con unos camiones a comprarles alimentos a los pequeños productores damnificados para proveer a nuestros comedores destinados a los carecientes. Desde reses que necesitaban una rápida comercialización hasta jamones de gran calidad y así ayudarlos a salir de una situación tan dura. Esa fue una manera de socializar la riqueza, de hacerla participativa.

—*Tampoco faltan quienes dicen que la Iglesia católica habla mucho de los pobres y deja de lado su misión religiosa.*

—No existe tal contraposición. Lo social es consecuencia del Evangelio. Hay que predicar el Evangelio y vivirlo. Y el Evangelio es esencialmente social. Pero no solo en cuanto a la reivindicación, a la defensa de la dignidad humana. Ir a visitar a un enfermo es Evangelio, perdonar las ofensas es Evangelio y también asistir al pobre es Evangelio. Así queda claro en las grandes líneas del Evangelio, que están resumidas en las Bienaventuranzas y en Mateo 25, que me permito recordar: "(…) porque tuve hambre, y ustedes me dieron de comer; tuve sed, y me dieron de beber; estaba de paso y me alojaron; desnudo, y me vistieron; enfermo, y me visitaron; preso, y me vinieron a ver". Y ya está.

—*Esto no siempre parece estar claro para todos…*

—En lo que a mí respecta trato de explicar la dimensión religiosa, por caso, en las homilías de la misa que oficio en Santa Marta. Ahora, si por ejemplo un periodista le quita esa dimensión porque le conviene para la redacción de un artículo, eso escapa a mí. De todas formas, tampoco se trata de caer en un espiritualismo desencarnado. Hay dos herejías que desde siempre acompañan a la Iglesia y que deforman el Evangelio.

Una es el pelagianismo, que implica la capacidad del hombre de hacer todo, incluso la perfección espiritual. En lo que nos ocupa sería dedicarse a lo social cayendo en un activismo que deja de lado la dimensión religiosa. La otra —a la cual ya me referí antes— es el gnosticismo, que abraza una espiritualidad que anda por las nubes y nunca baja. Ni una cosa, ni la otra.

—*Un sacerdote italiano muy conocido dijo en su programa de TV que, mientras Juan Pablo II buscó acercar al Este y al Oeste, usted quiere hacer lo propio entre el norte rico y el sur pobre.*

—No me atrevo a hacer un análisis sociológico al respecto. Sí creo que en un mundo con muchas peleas de todo tipo, incluso religiosas, hace falta tender puentes, promover la unidad. Además, tengamos en cuenta que la exclusión y la desigualdad generan violencia. Y la peor de las peleas, a mi juicio, es entre los que más tienen y los que menos tienen.

—*Hay una premisa que expresa que de nada sirve ayudar a alguien que está caído y no luchar por la justicia, pero tampoco sirve luchar por la justicia y no ayudar al que está caído.*

—Así es. Pero también rezar. Por lo pronto, Jesús enseña el Padrenuestro.

8. Tiempo de prueba

Fue una vuelta, contra su deseo, a Córdoba, la ciudad donde había llegado en 1958 con 22 años para realizar el noviciado en la Compañía de Jesús en la sede del barrio Pueyrredón. Desde aquellos primeros pasos en la orden fundada por Ignacio de Loyola habían transcurrido treinta y dos años durante los que ejerció como profesor de Literatura y Psicología en el colegio de la Inmaculada de la ciudad de Santa Fe (1964-65), se ordenó sacerdote (1969), se licenció en Filosofía (1963) y Teología (1970) y fue provincial (superior) de los jesuitas para la Argentina (1973-79). Luego, rector del colegio Máximo de San José, en la localidad bonaerense de San Miguel. Finalmente, asesor espiritual en el colegio El Salvador de Buenos Aires. Su regreso a Córdoba se produjo a comienzos de 1990, esta vez a la Residencia Mayor de los jesuitas, ubicada en pleno centro. Como si el tiempo no hubiera pasado, le abrió la puerta el hermano Cirilio, el mismo que lo había recibido en el noviciado. ¿Era acaso una señal de Dios de que debía volver a sus inicios vocacionales para repensar su ministerio? Formalmente, había sido destinado allí para desempeñarse como director espiritual, aconsejando y confesando, una noble misión que, en realidad, escondía un castigo. Es que el padre Jorge había cosechado en la orden unos cuantos críticos que lo acusaban de haber sido como provincial muy personalista y demasiado conservador. Y de ejercer un liderazgo cuya influencia persistía entre no pocos miembros de la comunidad jesuita —especialmente muchos jóvenes— a pesar del paso de los años. Aunque no estaba muy convencido, la opción a la que recurrió el provincial de entonces para contentarlos fue trasladarlo a 800 kilómetros de Buenos Aires, lo que implicaba un "exilio" forzoso, sin fecha de regreso a la vista.

El castigo no resultaba menor para Bergoglio. Primero, porque es un hombre de acción, que como provincial tuvo que tomar decisiones muchas veces muy difíciles. Sobre todo ante la exacerbación ideológica de los años 60 y 70, que en América Latina fue particularmente intensa. Y muy traumática en la Compañía de Jesús, que sufrió una sangría de vocaciones. Con frecuencia sus medidas fueron dolorosas y le acarrearon enemistades. Pero no son pocos los que consideran que salvó a su orden de un colapso total. Heredó, además, una universidad —del Salvador— con una gran deuda y debió transferirla a una asociación civil integrada por laicos, un cambio no exento de resistencias y objeciones. Y segundo, porque estaba muy apegado a Buenos Aires, su "lugar en el mundo" como diría tantas veces. En este aspecto es revelador un episodio: mientras residía en el colegio porteño El Salvador, en la segunda mitad de los 80, muchos alumnos recurrían a él para recibir su consejo y confesarse. Como esa situación alimentaba la tensión con los que recelaban de su gravitación, le pidió autorización al provincial para viajar a Alemania con el fin de estudiar los archivos sobre Romano Guardini, ya que estaba preparando su tesis doctoral acerca de su pensamiento. Hacia allá marchó, pero cuando llevaba seis meses se enteró de que querían nombrarlo director de Estudios Latinoamericanos en Roma y para evitar el traslado le comunicó a su superior su regreso al país porque "había concluido su investigación". A su regreso fue otra vez muy requerido y se reavivaron las tensiones que desembocaron en su traslado a Córdoba.

La sede de la Residencia Mayor está ubicada en el centro de Córdoba. Es una antigua edificación construida en el siglo XVII para albergar a sacerdotes ancianos o enfermos con las típicas características de la época: paredes de 80 cm de ancho, techos de tejas, un comedor amplio, un patio con vegetación tupida y pequeñas habitaciones con una módica ventana. El padre Bergoglio ocupó la número cinco que, como todas, era muy austera: una cama, un ropero, una mesa de luz, un pequeño escritorio y un crucifijo que pendía de una pared. Su rutina comenzaba muy temprano, a las 4.30. Oficiaba la misa y, dado que vivía con una veintena de sacerdotes ancianos, varios de ellos postrados, ayudaba a bañarlos y cambiarlos, darles el desayuno y los remedios. Más de una vez puso un colchón en la habitación de un sacerdote muy enfermo para poder asistirlo durante la noche. Se lavaba y planchaba sus sábanas y su escasa ropa, entre ellas dos pantalones gastados y un sobretodo oscuro que usaba incluso en días de calor. Pasaba muchas horas confesando y encerrado en su habitación —que siempre lucía impecable— leyendo y escribiendo (su primer libro, *Corrupción y pecado*, es de esa época). Salía muy poco para hacer alguna visita, ir a una iglesia cercana o, simplemente, dar vuelta a la manzana. El contacto telefónico con Buenos Aires era casi nulo, porque a más de uno con los que procuraba hablar decía que no le avisaban de las llamadas "para asegurarse que no siguiera ejerciendo su liderazgo a la distancia".

A raíz de que se volvió una persona muy reservada, poco comunicativa y hasta taciturna —al menos esa era la impresión que inicialmente varios se formaron de él— no faltaron quienes empezaron a decir que había sido enviado a Córdoba porque tenía problemas psicológicos. Pero otra impresión bien distinta acerca de él sería la que muchos tendrían con el paso de los meses: descubrirían una persona con una profunda vida religiosa y una solícita entrega a la dirección espiritual, a lo que sumaba iniciativas solidarias como distribuir todas las mañanas mate cocido (una infusión bien argentina) a los pobres que rondaban la residencia llegando a formarse colas de más de cien carecientes. Por otra parte, llamaba la atención su ayuda a las personas con las cuales tenía contacto frecuente, como el personal doméstico de la residencia, al que le daba una mano cuando estaba desbordado. Por ejemplo, lavando o planchando. O a quienes se ocupaban del mantenimiento. A uno de ellos llegó a conseguirle dinero para que pudiera comprarse su casa. A otro le consiguió un crédito para que levantara la suya, pero no dudó en manifestarle su disgusto cuando al visitarlo para ver su obra terminada se percató de que en el patio había construido una pileta de natación. "Los recursos eran solo para que tuvieras una vivienda digna", lo amonestó.

En este sentido, es muy ilustrativo de las actitudes que tenía Bergoglio un gesto que narran Javier Cámara y Sebastián Pfaffen en su libro *Aquel Francisco*. Cuentan que una mañana mientras desayunaba en el comedor se percató de que la cocinera estaba preocupada. Le preguntó qué le pasaba y luego de una inicial reticencia la mujer le dijo que se debía a que se casaba su sobrina. "¿No le cae bien el novio?", bromeó para distenderla. "No, es un encanto", le respondió ella. Entonces le explicó que el papá de la novia le había pedido que se encargara junto con su primo —que también trabajaba en la residencia— de la comida para la fiesta. Le aclaró que no se estaba pensando en una gran celebración, sino en un encuentro familiar más unos pocos amigos. Pero que la fiesta era al día siguiente y todavía no sabía qué preparar. "Hagamos una carne al horno con un timbal de arroz", le propuso Bergoglio. La mujer no salía de su sorpresa por su ofrecimiento. A la madrugada siguiente, enfundado en un gran delantal, el padre Jorge se puso a cocinar. Al volver, la cocinera comprobó que el menú estaba muy avanzado. El imprevisto cocinero solo le pidió que consiguiera un envase de yogur para moldear el timbal. Luego le preguntó por la hora del casamiento y, como ella le respondió que era a las siete de la tarde, le dijo que iba a tener que irse temprano, pero la mujer le contestó que antes debía cumplir con la tarea en la residencia ante lo cual Bergoglio le comunicó que de eso se ocuparía él. La cocinera y su primo jamás olvidarían ese gesto.

En aquella etapa —que abarcaría dos años— un sacerdote de la residencia le vaticinaría, certero: "De acá te vas como obispo". Y otro, más formal y enigmático, le diría: "Su vida no termina así". Lo cierto es que, curiosamente, entre los muchos libros que leyó el padre Jorge en su segundo paso por Córdoba se contaron treinta y siete tomos con la historia de los papas. En algún momento llegó a cuestionarse por qué lo hacía.

—*Como provincial de los jesuitas alcanzó una posición de gobierno importante siendo muy joven. Si bien hubo quienes viéndola en perspectiva histórica elogiaron su gestión, otros fueron muy críticos. ¿A qué lo atribuye?*

—Lo primero que debo decir es que me nombraron provincial porque en aquel momento no había otro. Como le señalé al padre Antonio Spadaro al comienzo de mi pontificado durante una entrevista para *La Civiltà Cattolica* [la publicación de los jesuitas] eran tiempos difíciles para la Compañía de Jesús. Había desertado una generación entera de jesuitas por la no siempre correcta interpretación del Concilio Vaticano II y las disputas ideológicas que en América Latina desembocaron en la violencia política. Eso determinó que fuese provincial siendo muy joven. Tenía 36 años: una locura. Debí afrontar situaciones difíciles no solo por el contexto político y eclesial, sino también económico por la delicada situación de nuestra universidad: por orden de nuestro prepósito general de entonces, el querido padre Pedro Arrupe, tuve que transferirla. Mi fuerte temperamento y poca comprensión frente a algunas cosas no me ayudaban. Era demasiado exigente y algún error y hasta alguna injusticia cometí y eso provocó que me ganara la antipatía de más de uno. Eso sí, cuando le encargo algo a una persona confío totalmente en ella; debe cometer un error muy grande para que la reprenda. Pero también es verdad que tomaba las decisiones de manera brusca y personalista. Ese modo rápido y autoritario me llevó a tener problemas serios y a ser acusado de ultraconservador. De todas maneras, como le dije al padre Spadaro, no habré sido la beata Imelda, pero jamás fui de derechas.

—*Usted admitió que su traslado a Córdoba constituyó una etapa muy difícil de su vida. ¿Cómo la recuerda? ¿Siente que fue víctima de una gran injusticia? En todo caso, ¿qué le dejó su paso por la Residencia Mayor de los jesuitas?*

—Para responder debo comenzar haciendo una breve historia. Tras concluir mi período como provincial la casa general jesuita de Roma pidió un cambio de línea. Consideraban que había sido muy opresivo. Tenían razón. Además, en los años siguientes había gente que buscaba mi asesoramiento espiritual y eso molestaba. Finalmente, el provincial de ese momento que había sido mi vice, un hombre bueno, tuvo que tomar la decisión de enviarme a Córdoba porque sabía que lo habían nombrado para ordenar la situación y porque el resultado de las consultas sobre mí eran críticas. Me consta que le costó mucho hacerlo. En cuanto a mi etapa en Córdoba, pasé momentos duros, dolorosos, de gran desolación y sequedad interior. Aunque también otros de mucha paz. Estuve muchas horas rezando ante el sagrario. Pero me decía: me lo merezco y Dios sabrá cómo termina esto. Nunca pensé que se estaba cometiendo conmigo una injusticia. Es cierto que en algunos momentos pensaba en las cosas buenas que hice, pero luego me decía que eso no debía interesarme y recordaba también mis equivocaciones. Nada de lo que sufrí fue injusto. Incluso creo que fue poco. Este razonamiento era algo que me salía de adentro, una gracia de Dios. El no victimizarme y asumir mi culpa. Cuando me critican, si es veraz, lo reconozco. Y si no es veraz me digo: ¡Que me valga por las otras cosas de las que me acusan! En definitiva, quienes me criticaban tenían razón y todo lo que me pasó me sirvió en la vida.

—*Evidentemente el discernimiento, el descubrir y hacer la voluntad de Dios frente a cada situación, tan propio de la espiritualidad ignaciana, fue clave en ese período de su vida. ¿Dudó de su pertenencia a los jesuitas e incluso de su vocación?*

—Comienzo recordando que elegí la Compañía de Jesús porque me atraía su carácter misionero, la comunidad y la disciplina. Esto último es paradójico porque soy un indisciplinado nato. En la entrevista con el padre Spadaro dije que el discernimiento es una de las cosas que Ignacio elaboró más interiormente. Siempre me impactó una máxima con la que suele describirse la visión de Ignacio: no tener límite para lo grande, pero concentrarse en lo pequeño. Es hacer las cosas pequeñas de cada día con el corazón grande y abierto a Dios y a los otros. Y efectivamente me sirvió y me sigue sirviendo mucho no solo en lo personal, sino para las decisiones de gobierno. Por ejemplo, son muchos los que creen que los cambios y las reformas pueden llegar en un tiempo breve. Yo soy de la opinión de que se necesita tiempo para poner las bases de un cambio verdadero y eficaz. A veces, por el contrario, el discernimiento nos empuja a hacer ya lo que inicialmente pensábamos dejar para más adelante. Un discernimiento que siempre se realiza en presencia del Señor, sin perder de vista los signos, escuchando lo que sucede, el sentir de la gente, sobre todo de los pobres. Por otra parte, en mi vida sacerdotal tuve muchas luchas y el demonio me tentó de mil maneras. La confesión periódica me ayudó mucho. Tuve mis crisis de fe, pero las superé con la ayuda de Dios. De todas maneras, una fe que no nos pone en crisis es una fe en crisis. Así como que una fe que no nos hace crecer es una fe que debe crecer.

—*De sus palabras se desprende que su paso por Córdoba templó su personalidad y lo enriqueció espiritualmente, un dato no menor ante las responsabilidades futuras. ¿Podría mencionar una actitud que modificó tras aquella experiencia?*

—El Señor me permitió un cambio luego de mis defectos y pecados. ¿Un ejemplo? Me volví más dialogante. Está claro que cuando fui superior en la Compañía de Jesús no siempre hice las necesarias consultas. Es cierto que el estilo de los jesuitas no es el debate, sino el discernimiento, pero el proceso supone obviamente debate. Por supuesto que el superior es quien toma las decisiones, pero luego de un diálogo con los consultores.

Como también dije para *La Civiltà Cattolica*, ello me llevó a que, como arzobispo de Buenos Aires, convocara una reunión con los seis obispos auxiliares cada quince días y varias veces al año con el consejo presbiteral. Se formulaban preguntas y se dejaba espacio para la discusión. Esto me ayudó mucho a optar por las decisiones mejores. Como Papa, sin embargo, escucho a algunas personas que me dicen: "No consulte demasiado y decida". Pero creo que consultar es muy importante. Los consistorios y los sínodos, por ejemplo, son lugares relevantes para lograr que esta consulta llegue a ser verdadera y activa. Lo que procuro es darles una forma menos rígida. Crecer en lo que llamamos sinodalidad es uno de mis anhelos. Pero deseo consultas reales, no formales. La apelación al grupo consultivo externo de ocho cardenales que se formó no solo por decisión mía, sino por la voluntad de los cardenales expresada en las congregaciones generales en vísperas del cónclave que me eligió, constituye para mí una instancia de consulta real, no formal.

—*Su designación como obispo auxiliar de Buenos Aires no solo implicó el fin del ostracismo y la vuelta a su amada ciudad, sino también el inicio de su camino al papado. ¿Realmente no se imaginaba que podía ser promovido al episcopado?*

—Para nada. El nuncio apostólico de entonces, monseñor Ubaldo Calabresi, solía llamarme para hacerme consultas. En una ocasión me dijo que quería hacerme una personalmente y acordamos encontrarnos en el aeropuerto de Córdoba mientras hacía una escala de regreso a Buenos Aires. Hablamos varias cosas y cuando llamaron para volver a abordar el avión me dio la novedad. Pero quiero aquí detenerme en algo que para mí es muy importante: estoy en contra de lo que llamo el "carrerismo", el querer hacer carrera eclesiástica. Al igual que en el ámbito civil, lamentablemente esto también sucede en la Iglesia. Hay quienes quieren escalar y se comportan de un modo simoníaco, buscan influencias. En mi país los llamamos "trepadores". Eso no es cristiano. El ser cristiano, el ser bautizados, el ser ordenados sacerdotes y obispos es pura gratuidad. Los dones del Señor no son el fruto de gestiones, ni mucho menos producto de una transacción pecuniaria. Más de una vez dije durante mi pontificado que el carrerismo es como una peste. El ser cristiano, el ser sacerdotes, el ser obispos, es solo un don. Así se entiende la actitud de humildad, que es la que debemos tener, siendo conscientes de que en este aspecto carecemos de mérito alguno. Solo debemos cuidar que este regalo no se pierda. Todos fuimos ungidos por la elección del Señor. Debemos custodiar esta unción que nos hizo cristianos, nos hizo sacerdotes, nos hizo obispos. Esta es la santidad. Lo demás no sirve.

—*De todas formas, si su etapa en Córdoba fue dura, debe haber sido grande su alegría al volver a Buenos Aires y, además, como obispo de la Vicaría Flores, que abarca el barrio de su infancia y adolescencia...*

—En verdad la etapa en la Vicaría de Flores fue mi mejor momento como obispo. No solo porque volví a mi barrio, sino por muchas otras cosas, por ejemplo el trabajo en las villas de emergencia. Es algo que me gusta mucho junto con confesar, que acaso sea mi sacramento preferido. Lamentablemente ese destino no me duró muchos años dado que el arzobispo, que era el cardenal Antonio Quarracino y quien me propuso para que fuese uno de sus obispos auxiliares, "me escupió el asado", como decimos habitualmente, al designarme su vicario general. Pero quiero aclarar que a lo largo de mi vida sacerdotal fui feliz y lo sigo siendo. Además, tengo en cuenta una frase muy linda de Chesterton que dice que la vida es una cosa demasiado seria como para vivirla demasiado seriamente. Y no me apena el paso de los años. Siempre lo tomé como algo natural.

—*¿Pero no le tiene miedo a la muerte, ya sea por una causa natural o por el riesgo de un atentado?*

—Soy consciente de que me puede pasar cualquier cosa. Es difícil evitar totalmente el riesgo frente a atentados suicidas. Eso se comprobó en los últimos años con las acciones de ISIS. Cuando rezo le digo a Dios que estoy en sus manos. Si me tiene que pasar algo, ocurrirá indefectiblemente porque no saqué un certificado de eternidad. Algún día me va a llegar la muerte por una bronquitis, un tumor o una bala. O por un mate envenenado entre los que me dan los argentinos durante las audiencias generales, como me advirtió un jefe de seguridad.

—*Nos imaginamos la preocupación de los que tienen la responsabilidad de custodiarlo...*

—Sí, bastante. Los comprendo por su función. De todas maneras, acepto la seguridad en líneas generales. Acepto no poder salir solo por Roma porque le acarreo problemas al gobierno italiano. Lo que no acepto es que me metan en un vehículo blindado cuando visito un país. Todos los gobiernos, para deslindar su responsabilidad, me hacen firmar un papel en el que manifiesto mi negativa. ¡Pero cómo voy a ir a saludar a mi pueblo encerrado en una lata de sardinas y detrás de un vidrio!

—*Insistimos: ¿no le tiene miedo a la muerte?*

—No, a la muerte no. No sé si por inconsciencia o porque sencillamente no me lo planteo... En el caso de un atentado lo que más me preocupa es la integridad de las personas que estén cerca si llegan a lanzar una bomba. Eso sí, le pido al Señor que cuando me llegue la hora lo que me ocurra no me duela. Siento pánico ante el dolor. En eso soy un poco cobarde. Como decía alguien, a la muerte no le tengo miedo, pero me da miedo verla venir...

9. La capacidad de abrazar

Francisco sacó de su bolsillo una carta que le había llegado y comenzó a leerla pausadamente:

Querido padre:
Quería escribirle porque lo siento en mi corazón y en mi mente desde hace un tiempo, sobre todo desde que el tema de los abusos está tan candente. Padre, yo debo mi vida a la Iglesia. A la comunidad eclesial completa en el rostro de tantos y tantas: sacerdotes, religiosas, hermanas y hermanos laicos. Matrimonios que me acogieron y me asumieron como hija. Sufrí abuso intrafamiliar de parte de un tío. La soledad fue muy fuerte. Más porque enfrenté a papá y mamá para proteger a mis hermanas dado que soy la mayor. No les revelé concretamente mi abuso, pero los puse en alerta diciendo que eran "manos largas" los tíos. El asunto es que no me creyeron. Mi papá me llamó prostituta. Y todo quedó en nada. Pero una de mis hermanas lo escuchó

y cuando la violaron no se animó a decirlo. Y otra vez que descubrí el acoso de otro familiar tampoco nos creyeron. Te cuento todo esto, padre, para que sepas de las heridas que yo cargaba y de alguna manera cargo. Pero si no fuera por la Iglesia, hoy estaría muerta. La parroquia y la comunidad de la capilla del barrio me acogieron en lo peor de la angustia. Me dieron muchos elementos y herramientas para ir sanando la historia, sin saber mi historia, solo en parte, porque recordar lleva tiempo, poder hablar sin autodestruirse por la culpa, más aún. Me duele que se hable solo del pecado de la Iglesia en este tema y no de la ayuda que nos han prestado a tantas y a tantos para no terminar con nuestras vidas. Llegué a Jesús por la Iglesia y sus enseñanzas. "El que se suicida no va a poder estar con Jesús". Suena dura, padre, pero gracias a esa frase no terminé con mi vida. Y en ella conocí a Jesús, el sentido de mi vida, de mi amor. En él conocí el amor, el respeto, la ternura (…). Duele el corazón escuchar vilipendiar tanto a mi Iglesia cuando por ella estoy viva. Como (…) estoy acompañando a unas chicas que han sufrido abuso de parte de su padre. Un horror… Y he acompañado a otros varones y mujeres en sus historias de abusos intrafamiliares con tanta perversidad y destrucción.

Aparte de la actitud agradecida por la acogida recibida, el Papa considera que la carta "refleja la complejidad que suele rodear el abordaje de estas situaciones". Porque —como lo había señalado anteriormente— "el abusado suele entrar en un período de amnesia hasta que empieza a recordar y surgen las cosas más tremendas". Incluso apunta que, si bien en muchos casos la víctima quiere hacer la denuncia para que el abusador sea castigado y no siga depredando, otras se niegan debido a que les cuesta exponer su drama y dicen que "es una cosa pasada". Francisco trae a colación un encuentro que mantuvo durante toda una mañana en la residencia de Santa Marta con tres hombres y tres mujeres —dos alemanes, dos irlandeses y dos italianos— abusados por miembros del clero que, en su mayoría, habían atravesado un período de amnesia y que recién ante su convocatoria se animaron a narrar lo que vivieron. Solo Dios sabe, acota, si aquel encuentro fue en alguna medida reparador. Eso sí: dos años después recibió de uno de ellos una foto en la que se lo venía sosteniendo a su pequeño hijo mientras era bautizado en una iglesia, pese a que tras ser abusado no había querido volver a pisar un templo. Además de una esquela en la que le contaba que había ido a misa y comulgado. No obstante, reconoce que "el proceso de sanación no es fácil. Evidentemente a veces —señala— es insuficiente el acompañamiento afectivo y espiritual del entorno, por lo que se requiere el concurso de profesionales, ya que presenta problemas psicológicos y no siempre sabe por qué".

Pero por sobre todas las cosas la carta testimonia la Iglesia contenedora que quiere Francisco. Que hasta, como en este caso, puede salvar una vida. Se dirá: ¡Qué menos esperar de una institución religiosa! Pero Francisco considera que no siempre los fieles encuentran en sus comunidades un lugar acogedor, más allá de tantos sacerdotes, religiosos, religiosas y laicos que de manera silenciosa y abnegada abren su corazón y tienden la mano. En ese sentido, advierte que un riesgo que corren los ministros religiosos es "caer en el funcionalismo y perder por lo tanto el espíritu que debe gobernar su labor". De hecho, dice que el aplauso más prolongado que recuerda haber escuchado en la Plaza de San Pedro fue cuando dijo que no quería "una Iglesia de burócratas, sino de pastores". Más aún: afirma que si tuviera que elegir una palabra que sintetizara el perfil deseado de su pontificado elegiría "cercanía". Una cercanía que se manifiesta especialmente ante las situaciones dolorosas, pero también frente a la frustración y el remordimiento por la caída en el pecado. "Como tantas veces dije, ¡cómo anhelo una Iglesia hospital de campaña, que recoge a los heridos y los ayuda a sanar, que recuerda que en su infinita misericordia Dios, a diferencia de las personas, no se cansa de perdonar", subraya. Y completa: "Una Iglesia que vaya más allá de la ley, aun en los casos más graves, y se enfrente con el rostro de la persona. Que no se quede en moralizar, sino que llegue a sanar. En fin, en que el ministro religioso no sea un ideólogo, sino un pastor".

Francisco echa mano de una anécdota personal para sintetizar de un modo simple la actitud principal de un pastor. "Una vez una señora tropezó en la Plaza de San Pedro y me acerqué a levantarla, ella me dijo que por favor no me tomara el trabajo, pero yo la ayudé igual y le contesté: ¡Por favor, si para eso me hice cura!". Ahora bien, "al futuro pastor hay que descubrirlo y ayudarlo a desarrollarse", afirma. "Claro que a veces no se analiza la personalidad del candidato al sacerdocio", advierte. "Recuerdo una vez —trae a colación— cuando era provincial de la Compañía de Jesús en mi país y estábamos realizando un test de ingreso al seminario con una psiquiatra. Eran jóvenes que venían los fines de semana al noviciado. Le dije que uno de ellos me parecía muy limitado y otro, brillante. Grande fue mi sorpresa al responderme que el primero podía progresar, pero que el segundo debía ser rechazado. Me explicó que inconscientemente sentía miedo frente a la vida y que buscaba una organización fuerte que lo protegiera de sí mismo". En otras palabras, Francisco señala que "en el fondo ese joven quería un marco rígido, pese a que Dios nos hizo libres, no rígidos, y detrás de toda búsqueda de rigidez hay un problema, que incluso puede estallar de la peor manera". También lamenta que haya casos de seminaristas "echados de un seminario que son admitidos en otro sin estudiar sus antecedentes. Esto me llevó a intervenir varias diócesis. Por eso, insisto, creo que hay que ser muy estrictos en la selección".

No obstante, le decimos que un gran desafío es

dejar atrás una imagen de una Iglesia que, en palabras de Benedicto XVI, es con frecuencia percibida como "un catálogo de prohibiciones" y no como una Iglesia de la alegría sintetizada en las Bienaventuranzas, según él mismo suele destacar. Parece difícil entusiasmar diciendo que vivimos en "un valle de lágrimas" como se afirma en la oración del Salve Regina, más allá de que la oferta sea la vida eterna. Lo cual no implica ignorar los padecimientos y asumirlos a la luz de la fe. Por no hablar de una Iglesia y, en particular, del mismísimo Vaticano que fue y sigue siendo visto por una parte de la sociedad como un centro de poder y de riqueza. De obispos y cardenales percibidos envueltos en oropeles y a los que los fieles durante siglos solo podían besarles el anillo. Por supuesto que se lo señalamos, sabiendo que Francisco se esfuerza desde el momento en que apareció en el balcón de la basílica de San Pedro tras su elección, por tratar de cambiar esa percepción. Pero también conociendo la impresión de muchos —en particular de no pocos italianos por su cercanía con el Vaticano— que consideran que los cambios de hábito no son nada fáciles. Más aún: que infieren que las acciones de Francisco son tomadas por algunos prelados como un mero intento pasajero hasta que venga otro Papa.

—*En su país recibía a muchas personas y las escuchaba pacientemente. Las acompañaba afectiva y espiritualmente, a veces durante años. Acá continuó vinculado con algunas por teléfono o por carta. ¿Nunca temió que el ejercicio del pontificado le impidiese seguir haciéndolo?*

—Es algo que me sale naturalmente. No es un mérito, sino una gracia de Dios. Cuando me preguntan —como ustedes lo hicieron para el libro anterior— cómo me defino, respondo "como cura". Aquí emerge la vocación. Como obispo de Roma visito las parroquias, entro en contacto con la gente y la verdad es que gozo mucho con ello. Por supuesto, sigo confesando. En las audiencias generales la gente me da la mano, me abraza y algunos en pocas palabras me dicen que están viviendo una determinada situación. Por ejemplo, antes de los dos sínodos sobre la familia me contaban que habían formado una nueva pareja, que llevaban mucho tiempo juntos criando felizmente a sus hijos, que les pesaba no poder comulgar y me manifestaban su anhelo de poder hacerlo. Siempre trato de ser muy comprensivo. De que todos se sientan incluidos. Porque debemos abrir puertas en la Iglesia, no cerrarlas. Hay incluso casos de personas que a mi paso en la Plaza de San Pedro confiesan sus pecados y les doy la absolución. La cercanía con la gente me hace mucho bien. Por eso, como ya dije, no podría haber vivido en los apartamentos papales; me hubiera sentido aislado y entonces opté por la residencia de Santa Marta.

—*Ahora bien, la secular insistencia de la Iglesia en señalar el pecado (que lleva a que se le achaque explotar el sentimiento de culpa), ¿acaso no conspira contra la actitud comprensiva que usted promueve?*

—El pecado es una realidad, pero también el hecho de que contamos con la enorme misericordia de Dios. Porque, a diferencia de nosotros que a veces nos cansamos de perdonar, el Señor no se cansa nunca. Y perdona siempre. Claro que debemos arrepentirnos y restañar la herida causada. Cuentan que allá por el 1500 a San Felipe de Neri se le presentó en el confesionario de Chiesa Nuova, su templo en Roma, una persona que le dijo que era un gran pecador y que no creía que Dios lo perdonaría. "No soy perdonable", repetía. San Felipe Neri le pidió que escribiera todos sus pecados, luego rezaron, le administró la absolución y, finalmente, le dijo que se llevara el papel. "¿Para qué?", le preguntó el penitente, que no necesitó esperar una respuesta. Es que al volver la vista sobre el papel se percató de que todo lo que escribió se había borrado. O sea, el pecado se perdona, pero hay que arrepentirse y reparar. Si se robó, hay que devolver lo ajeno de alguna forma. Si se dañó la fama de alguien, hay que restaurarla en lo que sea posible. Si se cometió un delito, hay que pagar la deuda con la sociedad. Por otra parte, no reparemos solamente en cierto acento de la prédica porque también existe en muchos fieles una moralina ideológica. Una vez en mi país una mujer me consultó, antes de confesarse, que asistió a misa un sábado a la tarde con motivo de un casamiento, pero no al día siguiente.

Insistía en considerar que no había observado el precepto dominical porque las lecturas fueron diferentes, pese a que yo le aseguraba que sí lo había hecho. Lamentablemente, esto también ocurre.

—*Sin embargo, hay católicos —clérigos y laicos— a los que no les gustan mucho sus actitudes de cercanía, su lenguaje llano, su desapego al protocolo, su rechazo del boato. Consideran que ello no está en consonancia con lo que debe ser un pontífice.*

—Muchos se escandalizan porque dicen que estoy desacralizando el papado. Son parte de los sectores, digamos, más aristocráticos. En cambio, en el pueblo sencillo hay una recta veneración del Papa. Lo "sacralizan" en el sentido que lo veneran como el pastor, como el padre, no como si fuera un príncipe. Hay una sacralidad popular. Cuando digo popular no me refiero solo a los pobres, sino a gente de buena posición que no adhiere a una sacralidad cortesana. Y la sacralidad cortesana da lugar a la hipocresía, al arribismo, a hablar mal del otro. O sea, a los males de la corte. Suelo decir que el Vaticano es la última corte de monarquía absoluta que queda en Europa. El problema comenzó a plantearse cuando el Papa ostentó una autoridad temporal y se convirtió en un príncipe. El proceso de "desacralización", en el buen sentido, comenzó con cierto desempeño de León XIII, siguió con Pío X, que tenía actitudes de buen párroco, y con Benedicto XV que, en plena Primera Guerra Mundial, decía cosas muy sensatas con gran sencillez. Luego vino Pío XI, que era alpinista y bibliotecario, y que cuando estaba de mal humor optaba por encontrarse con gente sencilla. Juan Pablo I suprimió la silla gestatoria (en la que eran llevados los papas a pulso) y Pablo VI, la triple corona. Juan Pablo II escandalizó a algunos porque iba a esquiar. Pese que se ocultaba en la ropa para la nieve, una vez un joven lo descubrió y empezó a gritar: "¡El Papa! ¡El Papa!". También nadaba.

—*A propósito, hay quienes dicen que usted tiene el corazón bondadoso de Juan XXIII y la mente abierta de Pablo VI. ¿Con cuál de los últimos pontífices se siente más identificado?*

—Pablo VI fue el Papa de mi etapa de formación. El día de su muerte suelo ir a rezar a su tumba. De los papas anteriores me gusta Benedicto XIV. Era un gran canonista y liturgista, con un sentido común a prueba de balas. Además, tenía mucho humor. También me gusta Pío X por su piedad y sencillez. Fue un hombre que amó mucho a la Iglesia. Juan XXIII tuvo la gran intuición del Concilio Vaticano II que, según los historiadores, demanda un siglo para su completo arraigo y apenas pasó la mitad. Algunos dicen, no yo, que de alguna manera estoy llevando adelante cosas que quería hacer y no pudo Pablo VI. De todas maneras, el papado de su sucesor, Juan Pablo I fue muy breve. Luego, Juan Pablo II puso especial énfasis en misionar, en abrir, en abrir, en abrir… Y junto con Benedicto XVI se dedicaron a ordenar el legado conciliar. Porque no todos hicieron una recta interpretación de sus enseñanzas y hubo incluso excesos litúrgicos. Finalmente, Benedicto XVI era un hombre muy equilibrado que cuando fue elegido era consciente de que debía enfrentar una situación muy difícil en la Iglesia, que le robaron documentos de su escritorio, el famoso Vatileaks, y que sufrió mucho. Pero que tuvo el enorme coraje de renunciar ante una salud debilitada y la carencia de suficientes fuerzas para afrontar peleas internas, corruptelas... Ha sido un hombre de una grandeza y lealtad en grado sumo. Le tengo veneración.

—*Por lo demás, usted modificó ciertas tradiciones protocolares que en otros tiempos hubieran sido consideradas poco menos que un sacrilegio...*

—Es cierto. Algunos sienten nostalgia... Las mujeres con la cabeza cubierta... las reinas de blanco... Hoy a las audiencias hay gente que viene con jean y los chicos con remera. Recientemente tuve un encuentro con empresarios que estaban muy bien vestidos, pero cada uno a su gusto. En las visitas de Estado se ve de todo. Una vez vino a verme un presidente acompañado de su esposa de un segundo matrimonio. Yo estaba recién llegado y no muy compenetrado con el protocolo. Lo recibí a él y luego, cuando se fue a la reunión con el secretario de Estado, saludé en una antesala a su mujer. Después me dijeron mis colaboradores que según el protocolo no podían entrar juntos. Pero eso no me cayó bien porque no era la realidad que estaban viviendo. Y la realidad es la única verdad. Nadie le pregunta a una pareja si es la primera o la segunda. Para la siguiente ocasión les dije que no quería más proceder de esa manera, pero me señalaron que era una tradición en la Santa Sede. Hubo una transición en la que recibía al presidente para un coloquio privado, luego entraba la delegación que lo acompañaba y, entre las mujeres, la primera en hacerlo era su mujer, sin reparar su situación matrimonial. En el caso de la visita del entonces presidente argentino Mauricio Macri fue la primera vez que entraron simultáneamente un presidente con su esposa de un nuevo matrimonio.

—*Usted incluso suele apelar a gestos sorprendentes. Nos viene a la memoria cuando en la residencia de Santa Marta se arrodilló para besar los pies de los líderes de Sudán del Sur enfrentados como un modo de implorarles el cese la guerra civil...*

—Es cierto. Me gusta hacer gestos que a veces están en unión con la vida espiritual. El que ustedes traen a colación surgió a raíz de una estupenda idea del secretario para las Relaciones con los Estados del Vaticano, monseñor Paul Gallagher. Fue él quien me propuso invitar a los líderes de las dos partes enfrentadas, no a un encuentro bilateral, sino a un retiro espiritual de dos días para suscitar, mediante el recogimiento, frutos de paz. Sudán del Sur —tras independizarse de Sudán— cayó en 2013 en una guerra civil que causó 400 mil muertos y cuatro millones de desplazados. Si bien alcanzó un acuerdo de paz en 2018 seguía habiendo violencia. El retiro se concretó en 2019 en Santa Marta y también invitamos al arzobispo de Canterbury, Justin Welby, y del moderador de la Iglesia presbiteriana de Escocia, John Chalmers, dado que anglicanos y presbiterianos también tienen arraigo en ese país. Tuve a mi cargo el cierre y me salí del discurso porque me sonaba demasiado formal, empecé a decir cosas que me parecían más a tono con el clima y, de golpe, sentí que debía besarles los pies. El gesto está tomado de la Última cena cuando Jesús lava los pies de sus discípulos para mostrarles el camino del servicio. En mi caso, fue un gesto de humillación pidiendo un favor, una forma de suplicar. En la cultura antigua el pobre besaba los pies del rico pidiendo dinero. Yo me humillé pidiendo la limosna de la paz.

—*Está claro que usted quiere consolidar una Iglesia lo más despojada posible de las ataduras temporales. Pero, por caso, el Vaticano es visto como un factor de poder que se relaciona con poderosos...*

—El que empezó decididamente en esa línea fue Pablo VI. Y ciertamente no le resultó fácil. Como se quedaba hasta tarde trabajando, una noche vio que aún estaba encendida la luz de la habitación del cardenal argentino Eduardo Pironio. Lo llamó y le dijo con dolor que había quienes lo acusaban de estar destruyendo a la Iglesia. ¡Cómo sufrió Pablo VI! Ahora bien:

el verdadero poder en la Iglesia es el servicio, como Cristo nos enseñó con su testimonio. Dialogar hay que dialogar con todos. Yo lo hago hasta con los que tienen actitudes que no me gustan. Incluso con los que me persiguen. Pero cada uno en su lugar, sirviendo a un pueblo o a una Iglesia según sus respectivos criterios. Sin cálculos espurios. Por otra parte, un Estado debe ser laico porque los estados confesionales terminan mal. Los maridajes Iglesia-Estado no van. Van los acuerdos para beneficio del pueblo. La laicidad del Estado la defiendo, no el laicismo que, por ejemplo, no permite imágenes religiosas en ámbitos públicos. Una vez un alcalde de un pueblo armó un pesebre, pero el gobernador lo llamó para decirle que debía sacarlo. El alcalde le dijo que había incluido una imagen suya. Entonces el gobernador le respondió que si nadie se quejaba podía dejarlo. Pasada la Navidad se encontraron y el gobernador le preguntó si tenía una foto del pesebre para ver cómo había sido su imagen. El alcalde le mostró una y le señaló... al burro.

—¿Y qué les dice a quienes afirman que los papas viven rodeados de oro? ¿Cuánto hay de verdad en la versión que le adjudicaba querer vender parte de los bienes del Vaticano para dárselos a los pobres y hasta... el mismísimo Vaticano?

—Eso es verdad. Obviamente, no la venta del Vaticano, sino de cosas valiosas que están en depósito para destinar el dinero a dispensarios, a obras de caridad. Lo suelo hacer. ¡Ojo!: está todo debidamente inventaria-do. Y, para evitar gastos, del depósito de muebles saqué los que están en mi cuarto como puede hacerlo otra persona del Vaticano que los necesite. En cuanto a que vivimos rodeados de riquezas, Santa Marta es una re-sidencia sin lujos. En el resto es cierto que hay salones majestuosos y obras de arte de un valor incalculable, de Da Vinci, Miguel Ángel, Rafael… Pero son patrimonio cultural de la humanidad. No bienes transables. En de-finitiva, el Vaticano es un gran museo. Por eso, al que dice que vivo entre oropeles le propondría venir a vivir acá y yo a su casa.

—*Usted habla de su alegría cuando está rodeado de gente, de su anhelo de cercanía. ¿Pero se siente en algún momento solo? ¿Sufre la famosa "soledad del poder"?*

—Nunca me sentí solo. Diría que estoy demasia-do acompañado. Eso sí, debo hacer un esfuerzo para discernir entre los que quieren venir a verme por un motivo atinado y aquellos que esconden un interés. Es cierto que uno está solo cuando hay que tomar deci-siones que no son delegables. También es verdad que si son difíciles consulto con mis colaboradores. Pero a la hora de poner la firma, la pongo yo. Más aún: no per-mito que otros lo hagan por mí, ni entro en el juego de decir que fue otro. Las cosas que me tocan a mí las hago yo y doy la cara. Por supuesto que a veces tengo que refrendar decisiones dolorosas como la quita del estado clerical de renombrados sacerdotes que cometieron un delito. La soledad del poder es otra cosa, aunque no la sufro porque hay mucha gente buena con las que converso. Cuento con muchos amigos. El hecho de comer en el comedor de la residencia de Santa Marta facilita la integración. Como también me siento acompañado cuando le rezo al Señor y entonces experimento mucha paz.

—*Dicho sea de paso, también llamó la atención inicialmente que no solo coma con los que viven en Santa Marta, sino con los empleados del comedor.*

—Lo que pasa es que los miércoles cuando vuelvo de la audiencia general y los domingos del Ángelus, llego media hora antes del almuerzo y como con el personal del comedor. Al principio a los empleados les sonaba un poco raro, pero con el tiempo me tomaron como un hermano. Eso también me ayuda a no sentirme solo. Por otra parte, voy a comer una vez al año con empleados de los diversos sectores del Vaticano. Hace poco comí con los jardineros. Les llevé vino y ellos prepararon unos sándwiches grandes de mortadela. Cuando fui a comer con los miembros de la Guardia Suiza, que son jóvenes, se pusieron a cantar. Con los integrantes de la Gendarmería comí pizza. También lo hago cada Jornada Mundial por los Pobres con cientos de carecientes. Y, como ya les conté, con refugiados.

—*¿Cómo vive el cariño que le transmite la gente?*

—Con una gratitud infinita. El cariño y también las oraciones. Una vez en la plaza le pregunté a una anciana bajita, regordeta, con unos ojos preciosos, qué edad tenía y me respondió: 88 años. Como tenía un aspecto muy saludable quise saber qué comía y me dijo con una gran sonrisa que los ravioles que ella hacía. Entonces le tomé la mano y le pedí que rezara por mí, pero ella en el acto me contestó que lo hacía todos los días. Cuando empezaba a alejarme alcancé a preguntarle si oraba a favor o en contra mío y me contestó: "¡A favor, por supuesto...! ¡En contra le rezan allí adentro...!".

—¿*Expresión de la sabiduría popular?*

—Pero exagerada porque creo que deben ser pocos o ninguno los de allí adentro que recen "en contra".

10. El hombre detrás del Papa

Antes de ser Papa, Jorge Mario Bergoglio nunca tuvo el menor prurito en exponer los problemas de salud que afrontó a lo largo de su vida. La extirpación a los 21 años de lóbulo superior del pulmón derecho. Una operación cuando era superior provincial de los jesuitas por una gangrena vesicular efectuada poco antes de que se convirtiera en extremadamente grave. Siendo arzobispo de Buenos Aires sufrió un preinfarto por el que se le debió hacer un cateterismo tras lo cual tuvo una completa recuperación. Además de que en el noveno año de su papado debió extraérsele una parte del colon por una diverticulitis. Y en el décimo, comenzó a sufrir una gonartrosis o artrosis de rodilla que se complicó con una microfractura en la rodilla derecha, una dolencia que se supera con una operación. Sin embargo, Francisco se negó a someterse a la anestesia, por más que fuese local, dado que le costó mucho recuperarse de la que le aplicaron cuando fue operado del colon. Optó por un tratamiento kinesiológico, necesariamente prolongado. Aunque su problema de salud no era grave, su imagen en silla de ruedas —indicada por los médicos para no forzar la rodilla mientras se recuperaba— provocó que se especulara con su posible renuncia. Francisco debió aclarar: "No se gobierna con la rodilla, sino con la cabeza".

Como pontífice fue más allá y reveló que estando al frente de la Compañía de Jesús en su país —rondaba los 40 años— consultó una vez por semana durante seis meses a una psiquiatra. Ahora bien: ¿por qué el futuro Papa requirió lo servicios de esa especialista? En el libro *La salud de los papas*, del médico y periodista argentino Nelson Castro, Francisco ofrece una explicación impactante que, por lo demás, pone de manifiesto una saludable aceptación de los propios límites. "En los terribles días de la dictadura en los cuales me tocó sacar gente del país y salvar así sus vidas, tuve que manejar situaciones que no sabía cómo encarar. Imagínese lo que era llevar a una persona oculta en el auto y solo cubierta por una frazada y pasar tres controles militares en Campo de Mayo (zona de cuarteles en el Gran Buenos Aires). La tensión que me generaba era enorme. [Las consultas] me ayudaron a superar los miedos de aquel tiempo. El tratamiento me ayudó, además, a ubicarme y a aprender a manejar más la ansiedad y evitar el apresuramiento a la hora de tomar decisiones, que es un proceso siempre complejo. Los consejos y las observaciones que ella me dio me fueron muy útiles. Era una profesional muy capaz y, fundamentalmente, una muy buena persona. Le guardo una enorme gratitud. Sus enseñanzas me son aún de mucha utilidad".

La apertura de Bergoglio a abordar algunos aspectos personales que ya había demostrado en *El Jesuita* nos llevó a indagar un poco más. Nos dimos cuenta de que parte de las preguntas a las que había contestado en el capítulo "También me gusta el tango" eran parecidas a las que formaban parte del "Cuestionario de Proust" y se nos ocurrió completarlo. Llamado así porque el célebre novelista fue uno de los primeros en responderlo a fines del siglo XIX, el cuestionario cobró especial notoriedad con el paso del tiempo por su empleo para saber más y entender mejor a personalidades de diversos ámbitos. Claro que nunca hasta ahora un pontífice lo había respondido. Experto en romper moldes, Francisco no dudó un instante en aceptar la propuesta.

—¿*Principal característica de su carácter?*

—Sentimental. Me gusta recordar las cosas gratas del pasado.

—¿*Qué cualidad aprecia más en un hombre?*

—La honestidad, la transparencia.

—¿*Y en una mujer?*

—La capacidad de maternidad, sea o no madre.

—¿*Su principal defecto?*

—Los defectos van cambiando con la edad. Hoy diría que cargar con cuentas pendientes.

—*¿Su ocupación favorita?*

—Leer.

—*¿Su ideal de felicidad?*

—Me encanta hacer feliz a la gente.

—*¿Qué es para usted la infelicidad?*

—Cuando las cosas no son armónicas y sobreviene la tristeza. El cristiano dirá: "Cuando las cosas no están según el plan de Dios".

—*¿Qué le gustaría ser?*

—Un viejo sabio.

—*¿La flor que más le gusta?*

—La rosa, sin duda. Me dice mucho. Las naturales, no las teñidas de laboratorio. Pero hay dos chiquitas que me encantan: la violeta y la no me olvides.

—*¿Animal preferido?*

—La belleza del caballo me fascina.

—*¿El pájaro que prefiere?*

—El gorrión.

—*¿Su autor favorito en verso?*

—Virgilio en la *Eneida*.

—*¿Un héroe en la vida real?*

—Charles Peguy, el escritor y poeta que murió en la guerra y que para mí es un héroe.

—*¿Un héroe de ficción?*

—El comisario Maigret, el inolvidable personaje creado por Georges Simenon.

—¿*Una heroína en la vida real?*

—Catalina II.

—*Una heroína de ficción.*

—No se me ocurre ninguna.

—¿*Su músico favorito?*

—Wagner es el que más escucho, pero Mozart me llena mucho.

—¿*Su pintor favorito?*

—Marc Chagall.

—¿*Su nombre favorito?*

—Jorge Mario… ¿Egocéntrico yo?

—¿*Qué hábito ajeno no soporta?*

—En Argentina lo llamamos el "chismerío". Sería hablar mal de los demás. Porque destruye.

—¿*Qué es lo que más detesta?*

—En mi caso es relativo. Hoy diría una cosa y mañana otra.

—¿*Una figura histórica que no le guste?*

—Hitler.

—¿*Un hecho de armas que admire?*

—Ninguno. De todas maneras, me viene a la mente la batalla de Ayohuma (en la guerra de independencia de Sudamérica), pero por el valor de las mujeres que pelearon y la abnegación con la que auxiliaron a los heridos.

—¿*Qué don le gustaría poseer?*

—Condiciones para la música. Tomé clases con un profesor de piano, pero no aprendí nada.

—*¿Cuál es el estado más típico de su ánimo?*

—La serenidad. Cuando me enojo, me enojo. Es un mecanismo, pero enseguida relativizo lo sucedido; digo que no es para tanto y trato de buscar la solución. Hoy sin ir más lejos tuve una rabieta… Me pregunté enseguida qué se podía hacer y en cinco minutos se me pasó. Lo que nunca me quitaron es el sueño.

—*¿Qué defecto le suscita mayor indulgencia?*

—Las "agachadas", palabra difícil de traducir. O algunas actitudes incoherentes con las que me enfrento en la vida. Pero trato de comprender la debilidad humana.

—*¿Tiene una máxima?*

—La que puse en mi escudo episcopal: "Misericordiando y eligendo". Está tomada del comentario de San Beda al pasaje del Evangelio cuando Jesús miró a Mateo.

Las preguntas del cuestionario se terminaron, pero no nuestra curiosidad y sumamos otras.

—*Usted dijo cuando lo eligieron pontífice que sintió mucha paz. ¿Realmente no se inquietó ante tamaño desafío?*

—Es que soy un inconsciente….

—*¿Por qué cree que escribieron tantos libros sobre usted?*

—Porque soy el primer Papa latinoamericano, el primer jesuita y el primero que se llama Francisco. Y el primero que no vive en los aposentos papales. Demasiado curioso el personaje.

—*Además, se realizaron varios documentales y*

películas de ficción con su figura como protagonista. Algunas de estas producciones recibieron premios y fueron apreciadas por los críticos. ¿Vio alguna?

—No, ninguna.

—¿Por qué?

—Me da pudor.

—¿Sigue sin mirar televisión?

—Como les había contado en *El Jesuita* hice un voto de no mirar televisión el 16 de julio de 1990 y lo cumplí, salvo para algunas asunciones presidenciales o en el caso de una tragedia aérea en mi país. Y lo sigo cumpliendo acá.

—¿No siente que deja de conocer algunos aspectos de la vida de la sociedad?

—Todo eso me llega de una u otra manera, a veces de modo mucho más directo que a través de la pantalla de la televisión. La realidad se termina imponiendo.

—¿Sueña mucho?

—Sí, a veces, pero en general no me acuerdo de lo que sueño. Y si lo hago lo olvido rápidamente.

—¿No pensó en escribirlos?

—No. Me gana la pereza.

—¿Tiene sueños recurrentes o pesadillas?

—La respuesta a ambas preguntas es no.

—Sabemos que le gusta la poesía, ¿escribió alguna vez en verso?

—Pecados de juventud...

—¿Fueron muchas?

—Veinte o treinta.

—*¿Tenía una temática en particular?*

—No, escribí de lo que me surgía en el momento.

—*¿Guardó alguna de esas poesías?*

—Sí, algunas.

—*¿Las podemos publicar?*

—No quiero que se publiquen.

—*¿Qué le diría al joven que quiere escribir o escribió poesías?*

—Que lo haga o que lo siga haciendo. Está entre las cosas más lindas.

—*Las personas que lo conocieron de joven lo describen como muy tímido. ¿Es cierto?*

—Sí, lo era y de alguna manera lo sigo siendo.

—*En El Jesuita nos contó que había tenido una novia y en un libro que escribió con el rabino Abraham Skorka mencionó que en el casamiento de un primo había conocido una joven que lo había impresionado y a la que por un tiempo no había logrado olvidar. Aunque en ambos casos la vocación había sido más fuerte. ¿Alguna vez lamentó no haberse casado y tenido hijos?*

—No, porque lo que realmente he deseado en la vida es ser cura. Es así como defino siempre mi identidad cuando me preguntan. Por otro lado, dicen que cuando Dios no da hijos el diablo da sobrinos y tengo muchos. El sacerdocio siempre lo he vivido como una paternidad, tratando de que la relación nunca sea vertical, procurando que sea fecunda y que deje crecer a cada uno a su manera. Sin querer cobrarme el afecto, ni preocupándome si me quieren y me recuerdan.

—*¿Antes de optar por el sacerdocio había pensado en otro camino?*

—Estudié química en el colegio secundario en una escuela técnica y me recibí con tres años de práctica en un laboratorio bromatológico. Hubiera encontrado trabajo enseguida, pero de alguna manera esa posibilidad no me llenaba. Me gustaba más la medicina y ya me estaba preparando para la facultad cuando surgió la vocación.

—*¿Se imaginaba como médico?*

—Sí, es posible, pero era algo difuso, no lo veía tan claro. En realidad, lo que realmente quería era lo que terminé haciendo.

—*Su hermana contó que usted estudiaba en un pequeño cuarto de su casa y que su madre un día ordenándolo se dio cuenta de que la mayoría de los libros eran de teología. Cuando le preguntó por qué no había textos de la carrera que se suponía que estaba estudiando le contestó que en realidad iba a ser médico, pero de almas.*

—Así es, recuerdo muy bien el episodio.

—*La mayoría de los pontífices se rodearon de personas conocidas, de allegados. ¿Por qué usted no convocó nadie de la Argentina para acompañarlo?*

—Es cierto, no lo hice. En los primeros años tuve un secretario argentino, el padre Fabián Pedacchio, pero él ya estaba en Roma. Me gusta jugar de arquero. En la vida hay que atajar las pelotas como vienen.

—*¿De joven jugaba al fútbol de arquero?*

—Sí, pero por otro motivo: como se dice en la Argentina, era un "patadura".

—*¿Y atajaba?*

—Sí, atajaba.

—*Al igual que en Buenos Aires usted sigue llamando a mucha gente para saludarla por su cumpleaños. ¿Cómo hace para acordarse de todos?*

—La explicación es simple, los tengo anotados. Pero los de mi familia los recuerdo todos. Es cierto que tengo buena memoria, aunque a veces es selectiva. Hay cosas que no me interesa recordar mientras que otras las tengo muy presentes.

—*Además de los cumpleaños, sorprende la cantidad de personas a las que llama y a las que les escribe personalmente y a mano. ¿Cómo encuentra el tiempo?*

—Lo encuentro, no olviden que duermo poco. El contacto con la gente para mí es muy importante, lo saben. Cuando puedo llamo a los que me escriben, en especial a los que necesitan consuelo o a las personas mayores que están solas. Lo hice siempre.

—*¿Usa celular?*

—No tengo celular. Una vez me dieron uno, pero lo devolví.

—*Usted dijo una vez que es Papa las 24 horas del día, aunque a veces le cede el volante al Espíritu Santo. ¿Con cuánta frecuencia lo hace?*

—Depende de las circunstancias, pero efectivamente a veces le digo: ocúpate tú.

—*¿Cuál sería la palabra clave de su pontificado?*

—Cercanía.

—*¿No misercordia?*

—La cercanía lleva a la misericordia.

—*¿El Papa cobra sueldo?*

—No. Así le evito a mis colaboradores tener que escuchar reclamos de aumentos.

—*Una personalidad de la cultura italiana dijo que usted es un artista por la creatividad que expresa al ejercer el papado. ¿Se siente un poco así?*

—El ser artista es una muy noble condición. ¡Qué sería del mundo sin los artistas! Pero en mi caso, por mi misión, me suena a una doble personalidad. Como si estuviera recitando un papel, representando algo que no soy. Es cierto que a veces hago cosas novedosas viniendo de un pontífice. En ese sentido, sí, me siento un tanto creativo.

—*¿En qué se diferencia Jorge Bergoglio de Francisco?*

—En nada y en todo.

—*¿Cómo es eso?*

—En el desarrollo de toda persona siempre hay una continuidad y una diferencia. En lo esencial uno es la misma persona, y debemos cultivar el sentido de continuidad, pero vamos cambiando a medida que enfrentamos situaciones y cómo las vamos resolviendo.

—*Más allá de eso quienes lo conocimos en Buenos Aires observamos que sigue siendo la misma persona...*

2063456

Número dos mil sesenta y tres: En la
Capital de la República Argentina a veinte
y ocho de Diciembre de mil novecientos treinta
y seis ante mí Jefe de la Sección Quinta
del Registro Mario José Francisco BERGO-
GLIO de veinte y ocho años casado italiano
domiciliado Varela doscientos sesenta y
dos hijo de Juan BERGOGLIO y de Rosa
VASSALLO declara que el diez y siete del
corriente a las veinte y una horas nació
varón Jorge Mario en su domicilio
quien es hijo legítimo de él y de Regina
María SIVORI de veinte y cinco años de
esta hija de Francisco SIVORI y de
María GOGNA Leída el acta la firman
conmigo el declarante y los testigos Vicente
Francisco Sivori de veinte y ocho años
soltero domiciliado Quintino Bocayuva
doscientos cincuenta y seis y José Mario
de treinta y tres años casado domiciliado
[...] doscientos cincuenta —

BERGOGLIO
Jorge
Mario

109263

79
40

Acta de nacimiento de Jorge Mario Bergoglio.

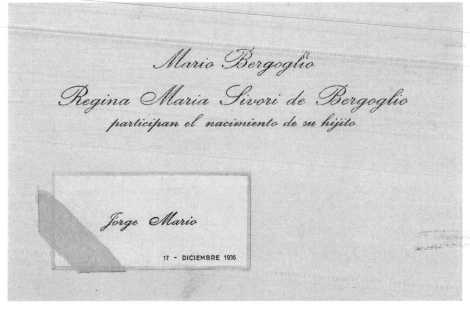

La tarjeta de los padres de Jorge Mario Bergoglio participando el nacimiento de su primer hijo.

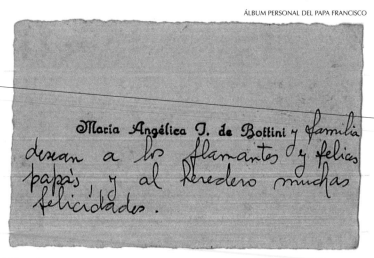

Tarjeta de felicitación de una familia amiga por el nacimiento de Jorge Mario Bergoglio.

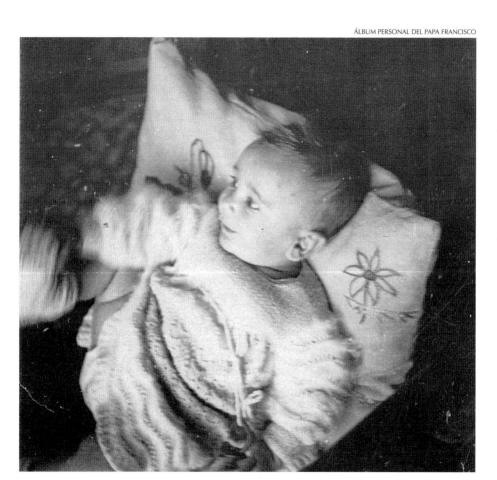

La primera foto de Jorge Mario Bergoglio.

LIBRO DE BAUTISMOS

Parroquia de San Carlos - Buenos Aires

AÑO 1936

Jorge Mario Bergoglio.

Confirmado el 8 de Octubre de 1944. Capilla N.S. de la Misión. (S. Luis)

Recibió el Subdiaconado el 30 - Julio - 1969 en Compañía de Jesús de Buenos Aires

- Presbiterado en San Miguel el 13 diciembre 1989 (1969)
- Consagrado Obispo titular de Auca y Auxiliar de Buenos Aires. el 27 de Junio de 1992
- Arzobispo Coadjutor de Buenos Aires el 3 de Junio de 1997
- Arzobispo de Buenos Aires el 28 de febrero de 1998

Fue creado cardenal de la Santa Madre Iglesia el 21 de Febrero de 2001 .-

En Buenos Aires a _veinte y cinco_ días del mes de _Diciembre_ del año mil novecientos treinta y dos el Pbro. _Enrique Pozzoli_ bautizó a _Jorge Mario_ que nació en _Buenos Aires_ el _Diez y siete_ del mes de _Diciembre_ del año mil novecientos treinta y seis hijo _legítimo_ de Don _Mario Bergoglio_ natural de _Italia_ y de Doña _Regina María Sívori_ natural de _l País_ Siendo sus padrinos Don _Francisco Sívori_ y Doña _Rosa Vassallo de Bergoglio_

Elegido Obispo de Roma y Sucesor de Pedro 13 de Marzo 2013

El Cura de la Parroquia
Juan Farrísak

+ Emil Paul Tscherrig
MONS. EMIL PAUL TSCHERRIG
NUNCIO APOSTÓLICO

NUNCIATURA APOSTÓLICA BUENOS AIRES

Copia de la hoja del Libro de Bautismos de la parroquia de San Carlos de Buenos Aires, donde figura el de Jorge Mario Bergoglio y en la parte izquierda la anotación de la fecha de la confirmación y las fechas más importantes de su carrera eclesiástica.

Jorge Mario Bergoglio en sus primeros meses.

JoRGÉ y
PAPÁ
1937

Jorge Mario Bergoglio junto a su papá.

MAMÁ, JORGE y OSCAR
NOV. 1937

Regina Bergoglio con sus
hijos Jorge y Oscar.

Nov' 37

Jorge Mario Bergoglio en la casa donde nació.

Regina María Sivori de Bergoglio con sus tres hijos mayores: Jorge Mario, Oscar Adrián y Marta Regina.

Mario Bergoglio con dos de sus hijos disfrazados
para las fiestas de Carnaval de 1940.

Jorge y Oscar
8/10/1944

Jorge Mario y Oscar Adrián Bergoglio el día de su primera comunión.

Recuerdo
de la
Primera Comunión
de

JORGE MARIO y
OSCAR ADRIÁN BERGOGLIO
efectuada el día
8 de Octubre de 1944
en la Capilla del Colegio
Nuestra Sra. de la Misericordia

N° 564-8   ROMA   MARCA REGISTRADA

La estampa recuerdo de la primera comunión de Jorge Mario y Oscar Adrián Bergoglio.

El recuerdo de la primera comunión de Jorge Mario Bergoglio entregado por la iglesia donde se efectuó la ceremonia.

Con los compañeros y los profesores de la Escuela Industrial Nro. 12.

REPUBLICA ARGENTINA

I Región Militar Distrito Militar *B.A.*

Oficina enroladora de *Sección 5ta circ 41.*

Matrícula individual Nº *4202826.*

Clase de *1936.* (el año de nacimiento)

Libreta de enrolamiento del ciudadano

Jorge Mario BERGOGLIO

nacido el 17 de diciembre de 19 36.

en *Capital Federal*

— 1 —

ARTURO CORBALAN
JEFE DE SECCION
L CIVIL

La libreta de enrolamiento militar de Jorge Mario Bergoglio.

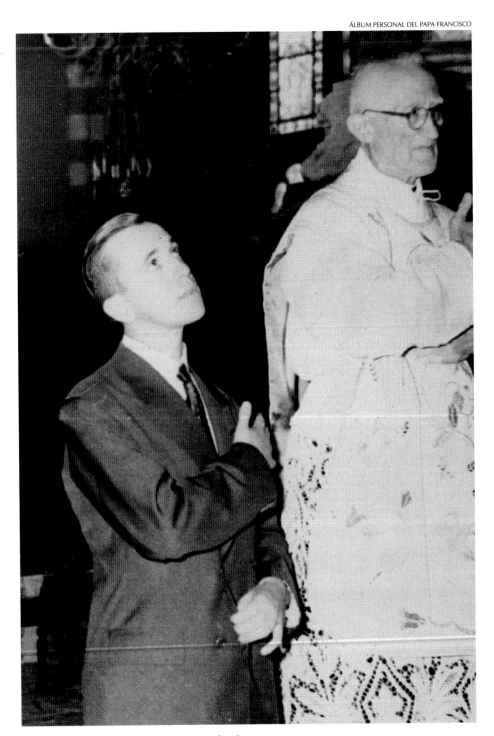

Oficiando de monaguillo en un casamiento familiar.

Los abuelos Juan y Rosa Margarita en una reunión familiar.

Jorge Mario Bergoglio en un encuentro familiar.

En el cumpleaños de 15 de la hija de una familia amiga.

Jorge Mario Bergoglio en una reunión de familiares y amigos.

Jorge Mario Bergoglio con su madre, Regina María.

—Creo que sí. Como dije otras veces, si cambiara a esta altura de mi vida me sentiría ridículo.

—*Los años pasan... ¿Se siente viejo?*

—Suelo definir con esa palabra a las personas de mi edad, pero no me siento así... Me siento joven. No sabría decir de cuántos años, pero me siento joven.

—*Cuando recuerda su infancia lo hace como una linda etapa de su vida en la que fue feliz. ¿Lo sigue siendo?*

—Sí, soy un hombre feliz. Lo fui en mi infancia y a lo largo de mi vida sacerdotal. Lo sigo siendo.

—*¿Tiene la fórmula?*

—Soy feliz porque seguí mi vocación y puedo desarrollarla. Pero no tengo la fórmula, si no la vendería...

—*¿La clave es abrirse a los demás?*

—Eso ayuda. Lamerse la llaga nunca hace feliz.

—*La pena compartida es menos pena...*

—Se dice en los matrimonios: la alegría compartida es doble alegría y la pena compartida es media pena.

—*Usted nos dijo que lo mejor de ser Papa es el consuelo que puede dar a mucha gente y lo peor, no poder hacer lo que quiere. ¿Qué es lo que le gustaría hacer que no puede?*

—Salir a la calle.

—*Benedicto XVI experimentó un deterioro físico y decidió renunciar. ¿Usted suele decir que sentó un precedente?*

—Claro. Institucionalizó la renuncia. Tengamos en

cuenta que en esta época se vive más, pero naturalmente según pasan los años ya no se tiene toda la vitalidad.

—*La pregunta es hipotética: si usted renunciara, ¿dónde pasaría sus últimos años?*

Generalmente un obispo los pasa en su última diócesis. Así que como soy obispo de Roma me iría a la casa de sacerdotes ancianos de la ciudad.

—*¿Considera la posibilidad de renunciar en un futuro?*

—Hasta ahora no lo pensé. Pero mi renuncia está ahí...

—*¿Qué quiere decir con "está ahí"?*

—Que ya está firmada. Que está en un cajón por si padezco una enfermedad que me impida continuar...

—*¿Cuál debe ser el perfil de su sucesor?*

—Eso que lo vea el Espíritu Santo...

Al terminar este capítulo y para tratar de comprender mejor su personalidad le propusimos un test que consiste en combinar de manera libre y espontánea cuatro figuras geométricas. No se hizo rogar y no se opuso a que publicáramos su dibujo. Probablemente, también en este caso, sea el primer test al que se sometió un pontífice.

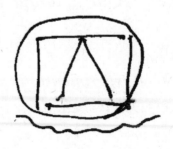

La línea ondulada representa la dimensión corporal, la esfera la emocional, el cuadrado la racionalidad, el intelecto y el triángulo la espiritualidad.

Una interpretación indica que salvo lo corporal que queda en un plano inferior, hay un equilibrio en las otras tres dimensiones: la espiritual es central con un marco de racionalidad, mientras lo emotivo abarca y contiene las otras dos.

11. El profeta y su tierra

A principios del siglo XX el tango, el popular baile argentino, estaba teniendo una gran difusión en Europa, sobre todo en Francia e Italia. Según varios estudiosos de la historia de esa danza, el arzobispo de París y otros obispos franceses la juzgaban inmoral. Con ocasión del carnaval, el Ministerio de Guerra italiano le había prohibido a la oficialidad del reino que la bailaran luciendo el uniforme. Entusiastas simpatizantes del tango que pertenecían a la nobleza consideraban injusta la decisión y buscaron la aprobación del mismísimo Papa, que por entonces era Pío X. Fue así que en enero de 1914, gracias a una gestión del secretario de Estado del Vaticano, el cardenal Merry del Val, dos jóvenes de la aristocracia romana lo bailaron delante del pontífice. Al terminar, el Papa dio a entender que lo encontró aburrido y hasta cierto punto ridículo. Y les sugirió que optaran por la "Furlana", una antigua danza que se había popularizado en la región de Friuli, en el norte de Italia, porque consideraba que tiene más gracia y es más refinada. La sugerencia habría inspirado una estrofa de la zarzuela "El tango argentino" que dice: "La Furlana/que antes fue danza pagana/es hoy ya la más católica, apostólica romana". De todas formas, el Papa no se sumó explícitamente a la censura castrense, lo que fue tomado como una tácita aprobación. Mientras tanto, en Buenos Aires circulaba una letra que evidenciaba el malestar por lo despectivo que había sido Pío X: "Dicen que el tango es una gran languidez/ Y que por eso lo prohibió Pío Diez..."

Otros estudiosos afirman que a comienzos de la década del 20 el embajador argentino ante la Santa Sede, Daniel García Mansilla, estaba muy preocupado por la mala impresión sobre el tango que existía en la Iglesia y con el fin de empezar a revertirla gestionó que un bailarín argentino, que con gran éxito estaba llevando la danza por toda Europa, lo bailara ante el papa Pío XI. El 1° de febrero de 1924 Casimiro Ayn, apodado "El Vasquito", acompañado de una traductora de la embajada, mostró sus destrezas al pontífice. Hacia el final, Aín improvisó una figura que colocó a la pareja de rodillas frente al Papa. Pero Pío XI se retiró de la sala sin hacer ningún comentario. ¿Su actitud debía interpretarse como una desaprobación? Muchos años después, en 1967, la Junta de Historia Eclesiástica dependiente de la Conferencia Episcopal Argentina despejó las dudas sobre la posición de la Iglesia respecto del tango. Fue a raíz de una petición de la Academia Porteña del Lunfardo acerca de "si existió una prohibición eclesiástica formal del tango, o si la Santa Sede o la autoridad eclesiástica local condenó ese baile y qué carácter revistió la condena en caso de haber existido". De modo claro, conciso y contundente, la comisión de historiadores respondió "no tener conocimiento de prohibición expresa alguna sobre el particular ya que, bajo el aspecto moral, tanto este como los de su género, se hallan comprendidos en los principios generales de la moral".

En síntesis, no se sabe a ciencia cierta si efectivamente una pareja bailó el tango delante de Pío X o de Pío XI para que aprobara la danza. Y en tal caso cuál fue la actitud del pontífice involucrado. Pero no parece haber habido una condena. Menos mal, porque varias décadas después llegaría al papado un tanguero de ley: Jorge Mario Bergoglio.

—*Mito o verdad, se decía que en el Vaticano no estaba bien visto el tango porque se lo consideraba procaz. ¿Lo incomoda que haya existido ese prejuicio?*

—Para nada. Algo escuché al respecto. Creo que efectivamente hubo algo así como un juicio moral. Lo que puede haber ocurrido es que no se comprendiera la liturgia del tango. Alguien me decía que ello se debe a que se baila en cuatro baldosas. Es verdad que el tango siempre me gustó. De joven lo bailaba aceptablemente cuando iba a los bailes con mis compañeros.

Pero prefería la milonga porque es menos exigente. El tango es más difícil de bailar, sobre todo para el hombre. Siempre estuve cerca de ese mundo. Recuerdo que le administré la unción de los enfermos a la cantante Azucena Maizani, pero la que más me gustaba entre las mujeres era Ada Falcón.

—*¿El tango expresa la idiosincrasia argentina?*

—La porteña, no la argentina. Una de mis pasiones en Buenos Aires en los días nublados y con mucha neblina era escuchar a Astor Piazzolla. Ese perfil de la ciudad Piazzolla lo transmite muy bien, pero encarna una segunda época del tango. Es un poco más sofisticado e inicialmente tuvo resistencias, pero después se lo fue entendiendo. Una de sus composiciones, "Balada para un loco", cantada por Amelita Baltar, sin dudas marcó un hito. En cambio, la primera parte es más clásica. Los primeros tangos son muy nostálgicos. Es una nostalgia muy porteña. En realidad, nosotros somos muy nostálgicos, muy de lamernos las heridas.

—*Razones para lamentarse tienen, y no solo los porteños, sino todos los argentinos porque es un país con un gran potencial, que entre fines del siglo XIX y principios del XX tuvo un gran desarrollo, pero que desde entonces se la pasa de crisis en crisis... ¿Qué les ocurre?*

—Realmente, no conozco bien su desarrollo histórico. Conozco las hipótesis que se barajan, pero no puedo aventurar ninguna. Evidentemente, no hubo todo el tiempo una buena administración. La corrupción es un flagelo que siempre nos afectó, aunque no explica todo. Alguien me dijo alguna vez que también hay un problema de estructura porque un país tan federal como la Argentina, que nació con los caudillos, terminó con una Constitución muy unitaria. Es cierto que la Argentina está llena de riquezas. Por su producción agraria llegó a ser considerada "el granero del mundo". Sin embargo, es una riqueza que no está debidamente aprovechada o que se queda en el camino. Diría, además, que prevalece demasiado el interés de cada uno, lo que refleja nuestro egoísmo. Pero, insisto, no sabría decir si sus problemas se deben a esto o aquello. Le dejo la respuesta a los políticos, los sociólogos, los historiadores...

—*Usted dice que la corrupción no explica todo el deterioro que sufrió su país, pero en la Argentina como en otras naciones de Latinoamérica estallaron en los últimos años resonantes escándalos...*

—La corrupción constituye un problema mundial. Está a la orden del día y no anida solo en los gobiernos, sino también en las instituciones. Y mata. En 2001 le pregunté al jefe de Gabinete del gobierno argentino de entonces —que no era considerada entre las administraciones más corruptas— cuánto de la ayuda en dinero, ropa y alimentos llegaba al interior del país y me respondió "el 35 %". Recuerdo que en 1994, siendo obispo auxiliar de Buenos Aires y vicario de la Zona Flores, vinieron a verme dos funcionarios de un ministerio y me ofrecieron 400 mil pesos (en aquel momento equivalían a 400 mil dólares) para que "pudiera atender las muchas necesidades sociales". Pero me pusieron como condición que una vez que hacían el depósito les devolviera la mitad. En aquel momento me pregunté qué hacer. ¿Me hacía el tonto? ¿Les daba una trompada? Y me hice el tonto. Les dije que las vicarías no teníamos cuenta, que los depósitos hay que hacerlos en la cuenta del arzobispado con el consiguiente recibo. Ahí acabó todo. Después pensé que si vinieron tan sueltos de cuerpo a hacer el ofrecimiento quizá hubo alguno del otro lado que les dijo que sí. Tuve un mal pensamiento. Aunque es cierto que es fácil caer en la corrupción. Y en la Iglesia tenemos que pedir perdón por los católicos que escandalizan por cometer actos corruptos. Como siempre digo, Pedro era pecador, pero no corrupto.

—*¿Le duele su país?*

—Me duele la cantidad de gente que no tiene para comer. Cuando terminé la secundaria, en 1956, el índice de pobreza no llegaba al 5 %. Ver lo que creció en las últimas décadas es estremecedor. No le echo la culpa a nadie de esta situación porque carezco de la autoridad científica para hacer un análisis, pero me duele. Pienso en la gran devoción a San Cayetano que hay en mi país, donde es el patrono del pan y del trabajo. A su santuario en Buenos Aires, cada 7 de agosto, el día de su festividad, concurre muchísima gente para pedir y agradecer. Anhelo que todos tengan trabajo y se ganen el pan. Después viene todo lo demás. Pero mientras no haya pan y trabajo en un país difícilmente ese país pueda prosperar. Miremos cómo está en este aspecto toda América Latina.

—*¿Qué piensa cuando escucha o lee que le atribuyen ser peronista?*

—Eso se convirtió en un lugar común en mi país. Mi familia fue siempre radical. Fueron radicales con prosapia. Mi abuelo materno, hijo de genoveses, participó en la llamada Revolución del Parque, en 1890, que estuvo en la génesis del partido radical. Su hijo era ebanista. Fabricaba muebles finos. Como antes les conté, a su casa iba Elpidio González, un señor de barba blanca, muy venerable, que le vendía anilinas para lustrar los muebles. Había sido vicepresidente de la República por el radicalismo y renunció a la pensión. Recuerdo que en 1945, con nueve años, me llevaron a un acto de un frente político muy heterogéneo, la llamada Unión Democrática, que se conformó para tratar de evitar —cosa que no logró— el triunfo de Perón en las elecciones. Cuando Perón endureció su actitud hacia quienes lo criticaban mis padres comenzaron a estar atentos los jueves o viernes al paso de los jóvenes que vendían un periódico socialista, *La Vanguardia*, porque no tenían otra manera de acceder a un medio de comunicación crítico. De esa familia vengo. Por lo tanto, en mi casa no había nada de peronismo.

—*¿Y de dónde surge entonces que lo clasifiquen así?*

—Surge a raíz de que la Universidad del Salvador

deja de estar en manos de la Compañía de Jesús y pasa a los laicos. Como provincial de los jesuitas tuve que armar el equipo que se haría cargo. Las propuestas fueron varias. Estudié el currículum de cada uno. Había un grupo de profesores que pertenecían a la agrupación peronista Guardia de Hierro. Eran fuertes, sabían moverse, conocían de política y cómo manejar las elecciones. Enseguida uno de ellos fue elegido presidente de la asociación civil que gestionaría la universidad. De todas maneras, llegué a un acuerdo con ese grupo y con otros para que la integración de las nuevas autoridades fuese plural y hubiera un equilibrio. No obstante, la participación de integrantes de Guardia de Hierro provocó que se comenzara a decir que yo era peronista. Pero no fue la única razón. También influyó que escribiera sobre la justicia social porque a la Doctrina Social de la Iglesia se la ligaba con el peronismo. El propio Perón había manifestado la identificación de su movimiento con esos postulados. Recuerdo que en un famoso discurso dijo sobre el obispo de Resistencia, Nicolás De Carlo, sindicado como peronista: "Dicen que De Carlo es peronista, pero es mentira; Perón es decarlista".

—¿*Nunca estuvo con Perón ni con su segunda esposa, Eva Duarte?*

—Si no me equivoco, a él lo vi una sola vez cuando enviaban a los abanderados de las escuelas secundarias al Teatro Colón para un encuentro sobre la educación que se hacía allí anualmente. Como tantos otros alumnos recibí de su gobierno una beca de 50 pesos como ayuda para afrontar los estudios. Y a Evita la encontramos de casualidad con uno de mis hermanos en una unidad básica y la saludamos. Habíamos ido porque en el colegio nos encargaron un trabajo sobre el peronismo y a él se le ocurrió que allí podríamos encontrar material. Teníamos 14 o 15 años. Eso fue todo. Nunca estuve afiliado al partido peronista, ni siquiera fui militante o simpatizante del peronismo. Afirmar eso es una mentira. Tampoco estuve afiliado a Guardia de Hierro como dijeron algunos. Repito, la presencia de esa agrupación en la universidad y mis escritos sobre la justicia social llevaron a que se dijera que soy peronista. Pero en la hipótesis de tener una concepción peronista de la política, ¿qué tendría de malo?

—*Sin embargo, el hecho de que haya recibido durante su pontificado a varios dirigentes del peronismo le ocasionó críticas en su país...*

—Yo recibí y recibo a todos. Pero a veces hay algunos que buscan sacar un rédito político, no siempre con buenas artes. Me viene a la memoria el caso de un candidato que asistió a la misa en Santa Marta. Al final me preguntó si podía tomarse una foto conmigo, le dije que sí y le pedí que no hiciera ninguna travesura. Me respondió que la foto era para compartirla con su familia, pero a la semana siguiente Buenos Aires apareció empapelada con afiches de campaña con la foto. Eso no se hace. Para colmo, la foto estaba trucada porque se quitó el entorno de la capilla y de las demás personas que estaban presentes para dar la impresión de haber sido tomada en un encuentro a solas.

—*También se lo critica por no haber ido a su país...*

—En realidad, estuve cerca de hacerlo en noviembre de 2017. Quería repetir el periplo que hizo Juan Pablo II en 1987 y también visitar Uruguay y Chile. Sin embargo, la gira se complicó porque había elecciones en Chile. Entonces, se organizó el viaje a Chile para enero, pero se dejó afuera a la Argentina y a Uruguay porque durante ese mes hay mucha gente de vacaciones en esos países. En cambio, se pudo sumar a Perú. Tengamos en cuenta que tuve que visitar muchos países, incluso algunos en los que nunca estuvo un Papa. En la Argentina viví 76 años. Pero no estoy lejano, me siento cercano. Estoy siempre en contacto con muchos compatriotas amigos. Y cuando escribo sobre valores, sobre doctrina social de la Iglesia, si bien lo hago para todos los países, tengo presente a mi país y espero que mis palabras puedan ser una contribución. De todas maneras, el propósito de viajar a la Argentina sigue vigente. Es injusto decir que no quiero ir.

—*¿Habría que concluir que, como dice el Evangelio, nadie es profeta en su tierra?*

—Esa es una curiosa realidad histórica mundial, que no sabría explicar. En mi país se cuenta entre los casos más notables el del general José de San Martín, considerado el "Padre de la Patria". Fue víctima del enfrentamiento entre unitarios y federales en los orígenes de la nación. Llegaron a acusarlo de conspirador y hasta lo quisieron juzgar por haber apoyado a los caudillos del interior y negarse a reprimir a las fuerzas federales. Harto, decidió irse a Europa. Cinco años después quiso regresar debido a una nueva guerra civil, pero no llegó a desembarcar porque se negó a pelear contra una parte de su propio pueblo. Se fue a Uruguay, estuvo tres meses en Montevideo y, al final, volvió a Europa. Es cierto que en la Argentina vivimos tiempos de lo que ahora se llama "grieta" cuyo antecedente más antiguo es, precisamente, la disputa entre unitarios y federales. Pero el mundo está agrietado. También observo que muchos líderes mundiales están mostrando los dientes. Diría más: al comienzo de mi pontificado afirmaba que estábamos viviendo una Tercera Guerra Mundial a pedacitos, luego sostenía que estos se fueron agrandando y actualmente considero que es un solo gran pedazo.

—*Es verdad que el fenómeno de la polarización política es hoy una realidad en muchos países. Las posiciones se vuelven irreductibles. Como el agua y el aceite, unos y otros no se unen nunca...*

—Pero no somos agua y aceite, somos hermanos. Entonces debemos salir de la categoría del agua y del aceite e ir hacia la fraternidad. Esto es, justamente, lo que en todo conflicto cuesta reconocer: la vocación fraternal de las personas. Cuando la ignoramos empiezan las divisiones. En todas partes es así. Una cosa es la campaña política donde se echa mano de todo, o casi todo, para ganar una elección. Otra cosa es la vida cotidiana de un país que debe ser fraterna y en la que todos buscan el bien común. Cuando únicamente se procura el interés propio, se resquebraja el bien común. Entonces, sufre el partido político y sufre el país. En fin, hay que buscar lo que nos une y no lo que nos separa. A veces los medios de comunicación subrayan mucho lo que nos separa y no lo que nos une. Creo que si acordaran dar más espacio a destacar lo que nos une, eso nos haría mucho bien a todos.

—*Durante su pontificado usted llamó reiteradamente a la responsabilidad de los medios de comunicación con términos muy elocuentes que en su país algunos tomaron como un ataque a la prensa...*

—Jamás le hice una acusación al periodismo porque lo considero un noble oficio. Los medios de comunicación tienen una responsabilidad muy grande. Poseen la capacidad de formar opinión, buena o mala. En sí mismos son positivos. Son para pensar, intercambiar, fraternizar, educar. Son constructores y pueden hacer un bien inmenso. Pero los periodistas también están expuestos a tentaciones como lo están los sacerdotes, los médicos, los abogados, como lo estamos todos. Todos somos pecadores. Lo que dije es algo que, en realidad, ya había dicho hace más de veinte años, al disertar en una institución que congrega a los diarios de mi país. En esa ocasión, señalé las cuatro tentaciones que a mi criterio acechan al periodismo: la calumnia, la difamación, la desinformación y la coprofilia. Hoy respecto de mi país sumaría un anhelo: que vuelen alto.

—*Lo que pasa es que algunos acusan al periodismo de malas prácticas cuando se ven acorralados por denuncias sobre su comportamiento...*

—Pero es saludable tenerlo en cuenta. Pensemos en la calumnia, la difusión de una mentira, sobre todo en perjuicio de los políticos. Pensemos en la difamación con la divulgación de situaciones pasadas que ya fueron saldadas, pagadas. En la Argentina lo llamamos "carpetazo". Pensemos, además, en la desinformación que consiste en revelar una parte de la verdad. Quizás este sea el daño más grande que puede hacer la prensa porque orienta la opinión en una dirección. Finalmente, los medios no deben caer en la coprofilia (amor a los excrementos), que es buscar siempre el escándalo, comunicar las cosas feas, aunque sean verdad. Y como hay gente que tiene la tendencia a la coprofagia (ingerir excrementos), también con esto se puede hacer mucho daño.

—*Por otro lado, es cierto que la prensa contribuye a destapar grandes corrupciones y escándalos varios, situaciones que, dicho sea de paso, provocan un gran descreimiento de los ciudadanos en la política...*

—Quisiera separar las cosas. Una es el encomiable papel de la prensa al investigar y denunciar. Otra es la peligrosa tendencia en las sociedades actuales a desacreditar la política por los malos políticos. ¿Qué sería de un país donde la política estuviera ausente? Estaría sumido en el totalitarismo. En Buenos Aires siempre decía que hacía falta no menos política, sino mejor política. En la exhortación Evangelii Gaudium subrayo que la política es una altísima vocación, una de las formas más preciosas de la caridad, porque busca el bien común, como decía Pío XII. En la encíclica Laudato Si' me refiero al diálogo entre política y economía para el servicio a la vida. Y en mi última encíclica, Fratelli Tutti, el capítulo V lleva por título "La mejor política". Sin dudas, es clave rehabilitarla.

—*A mucha gente le cuesta encontrar buenos políticos...*

—Pero los hay. Quisiera mencionar el ejemplo de un político argentino que contrajo esclerosis lateral amiotrófica, una enfermedad del sistema nervioso que provoca debilidad en los músculos y que por ahora no tiene cura. Como todo político tendrá sus aciertos y sus errores, pero es una persona a la que respeto mucho. Cuando en 2021 la enfermedad comenzó a avanzar renunció a la banca de senador y se despidió con un discurso sumamente emotivo en medio de las dificultades para hablar, en el que trasuntó una grandeza formidable no yendo contra nadie, sino a favor del diálogo y la búsqueda de consensos. Lo tengo aquí. Desearía leer un tramo...

—*Por supuesto...*

—"Me gustaría que se recordara de mi paso por este cuerpo la búsqueda constante del consenso a través del diálogo. El diálogo entendido como una conducta activa, de apertura y de generosa curiosidad en la que los participantes se abren a escuchar a la persona que tienen enfrente. Ese es, para mí, el valor más importante y a la vez más escaso de la política argentina: la posibilidad de entender que los adversarios nunca son enemigos y que representan a una porción de los argentinos cuyos valores, intereses y deseos son tan atendibles como los de uno y que se puede dialogar, negociar y acordar sin relegar lo que uno es y lo que uno defiende. (…) El diálogo, la búsqueda de la razón entre dos, debe ser un acto de generosidad, de amor y de caridad cristiana, entendiendo que la verdad y la justicia son valores que encontrar, no propiedad de alguna de las dos partes".

—*Una fuerte interpelación…*

—Es un discurso ejemplar para el mundo de la política hoy, como dije, tan agrietado, que debería hacer mella en la Argentina porque nada se logra con la polarización agresiva.

12. El genio femenino

Como pontífice, Jorge Bergoglio siguió con su hábito de visitar las cárceles y conversar cara a cara con los internos como lo hacía en Buenos Aires. No parece casual que a poco de ser elegido, su primer lavatorio de pies de Jueves Santo —también el primero de un Papa fuera de la basílica de San Juan de Letrán— haya sido en una unidad penitenciaria de Roma. Desde que Juan XXIII se convirtió en 1958 en el primer pontífice en visitar una cárcel, el gesto lo continuaron Pablo VI, Juan Pablo II y Benedicto XVI. Francisco suele ir a la unidad penitenciaria de cada ciudad italiana que visita, al igual que muchas veces lo hace cuando viaja a otros países. Hasta les pidió a internos, personal penitenciario y víctimas de delitos que escribieran las reflexiones del Vía Crucis de Viernes Santo de 2020. Dice que las cárceles que mejor lo impresionan son las dirigidas por mujeres, que tienen a su cargo casi la mitad de las que hay en Italia. Particularmente le llamó gratamente la atención una directora de unos 40 años de una de varones que estaba superpoblada, ya que alojaba unos 1300 reclusos para una capacidad de 900 y que debía enfrentar situaciones complejas como el consumo de drogas y los demás conflictos propios de esos ámbitos. Pero que a pesar de todo había logrado crear "un clima distinto, de mejor convivencia, porque no le tenía miedo a los presos y dialogaba con ellos, sin dejar de ser severa cuando debía serlo". Destaca que si bien contaba con el mismo nivel de preparación que sus colegas hombres —como también las otras directoras—, ella demostraba que la mujer tiene atributos de los que carece el otro sexo. Más aún: afirma que "no solo completa la visión del hombre, sino que la perfecciona".

Francisco, además de cumplir con la recomendación de Jesús en el Evangelio de visitar a quien está preso, apuesta con vehemencia a su reeducación. Al fin de cuentas, la conversión religiosa —y, por extensión, social— hace a la esencia del cristianismo. En base a ese criterio dice estar en contra de la prisión perpetua efectiva, ya que considera que es "una pena que le clausura la esperanza al condenado". Pero es consciente de que su recuperación, en general, constituye una deuda pendiente en muchas cárceles, "donde a veces —señala— la persona sale peor de lo que ingresó". Por eso, el buen desempeño de la directora ante una tarea que podría parecer que exige la presencia de un hombre le resulta un excelente ejemplo de "la capacidad de las mujeres de ver las cosas de un modo distinto", que hace que su aporte sea insustituible. Pero lamenta que todavía ello no sea debidamente reconocido y que reste un largo trecho para que la igualdad de derechos sea una completa realidad. Peor aún: que muchas en el mundo sean víctimas de la trata y, en especial, de la explotación sexual, una situación que, como lo hacía en Buenos Aires, sigue denunciando como pontífice. O la violencia doméstica y los femicidios, que exigen "no solo un cambio cultural, sino una legislación adecuada". Por lo demás, valora el accionar de las organizaciones que reivindican los derechos de la mujer y combaten la "cultura machista", pero advierte sobre "el riesgo que corre todo feminismo exagerado de convertirse en un machismo con pollera" y que se pierda la riqueza de su identidad, que se complementa con la del hombre.

En cuanto a la presencia de la mujer en la Iglesia, Francisco considera —en línea con su criterio general— que esta debe tener un papel preponderante. En su exhortación apostólica Evangelii Gaudium (La Alegría del Evangelio), promulgada al comienzo de su pontificado, afirma: "Las reivindicaciones de los legítimos derechos de las mujeres, a partir de la firme convicción de que el varón y la mujer tienen la misma dignidad, plantean a la Iglesia profundas preguntas que la desafían y que no se pueden eludir superficialmente". Completa que "el genio femenino es necesario en todas las expresiones de la vida social; por ello se ha de garantizar la presencia de las mujeres también en el ámbito laboral y en los diversos lugares donde se toman las decisiones importantes, tanto en la Iglesia como en las estructuras sociales". Por lo tanto, sostiene que "es necesario ampliar los espacios para una presencia femenina más incisiva en la Iglesia". Pero no apela solo a argumentos humanos para destacar la relevancia de la mujer en la Iglesia, sino a sólidos antecedentes religiosos. "En el vientre de una mujer, Dios y la humanidad se unieron para no separarse nunca más. De ella surgió la salvación y, por tanto, no hay salvación sin la mujer. La Virgen María, además, era más importante que los apóstoles; es más importante que los obispos, los sacerdotes y los diáconos", señala. Además, subraya que María Magdalena fue la primera testigo de la resurrección de Cristo y quien les llevó la noticia a los apóstoles. No obstante, reconoce que todo esto requiere "una mejor explicación y proyección" en el quehacer de la Iglesia.

Acaso la más vibrante manifestación del reconocimiento del Papa a la importancia de la mujer en la Iglesia ocurrió imprevistamente en el Encuentro sobre la protección de los menores. En la tarde del segundo día, durante el espacio de debate, una de las subsecretarias del Dicasterio para los Laicos, la Familia y la Vida, Linda Ghisoni —interpelada por un participante tras su exposición—, estableció un paralelismo entre la Iglesia como madre que sufre un desgarro cada vez que uno de sus hijos es abusado y una madre que se desgarra cuando da a luz. La fuerza de la figura a la que apeló desde el sentir de una mujer que es madre de dos hijas provocó un gran impacto, que para muchos cambió hasta el final el clima del encuentro. Entonces, fuera de programa, Francisco pidió la palabra y afirmó que "escuchando a la doctora Ghisoni he escuchado a la Iglesia hablar de sí misma". Porque, dijo, "la mujer es la imagen de la Iglesia, que es mujer, esposa y madre". En ese sentido, señaló que "la lógica del pensamiento de la doctora es precisamente la de una madre y ha terminado con la historia de lo que sucede cuando una mujer da a luz a un niño". Ghisoni, que temió haber sido demasiado descarnada, no podía contener las lágrimas. El Papa concluyó: "No se trata de otorgar más funciones a la mujer en la Iglesia porque así no se resuelve el problema, sino de integrar a la mujer como figura de la Iglesia en nuestro pensamiento. Y de concebir también a la Iglesia con las categorías de una mujer. Gracias por su testimonio".

Junto a su deseo de "integrar al genio femenino", incluso en "puestos decisorios", a Francisco le preocupa que "en la propia Iglesia el rol de servicio al que todo cristiano está llamado, en el caso de la mujer, se deslice algunas veces hacia papeles más bien de servidumbre que de verdadero servicio". En 2018 dijo que "el servicio no es servidumbre" y suscitó un artículo en el suplemento "Mujeres Iglesia Mundo" del diario vaticano

L'Osservatore Romano, escrito por su entonces editora, la ya mencionada Lucetta Scaraffia, en el que denunciaba que había cardenales y obispos para quienes las monjas eran empleadas domésticas, lo que causó un gran revuelo interno. "Algunas sirven en casas de obispos o cardenales, otras en las cocinas de instituciones eclesiásticas", afirmaba. "Algunas, como sirvientas de los hombres de la Iglesia, se levantan por la mañana a preparar el desayuno y se van a dormir después de servir la cena, asear la casa y lavar y planchar la ropa", detallaba. En declaraciones posteriores, habló sin vueltas de una situación de "explotación". Scaraffia renunció un año después tras un cambio en la dirección de *L'Osservatore Romano*, por considerar que su nuevo conductor le restaba libertad. De todas formas, le reconoció a Francisco los esfuerzos para que se reconozca la dignidad de la mujer dentro de la Iglesia e incluso tenga una mayor presencia. "Yo lo quiero mucho y le estoy muy agradecida porque abrió caminos muy importantes. Pero él solo no puede cambiar la situación de las mujeres", completó.

Durante el actual papado aumentó sensiblemente la cantidad de mujeres que ocupan cargos en el Vaticano. En 2022 superaban la veintena —dieciocho más que una década atrás—, aparte de que también eran más las empleadas: en 2010 sumaban 697, de un total de 4053 (el 17 %), y en 2019 llegaban a 1016, de un total de 4.618 (el 22 %). Francisco nombró a una mujer como subsecretaria para las Relaciones con los Organismos Multilaterales de la Secretaría de Estado del Vaticano (el cargo más alto que ocupa una mujer en la Santa Sede) y a otra para vicegobernadora de la Ciudad del Vaticano. También escogió a mujeres para secretaria del Dicasterio (ministerio) de Desarrollo Humano Integral; para subsecretaria de Laicos y para subsecretaria de Vida del Dicasterio de Laicos, Familia y Vida; para subsecretaria del Dicasterio de Cultura y Educación, y para subsecretaria del Sínodo de los Obispos. También designó a tres mujeres como consultoras en la Congregación para la Doctrina de la Fe y a dos en la Congregación para el Culto Divino. Eligió a una mujer para directora de los Museos Vaticanos y a otra para directora adjunta de la Oficina de Prensa del Vaticano. E incluso, según él mismo admite, estuvo a punto de nombrar a una mujer al frente de un dicasterio, pero la designación se frustró por la imposibilidad de la escogida de hacerse cargo.

Llamó particularmente la atención que haya designado a tres mujeres —dos monjas y una laica— en la Congregación para los Obispos, que supervisa las designaciones de los obispos y que estos cumplan con las disposiciones. No menos sorprendente fue que en el Consejo de Asuntos Económicos de la Santa Sede, que integran ocho cardenales y siete laicos, haya decidido que seis sean mujeres. En este último caso fundamenta su elección de un modo elocuente: "Las nombré por sus cualificaciones, pero también porque creo que, en general, las mujeres son mejores administradoras que los hombres". No obstante, pide mirar más allá del Vaticano la presencia de la mujer en la Iglesia. "Mucha gente cree erróncamente que el liderazgo es exclusivamente masculino, pero si se va a cualquier diócesis se comprobará que esto no es cierto: hay mujeres dirigiendo departamentos, escuelas, hospitales y muchas organizaciones y programas. En algunas regiones hay muchas más mujeres que hombres en roles de liderazgo", señala.

Francisco no solo avanza en una mayor presencia de la mujer en la Iglesia, sino que ansía que ellas se hagan oír más (y peleen por ello). Es precisamente el principal anhelo de muchas dirigentes laicas, más allá de que quieren que se les reconozca su idoneidad para ocupar cargos y no que se los otorguen por el hecho de ser mujeres. En una audiencia que le concedió a la Unión Mundial de Organizaciones Femeninas Católicas sorprendió a sus interlocutoras cuando, al despedirse de ellas, las llamó a "tener la valentía y el coraje de reclamar por lo que creen que les corresponde". Esa recomendación evocó en una de las presentes el episodio en el que Catalina de Siena compelió con tanto énfasis al papa Gregorio XI para que abandonara Aviñón y regresara a Roma, que logró su cometido.

Eso sí, Francisco no pierde el humor al hablar del papel de la mujer y cuenta una anécdota que protagonizó con una empleada del comedor de Santa Marta que

le contaba que en su casa tenía muchas cosas que resolver y que entonces él le dijo, con una amplia sonrisa:
"Da quella sera della mela comandano loro". Traduci-
do: "Desde aquella tarde de la manzana mandan ellas".

—*Está claro que usted quiere una mayor presencia
de la mujer en la Iglesia, incluso en lugares decisorios.
Pero no está de acuerdo con el sacerdocio femenino.
¿Por qué?*

—Es un problema teológico. Creo que amputamos
el ser de la Iglesia si solo consideramos el ministerio sacerdotal, es decir, la vía ministerial. La vía de la ministerialidad podríamos decir que es la de la Iglesia petrina
(de Pedro) o, dicho de otra manera, el principio petrino
es el de la ministerialidad. Pero hay otro principio que
es más importante todavía y es el principio mariano que
tiene que ver con la femineidad en la Iglesia, que se es-
peja a sí misma porque es mujer y es esposa. Y, a su vez,
la dignidad de la mujer se ve espejada en esa realidad.
Una Iglesia con solo el principio petrino sería una Iglesia reducida a la ministerialidad. Pero la Iglesia es más
que un ministerio, es el pueblo de Dios todo. Hay un
tercer camino que no es una cuestión teológica y que es
el administrativo, en el que considero que hay que darle un mayor lugar a la mujer. Los lugares en el Vaticano
donde hemos puesto mujeres están funcionando mejor.
Por ejemplo, en el Consejo de Asuntos Económicos,
integrado por ocho cardenales y siete laicos, de los cuales seis son mujeres. Eso es una revolución.

—*¿Por qué, entonces, una mujer no puede acceder al sacerdocio?*

—Porque, precisamente, el principio petrino no le cabe. Pero sí le cabe el principio mariano, que es más importante. Porque, insisto, la mujer semeja más a la Iglesia, que es mujer y esposa. Todo esto dicho de un modo muy sintético. Entonces, que la mujer no acceda a la vida ministerial no es una privación, porque su lugar es mucho más importante. Creo que en nuestra catequesis fallamos mucho en explicar estas cosas y que, en última instancia, las explicamos con un criterio administrativo que, a la larga, no funciona. Por otra parte, en cuanto al carisma de la mujer, quiero poner de manifiesto en base a mi experiencia personal que tienen un gran olfato eclesial. Pongo este ejemplo: para ordenar sacerdotes se piden informes a personas que conozcan al candidato para determinar si es apto. Los mejores informes que recibí, los más justos, o son de hermanos coadjutores, hermanos legos que no son sacerdotes, o son de las mujeres.

—*Pero usted no descarta que pueda haber diaconisas. De hecho, creó una comisión para explorar esa posibilidad...*

—Las superioras generales de las congregaciones de todo el mundo, en un encuentro que mantuve en 2016, me propusieron conformar una comisión para estudiar esa posibilidad a partir del antecedente de que en la Iglesia primitiva hubo diaconisas. El problema, como ellas mismas lo admitían, es que no hay certeza de si eran diaconisas o colaboradoras sin la ordenación sacramental. No es un dato menor porque la ordenación sacramental está reservada a los hombres. Recordemos que el diaconado es el primer grado de ordenación en la Iglesia católica, seguido por el sacerdocio y, por último, el episcopado (obispo). Entre las funciones se cuentan la predicación, la administración del sacramento del bautismo, oficiar casamientos e impartir bendiciones, pero no pueden celebrar la misa, ni confesar, ni dar la unción de los enfermos.

—*¿Y qué es lo que se sabe al respecto?*

—En aquel encuentro les comenté que en mi época de cardenal, en uno de mis viajes a Roma, había hablado en mi hospedaje con un sacerdote siriano que también se alojaba allí y que era un gran investigador de estas cuestiones. Y me dijo que efectivamente no estaba claro. Que sí cumplían algunas tareas, como ayudar al obispo en el bautismo por inmersión de mujeres, o cuando iban a quejarse porque el marido las castigaba y había que revisarlas, y que también se ocupaban de la asistencia a los pobres. De todas maneras, les contesté que me parecía bien la propuesta y que lo iba a hablar con la Congregación para la Doctrina de la Fe que, a su vez, me señaló que la Comisión Teológica Internacional había estudiado a fondo el tema en los 80 y que estableció que su papel era asimilable a lo que son las bendiciones de las abadesas, que llevan cruz pectoral y en las solemnidades alguna porta el báculo, pero que se podía retomar.

—*La comisión no avanzó mucho...*

—Cuando me preguntaron los periodistas en un vuelo de regreso de Macedonia a Roma qué pasaba con la comisión dado que no se tenían noticias de sus resultados contesté con una humorada: recordé que en mi país había un presidente que decía que para que algo no prospere hay que crear una comisión. Broma aparte, la cuestión es que había opiniones diferentes acerca de si contaban con el sacramento del orden o no, aunque hubo acuerdos parciales y se convino en seguir trabajando, cada uno desde su lugar. En octubre de 2019, una de las propuestas del Sínodo de la Amazonia, votada por dos tercios de sus miembros, fue avanzar en el estudio del diaconado femenino. A comienzos de 2020 relancé la comisión con el cardenal italiano Giuseppe Petrocchi a la cabeza, un secretario de la Congregación para la Doctrina de la Fe y diez miembros, cinco mujeres y cinco hombres.

—*Si la clave pasa por saber si las mujeres eran ordenadas o no, bien podrían ser cardenales porque estrictamente hablando no hace falta el orden sagrado para serlo...*

—Es cierto que el cardenalato no está relacionado con el sacramento del orden, sino con el hecho de que tiene la función de ser consejero del Papa. Pero la cuestión es más compleja y no quisiera que entráramos en aspectos muy técnicos, que me parece que exceden esta conversación. Lo que sí digo es que un cardenal puede elegir pontífice. Y al Papa lo eligen obispos porque es obispo de una diócesis, es obispo de Roma. Lo importante entonces es que los electores sean obispos, no cardenales. De hecho, yo podría emitir un decreto modificando los requisitos para entrar al cónclave y permitir que participe un obispo que no es cardenal. Dogmáticamente no habría ninguna dificultad. Pero, es claro, si una mujer no puede acceder al sacerdocio, menos aún ser obispo.

—*El Sínodo de la Amazonia también propuso que hombres mayores de probada fe (viri probati) sean ordenados sacerdotes en regiones de gran escasez de ministros religiosos, pero usted no lo convalidó.*

—No lo convalidé, pero tampoco cerré el debate. Consideré que es una cuestión que no estaba madura y que había que avanzar en otros aspectos como promover que los sacerdotes que muestran vocación misionera opten por la Amazonia. Porque, como dije en el documento post sinodal, llama la atención que de algunos países de la cuenca amazónica surjan más misioneros para Europa o Estados Unidos que para auxiliar a los propios vicariatos de la región. También señalé que hay que crear seminarios para la formación sacerdotal de indígenas, que hoy están faltando. Así como manifesté la necesidad de darles más espacio a los diáconos y, por supuesto, a los laicos, y sobre todo a los catequistas. Lo que lamento es que sobre todo muchos medios redujeron el sínodo al tema de los viri probati en desmedro de toda la gran problemática social y ecológica de la región.

De todas maneras, había en la Iglesia quienes temían que el acceso de hombres casados al sacerdocio abriera las puertas al celibato optativo. ¿Tampoco llegó el momento de considerarlo?

—Cada uno puede pensar lo que quiera, pero me parece que son cosas diferentes. El celibato, como dije, es una cuestión disciplinar, lo que implica que un Papa podría disponer que sea optativo. De hecho, en las iglesias de rito oriental lo es. Pero los orientales, a pesar de que son más religiosos, también tienen problemas de divorcio. Además, los sacerdotes anglicanos casados con hijos que pasan al catolicismo siguen siendo sacerdotes. No obstante, en este aspecto respeto la tradición de la Iglesia de occidente. Y como también ya señalé, es un requisito que no tiene relación con los abusos sexuales. En todo caso, que lo disponga, si lo cree conveniente, el Papa que me suceda. Ahora bien: es cierto que si uno vive mal el celibato es una tortura, algo imposible. Pero no es menos veraz que si uno lo vive con la fecundidad del ministerio por el cual se optó, no solo es llevadero, sino precioso. Claro que para eso hay que tener vocación.

—En la otra vereda no faltan los que creen que la ordenación de mujeres posibilitaría que más gente se

acerque a la Iglesia y que el celibato optativo permitiría paliar la escasez de sacerdotes...

—No comparto esos razonamientos. Los luteranos ordenan mujeres, pero igual tienen una baja concurrencia al templo. Y sus sacerdotes pueden ser casados, pero aún así no consiguen aumentar el número de ministros. El problema es cultural. No debemos ser ingenuos y pensar que los cambios programáticos traerán la solución. Las meras reformas en la Iglesia no sirven para atender cuestiones de fondo. Los que sí sirven son los cambios paradigmáticos. Estas cuestiones las abordé en dos cartas, una al pueblo de Dios en Alemania y otra a su clero, con motivo de un camino sinodal que iniciaban, donde se lo iban a plantear. La primera me tomó más de un mes de elaboración a partir de una profunda reflexión en soledad delante del Señor. Benedicto XVI consideró que probablemente constituía el documento más profundo de mi pontificado.

—*La Iglesia en Alemania está intentando caminos para afrontar una disminución en la asistencia al culto e incluso una pérdida de fe entre los fieles, situación por cierto que no se da solo en ese país...*

—Precisamente, en las cartas les decía que coincidía con ellos en el dolor de constatar la creciente erosión y decaimiento de la fe con todo lo que ello conlleva no solo a nivel espiritual, sino social y cultural. Pero les señalaba que frente a esta situación lo que necesitamos es mucho más que un cambio estructural, organizativo o funcional. Y, por cierto, mucho coraje. Más aún: les advertía que cada vez que la comunidad eclesial intentó salir sola de sus problemas confiando y focalizándose exclusivamente en sus fuerzas o en sus métodos, su inteligencia, su voluntad o prestigio, terminó por aumentar y perpetuar los males que intentaba resolver. Considero, en definitiva, que la transformación verdadera, como les decía en las cartas, reclama también exigencias que nacen de nuestro "ser creyentes" y de la propia dinámica evangelizadora de la Iglesia. Reclama, pues, la conversión pastoral.

—*Entendemos que en pos de destacar el papel de la mujer en la Iglesia usted elevó la celebración de la memoria de María Magdalena —el 22 de julio— a fiesta litúrgica...*

—Es que fue todo un signo que haya sido una mujer la primera testigo de la resurrección, la primera que se encontró con la tumba vacía, la primera a quien se le apareció Cristo resucitado y quien le llevó la noticia a los apóstoles. Lo que la convirtió en un gran ejemplo de mujer evangelizadora porque anunció la Pascua. Fue, como se la considera desde antiguo, la apóstola de los apóstoles, y por eso quise que el día de su evocación tenga la misma categoría que el de ellos, salvo el de San Pedro y San Pablo, que es solemnidad. Con ello pretendí destacar que la mujer tiene que proclamar nada menos que la resurrección de Cristo, pretendí subrayar la importancia que tiene la mujer en la Iglesia.

—*A propósito, a lo largo de los siglos se creyó que María Magdalena era una prostituta por una cita en el Evangelio de Lucas...*

—En realidad, se la confundía, no con una, sino con dos mujeres. Con la mujer pecadora que, en casa de Simón el fariseo, ungió los pies de Jesús con sus lágrimas, y con la hermana de Lázaro, María, que en Betania unge con un perfume la cabeza de Jesús. Lo que pasa es que en el Evangelio de Lucas también se lee que cuando Jesús predicaba, además de los doce apóstoles, lo acompañaban "algunas mujeres que habían sido curadas de espíritus malignos y enfermedades, que los servían con sus bienes. Entre ellas estaba María, llamada Magdalena, de la que habían salido siete demonios".

13. Ante acechanzas y resistencias

El avión acababa de aterrizar en la base militar Andrews, en las afueras de Washington, procedente de Cuba. Era fácilmente apreciable el vasto operativo de seguridad del Servicio Secreto, a cargo de la seguridad del presidente y de los jefes de Estado o de gobierno que visitan el país. Las vallas, los numerosos hombres fornidos con sus trajes oscuros y sus auriculares, la hilera de camionetas negras y las motos policiales blancas alineadas lo atestiguaban. En primera línea, estaba el modesto auto que iba a trasladar a Francisco. El presidente Barack Obama, acompañado por su esposa, Michelle, y sus dos hijas, caminaba por la pista al punto de encuentro con el ilustre visitante. Los fieles que fueron autorizados a ingresar a la estación aérea irrumpieron en vítores cuando apareció el Papa, bajó por la escalerilla y se dio un muy cordial apretón de manos con Obama. No fue una cordialidad diplomática, sino un reflejo de la buena sintonía que habían logrado, particularmente cuando Francisco contribuyó sigilosamente durante varios meses al restablecimiento de relaciones entre los Estados Unidos y Cuba, concretado en 2014, tras más de medio siglo de estar interrumpidas, como un primer paso hacia la normalización del vínculo bilateral. En marzo de aquel año, Obama lo había visitado en el Vaticano, ocasión en la que, mientras empezaban a pergeñar una estrategia con vistas al posible acuerdo, la sintonía quedó sellada.

Hombre de gestos, Francisco llegó en setiembre de 2015 a los Estados Unidos procedente de Cuba como una forma de testimoniar un "puente". Tres días antes había iniciado una visita a la isla —donde fue cálidamente recibido por el presidente Raúl Castro y un pueblo entusiasta— con un llamado a la total reconciliación entre ambos países y una recomendación a "no servir a las ideologías, sino a las personas". Se había reunido media hora con Fidel Castro, ex alumno jesuita. Aunque tras la revolución no se entendió con la Iglesia. Pero no había recibido a los disidentes —como tampoco lo hicieron en sus visitas Juan Pablo II y Benedicto XVI—, acaso para evitar irritar al régimen, lo cual seguramente no habría redundado en un beneficio para los cubanos y probablemente sí perjudicado a la larga a los curas y monjas que se desempeñan en Cuba, siempre muy vigilados y en riesgo de ser expulsados. Otro cantar era para Francisco la visita a los Estados

Unidos. Por lo pronto, no todos los estadounidenses veían con buenos ojos el restablecimiento de relaciones con Cuba. Además, sus críticas a los excesos del capitalismo y su prédica en favor de los migrantes suscitaban resquemor. Al fin de cuentas, era un pontífice proveniente de Latinoamérica, donde capea el antinorteamercanismo. No obstante, las encuestas arrojaban que tenía mayoritariamente una buena imagen entre los estadounidenses.

Una prueba de fuego constituía para Francisco su paso por el Capitolio. Iba a convertirse en el primer pontífice en hablar allí. Arrancó con el pie derecho. Entró al recinto en medio de una ovación y comenzó su discurso con una frase del himno nacional —"en la tierra de los libres y en la patria de los valientes"— que suscitó expresiones de júbilo. Durante su exposición de poco más de media hora fue interrumpido por una veintena de aplausos, la mitad de ellos de pie y con aclamación, pese a haber abordado cuestiones sumamente controvertidas como el cambio climático y la pena de muerte, además de la problemática de la inmigración. Y pidió acabar con lo que calificó como "el vergonzoso" comercio de armas. Aunque los republicanos no aplaudieron todas sus definiciones. El presidente de la Cámara de Representantes, John Boehner, de fe católica, estuvo todo el tiempo emocionado. Incluso cuando el Papa —tras una breve recorrida por el Capitolio— saludó desde el balcón a los numerosos fieles que se habían congregado en las cercanías, se lo vio enjugarse las lágrimas.

La siguiente escala, Nueva York, tendría desde el comienzo toda la espectacularidad de la gran ciudad, con modernos helicópteros sobrevolando el aeropuerto John Kennedy, a donde arribó, mientras una orquesta de jazz interpretaba el clásico "New York, New York". Calles pobladas de gente esperando su paso y carteles con su imagen fueron el marco. Una misa en el Madison Square Garden con un impresionante despliegue musical sumó majestuosidad. Además, un recinto colmado presenció su discurso en las Naciones Unidas sobre los grandes dramas del mundo actual. Mientras que en la catedral de San Patricio abordó el flagelo de los abusos sexuales clericales. Su última escala fue Filadelfia, donde presidió una nueva edición del Encuentro Mundial de las Familias. Antes de emprender el regreso a Roma se reunión con el entonces vicepresidente Joe Biden y su extendida familia al poco tiempo de que este perdió un hijo debido a un cáncer. "Él nos proporcionó un gran consuelo", contaría Biden, que se convertiría en 2020 en el segundo presidente católico de Estados Unidos.

Los chisporroteos con los sectores más duros del partido republicano encabezados por Donald Trump no tardarían en llegar. En febrero del año siguiente, Francisco visitó México. En la etapa final del viaje realizó un gesto fuerte que, en verdad, inicialmente pensó hacerlo como cierre de la visita a Estados Unidos. Fue a Ciudad Juárez a rezar delante del "muro", la malla de acero que divide la frontera con la primera potencia mundial. Desde una elevación, junto a una gran cruz especialmente colocada, bendijo a los fieles ubicados a ambos lados y denunció el drama de los migrantes, víctimas —dijo— de mafias que "trafican con humanos". En la habitual rueda de prensa que ofreció en el vuelo de regreso a Roma, Jorge Bergoglio fue consultado sobre una de las propuestas de campaña de Trump, en aquel momento precandidato a la presidencia, que consistía en extender el muro para detener la inmigración ilegal. "Una persona que piensa solo en hacer muros, sea donde fuere, y no puentes, no es cristiana", respondió.

Con el paso del tiempo quedó claro que las críticas más potentes —abiertas o soterradas— a Francisco provienen de dirigentes e instituciones de los Estados Unidos y de medios y blogs muy conservadores. Aunque con un perfil más político que religioso, quizás el más relevante exponente norteamericano laico entre sus críticos sea el estratega de la campaña que depositó a Trump en la Casa Blanca, Steve Bannon, quien lo siguió asesorando políticamente en los primeros meses de su gestión hasta que el mandatario lo echó. No obstante, tras ser acusado de defraudar a donantes para la extensión del muro entre Estados Unidos y México, Trump lo indultó horas antes de dejar la presidencia.

Principal referente del movimiento soberanista The

Movement, Bannon le dijo en 2016 al líder del derechista partido italiano Liga del Norte, Matteo Salvini, que Francisco "es un enemigo" al cual debía "atacar frontalmente" para aglutinar a los sectores más conservadores y tener futuro político, según el diario británico *The Guardian*. Lo cierto es que Salvini —que llegó a ser durante poco más de un año ministro del Interior y hombre fuerte del Gobierno en una insólita alianza con la agrupación antisistema Cinco Estrellas— se convirtió, blandiendo el Rosario en mítines políticos, en un crítico de Francisco por sus posiciones a favor de la acogida a los refugiados.

Paralelamente, Bannon creó la Academia del Occidente Judeo-Cristiano para formar a políticos populistas, asociado al instituto católico italiano Dignitatis Humanae, al que adscribían dos cardenales, el norteamericano Raymond Burke y el italiano Renato Martino, que luego se distanciaron. Por "estar en el centro del universo de la política" eligió Italia como base y como sede a un antiguo monasterio cartujo ubicado en Trisulti, a 130 kilómetros de Roma al que accedió por licitación en 2016. Pero a comienzos de 2021 el Consejo de Estado italiano, ante una impugnación del proceso licitatorio del Ministerio de Cultura, revocó la concesión.

En el plano religioso acaso el principal y más evidente eje cuestionador lo constituyeron el mencionado Burke y otros tres cardenales, los alemanes Walter

Brandmüller y Joachim Meisner, y el italiano Carlo Cafarra, al enviarle en 2016 al Papa una carta en la que le pedían aclaraciones sobre su exhortación apostólica Amoris Laetitia. El documento había sido el fruto de dos sínodos acerca de la familia celebrados en el Vaticano en 2014 y 2015, que estuvieron precedidos por una amplia consulta a las iglesias de cada país. Específicamente, querían saber si había autorizado que se diera la comunión a los católicos separados en nueva unión, una moción que los participantes del sínodo sobre la familia aprobaron por más de los dos tercios requeridos y que Francisco asumió, aunque con ciertos requisitos.

Los cuatro cardenales le formulaban en el texto cinco preguntas en forma de "dubia" (dudas) a la que se apela en caso de que surja en la Iglesia un interrogante importante acerca de la fe o de su práctica. Aunque no lo decían abiertamente, era claro que estaban en contra de esa autorización porque consideraban que viola la indisolubilidad sacramental del vínculo matrimonial y convalida una convivencia pecaminosa. Ante la falta de respuesta, el cardenal Cafarra le dirigió un año después una nueva carta en nombre de los cuatro cardenales en la que volvían a pedir una clarificación en razón de la "situación de confusión y desconcierto, sobre todo en los pastores de almas". A su postura se terminó sumando otro cardenal, el alemán Gerard Müller, ex prefecto de la Congregación para la Doctrina de Fe entre 2012 y 2017.

Si de miembros del colegio cardenalicio se trata, otro purpurado que no se mostró en plena sintonía con Francisco es el africano Robert Sarah, prefecto de la Congregación para el Culto Divino y la Disciplina de los Sacramentos, quien ya en el comienzo del pontificado se resistió a que el argentino incluyera a mujeres en el lavatorio de pies del Jueves Santo. En enero de 2020 Sarah publicó un libro —que se presentó inicialmente en coautoría con Benedicto XVI, pero el Papa emérito negó haber participado en su redacción— en el que defendía con vehemencia el celibato, lo que fue considerado como un intento de presionar a Francisco para que no aprobara la ordenación sacerdotal de diáconos casados en aquellas regiones de gran escasez de sacerdotes.

—*Usted cuenta con unos cuantos críticos en la Iglesia. Incluso, podría calificarse a algunos de ellos como enemigos si se repara en la virulencia de sus cuestionamientos. ¿Cómo lo toma? ¿Cuánto le preocupa?*

—No me gusta hablar de enemigos, sino de resistencias. Y toda resistencia no siempre es por mala voluntad. A veces son posiciones honestas que nacen del corazón de personas que se sienten un poco desconcertadas ante determinadas propuestas. Una que desorienta mucho es mi primer documento, la exhortación apostólica Evangelii Gaudium. Pero, en verdad, es un "plagio", dicho estos entre comillas, de otra exhortación apostólica, Evangelii Nuntiandi, de Pablo VI, que conserva gran actualidad. La descripción que él allí hace de las virtudes y defectos de los evangelizadores nunca fue superada. Es gloriosa. Como también merece destacarse el coraje de decir que la misión esencial de la Iglesia, más aún su identidad, es evangelizar. Porque no era fácil decirlo. Es cierto que Juan XXIII tuvo resistencias, pero se lo tomaba un poco como el abuelo bueno que, por su edad avanzada, ejercería el papado por poco tiempo. En cambio, Pablo VI sufrió mucho. Las resistencias que tuvo Juan Pablo II no las conozco tanto, pero sí las que padeció Benedicto XVI cuando era cardenal. También él sufrió mucho. Repito: me gusta hablar de resistencias, producto de un modo de concebir, de enfrentar las situaciones. Entonces, ante una figura nueva que propone cosas que quizá no son habituales "se arma lío". A esto hay que sumar el factor "vientito del sur". Es decir, que venga un latinoamericano con la experiencia pastoral con la que se cuenta allá, distinta de la que se tiene en el hemisferio norte, y que empiece a hablar con toda naturalidad como lo hacía en su país, es algo que desconcierta mucho.

—*Las primeras "resistencias" —para usar su calificación— se debieron a definiciones suyas como la referida a los gays, de la que ya hablamos, pero también a actitudes en el ejercicio del pontificado...*

—De nuevo debo decir respecto de los gays que no dije otra cosa que lo que está en el Catecismo de la Iglesia católica. Allí se afirma que no deben ser discriminados.

Punto. Pero se presentó mi afirmación como una novedad. En todo caso, puede ser mi estilo lo que llame un poco la atención. Porque, como también ya les señalé, se me acusa de estar desacralizando la figura del Papa, incluso de ser un Papa "populachero" debido a que me gusta estar cerca de la gente como lo hacía en Buenos Aires. Esto me sale de adentro, no es una postura demagógica. No acaricio a un niño, a una anciana, para que digan: "¡Qué bueno es este Papa!". No voy a cambiar como pontífice mi personalidad de párroco y obispo. En fin, también genera resistencia que me quedé a vivir en Santa Marta y no haya ido al Palacio Apostólico. Que no me ponga todos los ornamentos porque me gusta un estilo más despojado, ni los pantalones blancos porque me sentiría en pijamas, ni los zapatos rojos porque uso ortopédicos. Ahora bien, hay dos tipos de resistencia. La de algunos que simplemente se sienten un poco avasallados frente a un modo de ser que puede desorientarlos, a quienes comprendo perfectamente. Y la de otros que tras experimentar el avasallamiento reaccionan afectados por el "virus" ideológico, a quienes me cuesta comprender porque soy de una antiideología visceral. No tolero las ideologías debido a que cierran la mente y a veces llegan al ridículo. En materia política terminan mal, terminan en dictaduras. Veamos la historia.

—*Algunos lo acusan de hacer política. O, para decirlo de otra manera, de estar politizando el Evangelio. ¿Qué les responde?*

—Que sí, que estoy haciendo política. Porque toda persona tiene que hacer política. El pueblo cristiano tiene que hacer política. Cuando leemos lo que decía Jesús comprobamos que hacía política. ¿Y qué es política? Un estilo de vida para la polis, para la ciudad. Lo que no hago, ni debe hacer la Iglesia, es política partidaria. Pero el Evangelio tiene una dimensión política, que es convertir la mentalidad social, incluso religiosa, de la gente. A los que dicen que estoy politizando el Evangelio les respondo volviendo a citar Mateo 25, que encierra el protocolo en base al cual seremos juzgados. "Porque tuve hambre y ustedes me dieron de comer; tuve sed y me dieron de beber; estaba de paso y me alojaron; desnudo y me vistieron; enfermo y me visitaron; preso y me vinieron a ver…". Cuando Jesús no entra en el juego de los fariseos por su moralina, ni en la provocación de los zelotes, ni en el desafío ateo de los saduceos, ni en el "misticismo" de los esenios, está haciendo política. O sea, le está diciendo al pueblo de Israel el ideal que deben abrazar. La ley es el cauce de la política. Cuando uno deforma la ley, deforma la política. Y Jesús trata de corregir eso. Cuando dicen que "el Papa en lo social es comunista" la respuesta es que no, que hay que leer lo que dice el Evangelio. Pido que lean las Bienaventuranzas. Que lean cómo Jesús se comportaba con la gente. Que comprueben que era un revolucionario en el mejor de los sentidos. Que, con el fin de curarlos, se acercaba a los leprosos cuando nadie lo hacía. Y actuaba con gran libertad.

—*En vísperas de su elección algunos cardenales quisieron conocer su opinión sobre la Teología de la Liberación, acaso temiendo que usted la suscribiera...*

—Yo estaba en contra de la interpretación marxista de la Teología de la Liberación porque la confundía con una interpretación ideológica de ella. Recordemos que la Congregación para la Doctrina de la Fe, cuyo prefecto era el entonces cardenal Ratzinger, advertía en 1984 "sobre las desviaciones y los riesgos de desviación, ruinosos para la fe y para la vida cristiana, que implican ciertas formas de teología de la liberación que recurren, de modo insuficientemente crítico, a conceptos tomados de diversas corrientes del pensamiento marxista". Pero también señalaba que esto "de ninguna manera debe interpretarse como una desautorización de todos aquellos que quieren responder generosamente y con auténtico espíritu evangélico a 'la opción preferencial por los pobres'". Cuando tomé cabal conciencia de la Iglesia como Pueblo de Dios comencé a abrazar lo que se llamó la Teología del Pueblo, cuyo principal diseñador fue el sacerdote argentino Lucio Gera. Se trata —en palabras del padre Juan Carlos Scannone, otro de sus gestores— de una teología con características de la Teología de la Liberación —su opción preferencial por los pobres—, pero con un análisis social, histórico y cultural a la luz del Evangelio, nunca usando categorías marxistas. Además, revaloriza la cultura y piedad populares, y la relación entre el Pueblo de Dios y los pueblos de la tierra a partir de la realidad latinoamericana de que los sectores populares son los que mejor guardan la cultura y la religiosidad propias del pueblo en su conjunto.

—*¿Acepta que por cuestionar al "capitalismo salvaje" está pagando con la oposición a su pontificado de algunos sectores políticos, económicos y académicos con poder?*

—En la vida todos tenemos que pagar. Debemos pagar por nuestros pecados. Todos somos pecadores y sería bueno que todos nos preguntáramos cómo podemos pagar el mal que hicimos por nuestras faltas. Pero también se paga por las consecuencias de actuar con justicia. La Biblia está llena de personas que tuvieron que pagar por ser coherentes. El ejemplo más hermoso es el de la viña de Nabot. Por ser coherente con la ley de Moisés y la tradición familiar y negarse a venderle su finca al rey termina apedreado tras ser acusado falsamente de haber blasfemado a Dios y al rey. Otro ejemplo que me viene a la mente es el pasaje de Susana, la esposa de Joaquín, cuando sufre un intento de extorsión basado en una acusación falsa de dos ancianos lujuriosos que querían propasarse con ella y se resiste a costa de poner en riesgo su vida en un juicio amañado, pero que finalmente se salva por la intervención de Daniel, inspirado por Dios. En el Antiguo Testamento queda claro que el enfrentar modos de actuar desviados de la Ley de Dios se paga. Por no hablar de Jesús. Pienso cuando se presentó en la sinagoga de Nazaret y reveló que era el enviado del Señor. Enseguida empezaron las murmuraciones y, si bien algunos lo aceptaron, muchos terminaron rechazándolo. Casi lo tiran de la cima de una colina. Al fin de cuentas, pagó con su vida su coherencia luego de que el pueblo compulsó acerca de quién se beneficiaría con el indulto: si Jesús o Barrabás, en una elección sin balotaje.

—*Hay quienes dicen que su posición tiene también costos pecuniarios porque provoca que algunos católicos de buena posición retaceen su ayuda económica a la Iglesia...*

—¡Bendito sea Dios de ser así! La ayuda económica uno la tiene que recibir si viene de una conciencia transparente. No digo de una conciencia santa. Si viene de un pecador arrepentido, de alguien que le pesa haber robado durante toda su vida —por poner un ejemplo simple, de una persona que en su comercio alteraba la balanza y en vez de un kilo entregaba 900 gramos— y quiere restituirlo mediante obras de caridad en beneficio de un cotolengo, de un asilo... Esa es una manera correcta de reparar. En esto no invento nada: está en los libros de moral. Pero si lo hace para tapar la boca... Si en mi caso me quiere acallar, si es con la condición de no hablar de un tema, de hacerme el distraído sobre algo inmoral, entonces no quiero ese dinero. Es dinero de la complicidad. Si lo acepto estoy recibiendo dinero sucio y me estoy ensuciando. Además, la Iglesia estaría entrando en un juego que la llevaría a perder la frescura evangélica y la libertad. Por otra parte, no debemos tener miedo de ser pobres. La primera de las Bienaventuranzas dice: "Bienaventurados los pobres en espíritu, pues de ellos es el reino de los cielos". Y las dos últimas: "Bienaventurados los perseguidos por causa de la justicia (…) cuando los insulten y persigan (…) porque la recompensa de ustedes en los cielos será grande…". Es decir, también debemos tener en cuenta que el ataque e incluso la persecución son parte de la vida evangélica.

—*En otras palabras, el dinero de aquellos donantes que sostienen criterios distintos del suyo nunca va a acallar su voz si considera que la economía no tiene como centro a la persona…*

—Personalmenteme cuido mucho de hacer favores que puedan comprometerme. Sí trato de ayudar. Procuro, por ejemplo, conseguirle trabajo al que le falta. ¿Pero cómo me lo retribuyen? Con un gesto, que es lo que más valor tiene. Cuando quieren hacer una donación suelo sugerirles que vayan a Cáritas, a un hospital de niños, al Ejército de Salvación o a cualquier otra institución de bien público. En la oración final después de la Última cena, Jesús habla contra el mundo y le pide al Padre que salve a los discípulos del mundo, que los libere. Leemos en el Evangelio de Juan: "Yo les comuniqué tu palabra y el mundo los odió porque ellos no son del mundo como tampoco yo soy del mundo. No te pido que los saques del mundo, sino que los preserves del Maligno". O sea, le pide que no caigan en la mundanidad, que considera una de las tentaciones más serias. No olvidemos que Jesús le otorga al dinero la categoría de "señor". Es al único que se la otorga. A tal punto que afirma que no se puede servir a dos señores: Al Señor, a Dios, y al "señor", dinero. Y que el señorío del dinero no corresponde. Suelo repetir lo que decía un Santo Padre: que es "el estiércol del diablo". Es el gran enemigo. Un enemigo administrado por gente porque evidentemente no se maneja solo, y con el que el Maligno nos puede tentar para que vendamos nuestra conciencia y seamos infieles.

—*¿Qué les dice a quienes lo acusan de haber cambiado la doctrina respecto de los católicos separados y en nueva unión?*

—¡Que no cambié nada! La doctrina sobre la indisolubilidad matrimonial sigue siendo la misma. En todo caso, lo que cambió es la disciplina pastoral. Objetivamente, el divorcio y la nueva unión es un mal, pero puede haber atenuantes. Esto no es subjetivismo, sino la justa consideración de la subjetividad humana, como dice el profesor Rocco Buttiglione [filósofo y politólogo italiano]. En la exhortación apostólica dejo en claro que me basé en la doctrina de Santo Tomás sobre los principios generales: "Cuanto más se desciende a lo particular, tanto más aumenta la indeterminación".

Juan Pablo II señalaba en Familiaris Consortio que los divorciados deben ser acogidos, integrados, acompañados en la Iglesia. A esto sumé el principio del discernimiento. Y dije que queda en manos de la autoridad eclesiástica el análisis de cada caso. Insisto: en Santo Tomás esta consideración aparece como moral general. Debemos salir de la moral de la casuística en el sentido de aplicar, sin más, un principio general a casos particulares, y debemos retomar el pensamiento moral de la Iglesia de su época más brillante. El capítulo donde me refiero a esta cuestión no solo fue revisado por los teólogos, sino también, letra por letra, por el cardenal Christoph Schönborn, un brillante tomista que fue secretario de la Congregación para la Doctrina de la Fe. Pero bueno… esto escandaliza a los que abrazan esa moral de la casuística. Y que me recuerda la letra de un tango: "¿Ha visto señora, qué poca vergüenza? ¡Vestirse de blanco, después que pecó!".

—*¿Hay entonces dogmatismo excesivo o sencillamente rigidez mental de parte de los prelados que no están de acuerdo? ¿Se siente en algún momento incomprendido?*

—Son personas muy respetables. Hay que mirar su historia, la formación que tuvieron y considerar que adscriben a una línea plasmada a lo largo de toda una vida. ¿Por qué los vamos a obligar ahora a cambiar su modo de pensar? Es cierto que hubo un cardenal —que no se contó entre los firmantes de la dubia— que aprobó durante el sínodo la propuesta del acceso a la comunión a los separados en nueva unión, pero luego cambió su postura. Por otra parte, hay otro también ajeno a ese grupo que no siempre está de acuerdo conmigo y me lo dice, pero agrega que va a obedecer porque el Papa es el Papa. Y donde está el Papa está Cristo. Eso sí, gracias a Dios no caí en el complejo de la incomprensión. Soy consciente de las dificultades y que no todos pueden pensar lo mismo, pero considero que hacerse el incomprendido es tremendo. Uno termina neurasténico…

—*Ahora bien, antes habló del sufrimiento de varios pontífices por "las resistencias". ¿Sufre también usted por las que les toca afrontar?*

—Ciertamente que sí. Hay días que lo paso mal porque siento pena, siento tristeza. Sin embargo, Dios es bueno y nunca me quitó el sueño. Pero sufro sobre todo por la Iglesia. Cuando digo "la Iglesia" no me refiero al clero, sino al santo pueblo fiel de Dios que sigue a Jesús. A mí no me interesa pasarlo bien como pastor y descuidar al rebaño. Pero… ¡cuidado con el obispo que no sufre! Y el Papa es un obispo. Porque nos falta lo mejor de un pastor que es sentir en la propia carne el dolor del rebaño. También sufro cuando percibo la presencia del espíritu del mal, por ejemplo que quiere que la Iglesia sea esclava de los poderes.

—*De todas maneras, parece moverse internamente con mucho cuidado, buscando un equilibrio…*

—Prefiero hablar de prudencia más que de equilibrio. La palabra equilibrio es demasiado mundana. La prudencia, en cambio, es una virtud. Es la virtud que debe tener el gobernante. Prudencia para no romper el cuerpo social. En mi caso porque, como dije, estamos en épocas cismáticas. Cuando cruzamos un arroyo apoyamos primero un pie y cuando sentimos que está firme buscamos con el otro dar el paso siguiente. Es que la vida es así. Crecemos de esa manera.

—*Al fin de cuentas, recibió una Iglesia con muchos problemas que implicaban desafíos no menores...*

—Mi programa de gobierno es ejecutar lo que los cardenales manifestaron en las congregaciones generales en vísperas del cónclave.

—*Revitalizar el anuncio del Evangelio, disminuir el centralismo vaticano, desterrar la pedofilia...*

—Y combatir la corrupción económica... Lamento si alguno no se dio cuenta de cómo iba a terminar esto.

14. La casa común, amenazada

La enorme sala Pablo VI, construida entre 1966 y 1971 según el diseño del arquitecto Pier Luigi Nervi —que los miércoles muy fríos o muy calurosos se colma de gente (seis mil trescientos de ellos cómodamente sentados) para participar de la audiencia general que brinda el Papa— llama la atención por sus formas modernas y por la impactante escultura *Resurrezione*, de Pericle Fazzini. Pero pocos reparan que su estupenda iluminación y su confortable climatización consumen energía solar. Es que en 2007 los paneles de hormigón del techo fueron sustituidos por paneles fotovoltaicos. Cuando la sala no se utiliza, esa energía es desviada a la red eléctrica del Vaticano, mientras que la instalación de paneles solares se va extendiendo a otros edificios del pequeño Estado. El mérito corresponde a Benedicto XVI, quien quería dar un ejemplo apelando a las energías renovables, preocupado por los daños medioambientales que estaban haciendo "especialmente insoportable la vida de los pobres en todo el mundo". Joseph Ratzinger levantaba una bandera que había empezado a enarbolar Juan Pablo II, quien apenas un año después de ser electo, en 1979, proclamó a San Francisco de Asís patrono del medioambiente. "Entre los santos y los hombres ilustres que han tenido un singular culto por la naturaleza, como magnífico don hecho por Dios a la humanidad, se incluye juntamente a San Francisco de Asís", decía en aquella ocasión el Papa polaco. Y completaba: "Él, en efecto, tuvo en gran aprecio las obras del Creador y, con su inspiración casi sobrenatural, compuso aquel bellísimo 'Cántico a las criaturas', a través del cual, especialmente del hermano Sol, la hermana Luna y las estrellas, rindió al Omnipotente y buen Señor la debida alabanza, gloria, honor y toda bendición".

Con la llegada al papado de Jorge Bergoglio el proceso de "conversión ecológica" —así empezaría a llamárselo— de la Santa Sede se profundizó. Desde la multiplicación de contenedores para depositar elementos plásticos en la Plaza de San Pedro, visitada anualmente por millones de personas, pasando por la creación de una isla ecológica —un ecocentro—, donde se depositan los residuos especiales (peligrosos o no peligrosos), hasta la supresión de los herbicidas y pesticidas que se usaban en los jardines y su reemplazo por productos orgánicos. Además de alcanzar altos porcentajes de recolección selectiva de residuos indiferenciados, el

Estado de la Ciudad del Vaticano se convirtió a fines de 2019 en "libre de plástico" al poner fin a la adquisición y venta de plástico desechable. En el marco de la Convención sobre el cambio climático que se realizó en Glaswow, Escocia, en 2021, Francisco le envió una carta al presidente del encuentro, Alok Sharma, en la que se compromete a que la Ciudad del Vaticano reduzca a cero sus emisiones de carbón antes de 2050. Por lo pronto, al año siguiente comenzó un plan de trabajo con el propósito de alcanzar ese objetivo en la basílica de San Pedro para el Jubileo de 2025. También se compromete a promover una educación en ecología integral, especialmente entre los jóvenes, para "favorecer un modelo cultural de desarrollo y sostenibilidad" centrado en el criterio de una "ecología integral" que desde la cosmovisión cristiana implica una armonía no solo del hombre con la naturaleza, sino también con su Creador y consigo mismo.

Hubo que hacer un gran esfuerzo para cambiar "la mentalidad" del personal e incluso capacitar a quienes tienen una competencia directa en esta problemática, le dijo el responsable del Servicio de Jardinería y Limpieza Urbana del Vaticano, Rafael Ignacio Tornini, al Vatican News, el sitio de noticias de la Santa Sede. Tornini reveló durante la entrevista que "el secreto" para avanzar decididamente en esa dirección fue asumir con seriedad la marcada preocupación de Francisco por el cuidado de la "Casa Común", cuya máxima expresión fue la primera encíclica social sobre el medio ambiente de la historia: Laudato Si' (Alabado Seas) —nombre tomado del poema del Poverello de Asís—, publicada en 2015. "Si nosotros no somos los primeros en hacernos eco... ¿quién?". Lo cierto es que el documento papal no solo fue un valioso aporte para una mayor conciencia ecológica de los católicos, sino que también constituyó un espaldarazo para quienes se esfuerzan por detener el grave deterioro del planeta.

El disparador —cuenta Francisco— fue un comentario sobre la situación medioambiental que le escuchó al patriarca de la Iglesia ortodoxa de Constantinopla, Bartolomé I, un clérigo de estrecha relación con el pontífice que se caracteriza por su enorme preocupación por el medioambiente. El pastor ortodoxo había afirmado que "la crisis ecológica tiene raíces espirituales y morales" y que, por lo tanto, es necesaria "una transformación espiritual de los seres humanos y de sus actitudes y conductas en relación a la creación". Por eso, dijo que para enfrentarla se requiere "de la convergencia de las religiones, la ciencia y la tecnología, de todos los sectores y organizaciones sociales, además de todas las personas de buena voluntad".

Francisco intuyó que algo relevante debía hacer ante la degradación del planeta y la falta de acciones suficientes en la comunidad internacional —incluso frente a quienes se resisten a tomar medidas y hasta niegan la crisis—, que están llevando a una catástrofe en las próximas décadas. Se le ocurrió entonces una encíclica que partiera de la premisa de que todo cambio verdadero y perdurable comienza en la actitud de cada persona. De todas formas, realizó algunas consultas que le confirmaron la necesidad de avanzar con esa idea. "Entonces nombré a un coordinador con el que conformamos una lista de expertos a los que pedirles datos concretos, no hipótesis, que nadie pueda discutir", narra Francisco. Agrega que luego "el coordinador con un grupo condensaron y ordenaron todo lo recibido, e identificaron los problemas ecológicos. Después, el informe pasó por un equipo de teólogos. Surgió así un primer dossier que fue sometido a una depuración. Finalmente, tomé el texto con los datos y la reflexión teológica y redacté la encíclica".

En plena elaboración se suscitó un episodio que llevó a Francisco a acelerar su redacción. Fue durante la visita que efectuó en noviembre de 2014 a la ciudad francesa de Estrasburgo para hablar ante el Parlamento Europeo y el Consejo de Europa. Como el viaje era de unas pocas horas no lo pudo recibir el entonces presidente François Hollande y su lugar fue ocupado por la ministra de Mediambiente, Ségolène Royal. En el breve intercambio, Royal le preguntó si era cierto el trascendido de que estaba preparando la encíclica. Al obtener la confirmación se le iluminaron los ojos y, sin más, lo interpeló: "¿Usted sabe que a fines del año que viene se hará en París la Conferencia sobre Cambio Climático?

¿Por qué se lo pregunto? Porque sería muy importante que se publicara antes dado que la voz de la Iglesia pesa mucho". Francisco pareció dudar de si estaba en condiciones de llegar a tiempo. Royal entonces reforzó su pedido: "Por favor, haga un esfuerzo". El Papa regresó a Roma convencido de que debía apurar el proceso. El 24 de mayo siguiente —seis meses después de aquella recomendación— firmaba Laudato Si' y al mes siguiente era presentada en el Vaticano, entre otros, por el presidente del entonces Consejo de Justicia y Paz, cardenal Peter Turkson, y el metropolitano de Pérgamo, John Zizioulas, en representación de la Iglesia ortodoxa de Constantinopla (lo que conllevaba un reconocimiento del Papa a Bartolomé I). La cumbre climática de París estableció medidas para la reducción de las emisiones de Gases de Efecto Invernadero (GEI), pero varios países industrializados no las acataron y el presidente norteamericano Donald Trump —cumpliendo una promesa de campaña— se retiró del acuerdo en 2017.

Más allá de las defecciones en torno al Acuerdo de París, Laudato Si' gatilló un proceso que ni el propio Francisco imaginaba, como él mismo reconoce. No solo porque, a diferencia de otros documentos papales, no está dirigido únicamente a los católicos, sino a toda persona de buena voluntad. También, porque conlleva una concepción integral de la ecología que implica que "no hay dos crisis separadas: una ambiental y otra social". Y porque tuvo implicancias políticas que aún perduran. Es que para observadores especializados favorece bloques y alianzas entre países europeos y emergentes, particularmente de cara a los objetivos globales que los líderes mundiales fijaron en 2015 para los siguientes quince años con vistas a erradicar la pobreza, proteger el planeta y asegurar la prosperidad para todos en el marco de una nueva agenda de desarrollo sostenible. Un esfuerzo en el que cada uno —gobiernos, sector privado, sociedad civil— deben hacer su parte para llegar a 2030 con un mundo más vivible.

Pero el Papa no se movió en un lecho de rosas. Desde que trascendió que estaba preparando la encíclica, sobre todo las grandes industrias carboneras de los Estados Unidos y algunas de las petroleras comenzaron a atacarlo, aunque de manera subrepticia. Y tres días antes de la difusión de la encíclica, el semanario italiano *L'Espresso* filtró una versión del texto que algunos vieron como un intento de sectores que la resistían de debilitar el impacto del mensaje y que causó gran malestar en el Vaticano. Por caso, la filtración provocó que Jeb Bush —por entonces precandidato a la presidencia de Estados Unidos— declarara: "No voy a dejar que me dicten la política económica mis obispos, mis cardenales o mi Papa. Es una arrogancia sostener que con relación a los cambios climáticos exista una ciencia exacta". El conservador canal de TV Fox News fue más allá al afirmar que Francisco es el hombre "más peligroso del planeta".

—*La encíclica parece haber irrumpido en el momento*

justo en que se acelera el deterioro medioambiental y se multiplican las voces que abogan para detenerlo...

—Siento que fue una inspiración de Dios. Pero quiero aclarar que no es una "encíclica verde" como algunos superficialmente se apuraron a calificarla, sino una encíclica social porque coloco la preservación del medioambiente en una dimensión mayor. Allí digo que "el ambiente humano y el ambiente natural se degradan juntos, y que no podremos afrontar adecuadamente la degradación ambiental si no prestamos atención a las causas que tienen que ver con la degradación humana y social". De hecho —al igual que manifestaba Benedicto XVI—, señalo que el deterioro del ambiente y el de la sociedad afectan de un modo especial a los más débiles del planeta. Ejemplifico que "cuando no se reconoce en la realidad misma el valor del pobre, de un embrión humano, de una persona con discapacidad, difícilmente se escucharán los gritos de la misma naturaleza. Todo está conectado". Es cierto que nos compete a todos el cuidado de nuestra Casa Común, pero los hombres y mujeres de fe estamos especialmente impelidos porque no solo sabemos que no somos dioses, sino también que "la tierra nos precede y nos ha sido dada" por el Señor. Afirmo, en fin, que "todo el universo material es un lenguaje del amor de Dios, de su desmesurado cariño hacia nosotros. El suelo, el agua, las montañas, todo es caricia de Dios". Más aún: digo que "la naturaleza está llena de palabras de amor", pero pregunto "¿cómo podremos escucharla en medio del ruido constante, de la distracción permanente y ansiosa, o del culto a la apariencia?". Concluyo que "una ecología integral implica dedicar algo de nuestro tiempo para recuperar la serena armonía con la creación, para reflexionar acerca de nuestro estilo de vida y nuestros ideales, para contemplar al Creador, que vive entre nosotros y en lo que nos rodea, cuya presencia no debe ser fabricada, sino descubierta, develada".

—*Además de las consideraciones humanas y religiosas, usted traza un severo diagnóstico que constituye un fuerte alegato. ¿No teme que algunos lo acusen de abrazar una posición apocalíptica?*

—Para nada. Nos estamos suicidando. Estamos matando la Casa Común. Hemos creado una emergencia climática que amenaza seriamente la naturaleza y la vida, incluida la nuestra. Una amenaza que creció porque es evidente que la degradación aumentó en las últimas décadas. En el mensaje para la Jornada Mundial de Oración por el Cuidado de la Creación de 2019 sintetizaba que "la contaminación constante, el uso incesante de combustibles fósiles, la intensiva explotación agrícola, la práctica de arrasar los bosques están elevando las temperaturas globales a niveles alarmantes. El aumento en la intensidad y frecuencia de fenómenos climáticos extremos —huracanes e inundaciones, por caso— y la desertificación del suelo están poniendo a dura prueba a los más vulnerables entre nosotros. El derretimiento de los glaciares, la escasez de agua, el descuido de las cuencas y la considerable presencia de plásticos y microplásticos en los océanos son hechos igualmente preocupantes, que confirman la urgencia de intervenciones que no pueden posponerse más". Por eso, decía que "los gobiernos tendrán la tarea de mostrar la voluntad política de acelerar drásticamente las medidas para alcanzar lo antes posible cero emisiones netas de gases de efecto invernadero y contener el aumento medio de la temperatura global en 1,5° C frente a los niveles preindustriales, siguiendo los objetivos del Acuerdo de París". Podría agregar, entre otras cosas, que cada año desaparecen para siempre miles de especies vegetales y animales. En definitiva, como advertía al final del mensaje, "la respuesta humana al regalo de la creación ha sido marcada por el pecado, por la codicia de poseer y explotar. Egoísmos e intereses han hecho de ella un teatro de rivalidad y enfrentamientos".

—*Con su postura toca intereses muy importantes de gobiernos y grandes corporaciones y también en esto suma enemigos o, como usted prefiere decir, provoca resistencias...*

—La vida también es enfrentar resistencias. Y no podemos mirar para otro lado ante las acechanzas que sufre la naturaleza y los datos serios que lo advierten. Además, cotidianamente tenemos indicios que deberían hacernos reflexionar. Hace un tiempo recibí a los capellanes de mar que vinieron con unos pescadores y un grupo de ellos me dijo que en el lapso de un año recogieron con su barca no sé cuántas toneladas de plástico. Otra persona me contó que tenía una enfermedad rara. ¿Nos preguntamos por qué se originan las enfermedades raras? ¿Por verdura contaminada con pesticidas? ¿No nos estamos intoxicando con los alimentos transgénicos? Hay médicos que les recomiendan a las madres no darles de comer pollo a sus hijos hasta cierta edad debido a la manera en que las aves son engordadas. ¿Produce cáncer el campo magnético que generan los cables de alta tensión? Mientras los científicos debaten estas cuestiones no deberíamos exponer a la gente a probables riesgos. No obstante, hay que reaccionar con prudencia. En 2018 hablé al final de un seminario que organizó la Pontificia Academia de Ciencias con productores y elaboradores de petróleo y sus derivados de todo el mundo dedicado a analizar su impacto ecológico. Tras escucharme, uno de los participantes me dijo que entonces era urgente comenzar a fabricar a gran escala autos eléctricos, autos de hidrógeno. Pero le respondí que los cambios deben hacerse con cuidado para no producir un descalabro. Medidas drásticas pueden provocar efectos no deseados como las tensiones sociales que causó la Revolución industrial con la invención de la máquina a vapor y el motor, más allá de sus enormes beneficios. De hecho, el lema del seminario era "Transición Energética y Cuidado de Nuestra Casa Común".

—*De todas maneras, el escollo principal parece ser*

la negativa de los principales países contaminantes a to-
mar medidas, en un contexto mundial de insuficiencia
de liderazgos...

—Diría más: hubo países que firmaron el Acuerdo de París y luego se echaron atrás. Es cierto, además, que estamos escasos de liderazgos. Con motivo de los sesenta años de la firma del Tratado de Roma vinieron en 2017 al Vaticano los presidentes o jefes de Gobierno de los veintisiete países que integran la Unión Europea. En esa ocasión recordé a los visionarios que la gestaron. "Después de los años oscuros y sangrientos de la Segunda Guerra Mundial —dije—, los líderes de la época tuvieron fe en las posibilidades de un futuro mejor, no pecaron de falta de audacia y no actuaron demasiado tarde". Señalé que "en un mundo que conocía bien el drama de los muros y de las divisiones, se tenía muy clara la importancia de trabajar por una Europa unida y abierta, y de esforzarse todos juntos por eliminar esa barrera artificial que, desde el Mar Báltico hasta el Adriático, dividía el continente. ¡Cuánto se ha luchado para derribar ese muro! Sin embargo —subrayé—, hoy se ha perdido la memoria de ese esfuerzo. Se ha perdido también la conciencia del drama de las familias separadas, de la pobreza y la miseria que provocó aquella división. Allí donde desde hacía generaciones se aspiraba a ver caer los signos de una enemistad forzada, ahora se discute sobre cómo dejar fuera los 'peligros' de nuestro tiempo, comenzando por la larga columna de mujeres, hombres y niños que huyen de la guerra y la pobreza". Nos cansamos de los visionarios, de los padres de Europa que hicieron una cosa muy seria, más allá de que después la gestión no fue perfecta. Ahora, resurgen los soberanismos, los populismos precisamente por otro egoísmo —como también decía— "que nos encierra en un círculo estrecho y asfixiante y no nos permite superar la estrechez de nuestros propios pensamientos, ni mirar más allá".

—*Sin embargo, hay quienes le achacan no prestarle mucha atención a Europa, principalmente porque no visitó países de gran tradición católica.*

—No es verdad que no le presto mucha atención a Europa. En 2014 fui a Estrasburgo para hablar ante el Parlamento Europeo y el Consejo de Europa. Cuando en 2016 me dijeron que me iban a otorgar el premio Carlomagno que se entrega a quienes aportaron a una Europa unida lo rechacé porque nunca acepto premios. No es una cuestión de valoración. No me gusta y punto. Y no juzgo a quienes los reciben. Pero volvieron a verme para insistir. Me dijeron que Europa necesitaba una palabra fuerte mía para fortalecer la unidad. Entonces acepté y les dije que iba a ir a Alemania para recibirlo, pero me propusieron que el acto fuese en el Vaticano y con la presencia del rey de España y de todos los presidentes y jefes de Estado de la Unión Europea. Así sucedió y los cuatro que me precedieron en los discursos fueron más severos que yo. Al año siguiente se realizó, como ya conté, el encuentro por el aniversario del Tratado de Roma. Pero lamentablemente después ocurrió el Brexit. Es evidente que a Europa, maestra en integración desde hace más de medio siglo, se le fue un poco de las manos todo esto. Por eso les dije en una ocasión a los periodistas que debe ser creativa, debe repensarse. No dejo de considerar que es un drama enorme que se haya perdido la memoria de la Segunda Guerra Mundial. Cuando observaba una conmemoración del desembarco en Normandía por parte de los mandatarios de los países que participaron de la conflagración pensaba que deberían estar llorando. Solo allí murieron casi 30 mil personas. Una guerra es fruto de locuras. Es cierto que para Europa fue defensiva. Pero después los ganadores no siempre estuvieron a la altura de las circunstancias, no siempre fueron coherentes con los ideales por los cuales lucharon.

—*¿Y qué nos puede decir acerca de no haber visitado los países de gran tradición católica?*

—Ante todo, quiero insistir en que considero que en poco tiempo hablé mucho sobre Europa. Están los cuatro discursos que mencioné antes. Además, muchos mandatarios vienen a verme o converso telefónicamente con frecuencia con ellos. En definitiva, tengo una relación fluida con Europa que no depende de si visité o no tal o cual país. Ahora bien: es cierto que no visité países grandes y con gran tradición católica. Mi primer viaje dentro de Europa fue en 2014 a Albania. Ya dije que también estuve ese año en Estrasburgo, pero no visité propiamente Francia. En 2015 fui a Bosnia y Herzegovina. En 2016 tampoco efectué una visita a Grecia, sino específicamente a la isla de Lesbos para encontrarme con refugiados. Y a Polonia, con motivo de la Jornada Mundial de la Juventud. Luego, a la ciudad sueca de Lund a raíz de conmemorarse los 500 años de la Reforma protestante. En 2017 fui al santuario de Fátima, en Portugal. En 2018, a Ginebra para participar del 70 aniversario del Consejo Mundial de Iglesias, y a Dublín para presidir el Encuentro Mundial de las Familias. También, a Lituania, Letonia y Estonia. En 2019, a Macedonia del Norte y Bulgaria, y luego a Rumania. En 2021 estuve en Hungría y Eslovaquia, y finalmente en Chipre y Grecia.

—*¿Y por qué no va a los países centrales? ¿O se explica por su conocida preferencia por "las periferias geográficas"?*

—Cuando un periodista me preguntó en el vuelo de regreso por qué comencé por Albania respondí que la elección conllevaba un mensaje. Luego en el viaje de vuelta de Corea expliqué que fui por dos motivos importantes. Primero, porque lograron (¡recordemos la guerra de los Balcanes!) hacer un gobierno de unidad nacional entre islámicos, ortodoxos y católicos, con un consejo interreligioso que ayuda mucho y que es equilibrado. Y esto va bien, es armónico. La presencia del Papa fue para decir a todos los pueblos: "¡Se puede trabajar juntos!". Lo sentí como si fuera una verdadera ayuda para ese noble pueblo. Y segundo, porque padeció la crueldad del régimen comunista, que allí fue terrible. En materia religiosa, Albania fue el único de los países comunistas que en su Constitución tenía el ateísmo práctico. Ir a una misa era anticonstitucional. Me decía uno de los ministros que fueron destruidas en esa época —quiero ser preciso con la cifra— 1820 iglesias. ¡Destruidas! Ortodoxas, católicas. Otras fueron transformadas en cines, teatros, salas de baile… Sentí que tenía que ir, estar cerca siquiera un día…. Conclusión: prefiero visitar lugares donde puedo ser más útil, sea solidarizándome, sea alentando procesos que —como en el caso de Albania— son un ejemplo para el mundo.

—*Pero países grandes de Europa Occidental que fueron bastiones del cristianismo están sufriendo una pérdida enorme de fieles…*

—Sí y no. No niego que hay una crisis. Pero también existe un cristianismo de base importante y una religiosidad que está un poco tapada. Constato jóvenes con fe que desmienten generalizaciones de que las nuevas generaciones europeas no son religiosas. Un fraile de Loreto organizó un encuentro de chicas y muchachos, me dijo que querían hablar conmigo y, como yo no podía ir, vinieron acá. Eran unos trescientos. Me parece una señal. El problema de Europa Occidental es que sus habitantes no están teniendo hijos. En Italia los nacimientos son menos que las defunciones. En Francia repuntó la natalidad porque gobiernos recientes decidieron apoyar económicamente a los matrimonios que quieren tener hijos. Es obvio que si Europa no tiene hijos se va a vaciar. Otro problema es lo extendido que está el secularismo, una ideología que busca marginar lo religioso de la vida de la sociedad. Se trata de un fenómeno que debemos diferenciar de la secularización, un proceso social que propugna una saludable autonomía de lo temporal.

—*En términos políticos acaso equivaldría a una diferencia entre la laicidad y el laicismo, que usted ya señaló.*

—El caso francés es emblemático. Tengo una excelente relación con Francia, pero precisamente la traiciona mucho su concepto de laicidad. Ya les dije que un Estado tiene que ser laico porque los estados confesionales terminan mal. Pero cada religión debe poder expresar públicamente sus creencias. El respeto por los derechos humanos implica respeto por la trascendencia de la persona, que mayoritariamente se expresa de modo religioso. En Francia todavía algunos sectores cargan con una laicidad que viene de la Ilustración que, en el fondo, considera a las religiones como una subcultura. Por caso, no puede haber ninguna imagen religiosa en un lugar público. En definitiva, es un criterio que suprime lo religioso como valor. A la laicidad francesa le falta dar un paso más con una buena ley en materia religiosa que reconozca que las religiones son parte de la manifestación humana hacia la trascendencia. Lo cual, reitero, no quiere decir que el Estado sea religioso. Esto vale también para otros países como México, que tiene un concepto parecido.

—*¿Qué considera que está detrás del secularismo y del laicismo?*

—Creo que detrás está la mundanidad. ¿Y qué es la mundanidad? Una propuesta de vida con valores superficiales. Es una cultura de lo efímero, de la apariencia, del maquillaje, una cultura del hoy sí y mañana no, que no reconoce la fidelidad porque cambia según las circunstancias y negocia todo. Termina en el "todo vale". En fin, es una cultura de lo descartable. Y que, por supuesto, rechaza lo religioso. No tolera el escándalo de la cruz de Cristo. Cuidado: es algo muy profundo que penetra el espíritu del mundo. Un modo de vivir que también abarca a muchos que se dicen cristianos.

—*Es muy duro lo que está diciendo...*

—Es duro, sí. Pero no puedo dejar de mencionarlo con todas las letras porque la mundanidad, en mi opinión, está detrás de muchas calamidades, como precisamente el deterioro del medioambiente, y hasta es sembradora de guerras.

15. De templos y mercaderes

La tercera y última parte de *El padrino*, la célebre saga fílmica de Francis Ford Coppola, estrenada en 1990, terminó de instalar popularmente las sospechas en torno a manejos económicos espurios en el Vaticano. El largometraje podría haber quedado ceñido a una estupenda ficción de no ser porque se inspiraba en una mezcla de hechos reales y suposiciones que, unos años antes, habían ganado las primeras planas de los diarios del mundo y afectado gravemente la imagen de la Santa Sede. Recreaba con amplias licencias narrativas y nombres cambiados una sórdida historia en la que se mezclaban la mafia italiana, una logia masónica y un prominente miembro de la Iglesia: el arzobispo norteamericano Paul Marcinkus, por entonces director del Instituto de Obras de Religión (IOR), más conocido como el banco vaticano. Las crónicas de la época —a comienzos de la década del 80— daban cuenta de que

Michel Sindona —presidente de Banca Privada y sospechado de tener lazos con la mafia italiana— formuló una grave acusación ante la justicia italiana al quebrar su entidad crediticia. Sindona acusó a monseñor Marcinkus y a Roberto Calvi —presidente del Banco Ambrosiano y miembro de la logia masónica P2 (a quienes dijo que había presentado)— de involucrarse con él en operaciones financieras consideradas de alto riesgo, que precipitaron la quiebra en 1982, en lo que se consideró el mayor fraude de la banca privada italiana. Rodeada de un sinnúmero de entretelones esta historia tuvo un impactante final: Calvi terminó huyendo y su cadáver apareció colgado bajo un puente de Londres, con los bolsillos repletos de ladrillos, en lo que se interpretó como un asesinato mafioso. Sindona murió en prisión envenenado con cianuro en su café mientras cumplía una pena a prisión perpetua por haber ordenado el asesinato del abogado liquidador de su banco. Marcinkus fue requerido por la justicia, pero el Vaticano desestimó las acusaciones y apeló a su inmunidad diplomática como ciudadano del pequeño Estado. Finalmente, la Santa Sede pagó decenas de millones de dólares a los bancos acreedores del Ambrosiano en concepto de "contribución voluntaria" por considerar que solo tuvo una responsabilidad moral en el defalco. Como si faltara algún condimento a tantas intrigas, por aquellos años surgieron especulaciones que atribuían la súbita muerte de Juan Pablo I apenas treinta y tres días después de ser elegido —el 28 de setiembre de 1978— a su supuesto envenenamiento porque presuntamente quería hacer una limpieza a fondo de las finanzas vaticanas. El filme de Coppola contribuyó al clima de sospecha, al optar —siempre con muchas licencias— por la hipótesis de una muerte procurada.

Aunque no con la dimensión y los ribetes del escándalo que involucró a Sindona, Calvi y Marcinkus, los estallidos de reales o presuntos manejos financieros dolosos de funcionarios del Vaticano continuaron. En 2003 la Corte Suprema de Casación italiana confirmó la supervisión del IOR por parte del Banco de Italia. En 2010, la Fiscalía de Roma incautó 23 millones de euros del banco vaticano por transferencias sospechadas de blanqueo de dinero y comenzó a investigar a su presidente, Ettore Gotti Tedeschi, y su director, Paolo Cipriani. Si bien Gotti Tedeschi fue cesanteado dos años después, la Santa Sede aclaró que ello no se debió a "una presunta oposición a la línea de transparencia" trazada por los dos últimos pontífices, sino a cuestionamientos técnicos de su gestión. En 2014 la justicia lo declararía inocente. En cambio, Cipriani y su segundo, Massimo Tulli, serían condenados a cuatro meses de cárcel en suspenso por blanqueo de dinero y, más tarde, a indemnizar al IOR por las pérdidas causadas por su mala gestión. 2012 fue un año difícil para Benedicto XVI. No solo porque la salida de Gotti Tedeschi sonó intempestiva y fue estrepitosa debido a que el banquero adjudicó su apartamiento a la presión de funcionarios vaticanos que supuestamente se oponían a que realizara una limpieza de las cuentas del banco, en una implícita alusión a que había depositado dinero de la mafia y de la corrupción italianas. También, porque elaboró un voluminoso informe sobre su actuación que debía ser entregado a un amigo, un abogado, un periodista y al propio Papa "en caso de sufrir un accidente". Además, ese año se produjo el llamado Vatileaks, el robo de documentos del escritorio de Benedicto XVI por parte de su mayordomo, Paolo Gabriele, que daban cuenta de manejos corruptos y pujas de poder dentro del pequeño Estado. Gabriele fue condenado a 18 meses de prisión y luego indultado por el pontífice. Entre las filtraciones se contaba un paper en el que el entonces secretario general de la Gobernación de la Ciudad del Vaticano, el polémico monseñor Carlo Maria Viganò, denunciaba corrupción en las licitaciones de su organismo. Esos episodios llevaron a Benedicto XVI a crear una comisión investigadora integrada por tres cardenales y habrían robustecido su impresión de que hacía falta encarar con nuevos bríos un saneamiento interno, lo que para muchos observadores contribuyó a que al año siguiente presentara su histórica renuncia.

En los debates previos a la elección del sucesor de Joseph Ratzinger (las congregaciones generales) la cuestión de las finanzas vaticanas fue tratada de un modo descarnado por los cardenales. Quedó clarísimo que el sucesor de Benedicto XVI debía profundizar el proceso de transparencia que se le reconocía al Papa alemán haber iniciado (entre otras acciones, promulgó una ley para prevenir el lavado de dinero). Consciente de la gravedad del problema y en línea con el anhelo de los purpurados, Francisco se abocó inmediatamente a contar con un diagnóstico —su antecesor le entregó el informe de los tres cardenales (por cierto, voluminoso)— y comenzó a delinear nuevas medidas. Por lo pronto, la situación que enfrentaba —más allá de resistencias atávicas— era compleja debido a la diversidad de organismos que administran importantes flujos de dinero. Entre los más importantes se cuenta el IOR, fundado en 1942 por el papa Pío XII para el depósito de los recursos de la Santa Sede y de personas físicas o jurídicas dedicadas a actividades religiosas o caritativas. Aunque no tiene fines de lucro, sí la obligación de mantener su capitalización para lo cual hace determinadas inversiones. Con poco más de 18.000 cuentas, actualmente alrededor de 5000 pertenecen a instituciones católicas (son las dueñas del 80 % de los fondos depositados) y el resto son de religiosos y empleados del Vaticano. También sobresale la Administración del Patrimonio de la Santa Sede (APSA), que gestiona sus numerosos bienes inmobiliarios (viviendas, oficinas y locales comerciales ubicados mayormente en Roma y Castel Gandolfo). Y la Gobernación, que administra el funcionamiento del Vaticano. El total de empleados ascendía en 2019 a 4618. Debe tenerse en cuenta, además, que el Papa encabeza dos entidades distintas: la Ciudad del Vaticano —de la cual es el jefe de Estado—, cuyos fondos provienen principalmente de los ingresos por turismo (por caso, de las entradas a los Museos Vaticanos). Y la Santa Sede, que se ocupa de los 1300 millones de fieles, que se sostiene mayormente con donaciones y colectas en las diócesis de todo el mundo. En 2019 el patrimonio neto de la Santa Sede era de 1402 millones de euros y el total, considerando el de la Ciudad del Vaticano, ascendía a unos 4000 millones de euros. El balance consolidado correspondiente a 2020 de la Santa Sede —que no incluye la Gobernación y el IOR, entre muchos otros entes— arrojó un déficit de 66,3 millones de euros —mayor que el del año anterior, de 11 millones—, aunque un poco mejor que el mejor escenario previsto, de 68 millones de euros (el peor era de 146 millones de euros) teniendo en cuenta los daños económicos de la pandemia.

Pero la realidad no le dio tregua a Francisco. A fines de junio —solo tres meses después de asumir— sobrevino el primer escándalo económico durante su pontificado. Nada menos que quien era el titular de la APSA, monseñor Nunzio Scarano, fue arrestado por la policía italiana cuando intentaba introducir de Suiza a Italia 20 millones de euros en efectivo en un avión privado con el objetivo de depositarlos en el IOR, siendo acusado de lavado de dinero y malversación de fondos. Francisco le quitó toda prerrogativa por ser ciudadano del Vaticano, puso a sus organismos a disposición de la justicia peninsular y a las 48 horas destituyó al director general del IOR, que era Cipriani, y a su segundo, Tulli. Un mes más tarde creó la Comisión de Estudio y Dirección sobre los Entes Económicos y Administrativos de la Santa Sede (Cosea) para supervisar la transparencia de los organismos con manejo de dinero. Al frente designó a un español, monseñor Lucio Vallejo Balda, quien —a pedido de este— fue secundado por la relacionista pública Francesca Chaouqui. Poco después dispuso que la auditora Ernst & Young —una de las cuatro más importantes del mundo— se ocupara de "la comprobación y el asesoramiento de las actividades económicas y los procesos de gestión" de la Gobernación. Además, aprobó el nuevo estatuto de la Autoridad de Información Financiera (AIF) del Vaticano, que debe vigilar, prevenir y contrarrestar movimientos de dinero eventualmente ilícitos, en línea con los estándares financieros internacionales. En octubre el banco vaticano difundió por primera vez en su historia su balance correspondiente al año anterior. Simultáneamente, tras una minuciosa revisión de sus por entonces 19.000 cuentas iniciada durante el último año del papado de Benedicto XVI, dispuso el cierre de más de 900 por considerarlas no adecuadas para el perfil de la institución. Entre ellas se contaron las de las embajadas de países acreditados ante la Santa Sede (de un total de 180 sedes diplomáticas, una veintena tiene cuentas). Según trascendió, el cierre se decidió tras verificarse el depósito y posterior retiro de elevadas sumas de dinero por parte de diplomáticos de Irán, Irak e Indonesia (unos 500 mil euros por vez) que dieron explicaciones muy vagas sobre esos movimientos. La cuenta de la embajada siria ya había sido cerrada por los mismos motivos.

2014

Al comenzar 2014 Francisco instituyó la estratégica Secretaría para la Economía del Vaticano, con competencia sobre la gestión económica de todos los organismos, y nombró al frente al cardenal australiano George Pell, quien pasó a ser definido por la prensa como el "superministro" de finanzas. Además, creó un Consejo de Asuntos Económicos conformado por quince miembros —ocho eclesiásticos y siete laicos— con el fin de guiar su trabajo. En abril, el pontífice tuvo un disgusto al enterarse de que con ocasión de la canonización de Juan XXIII y Juan Pablo II se organizó en la terraza de la prefectura de Asuntos Económicos —que permite tener una vista privilegiada de la Plaza de San Pedro— una suerte de VIP para que ciento cincuenta personalidades italianas siguieran la ceremonia, que incluyó un opíparo buffet y que demandó 18 mil euros pagados por dos empresas. En agosto, el Vaticano promulgó las Líneas Orientadoras para la Gestión de los Bienes en los Institutos de Vida Consagrada y en las Sociedades de Vida Apostólica con el fin de asegurar la corrección y transparencia en la administración y disposición del patrimonio de las numerosas órdenes y congregaciones religiosas. En otro sacudón, hacia fin de año la justicia vaticana comenzó a investigar a quienes fueron presidente del IOR entre 1989 y 2009 y director general entre 1995 y 2007, Angelo Caloia y Lelio Scaletti, respectivamente. Fue ante la presunción de que entre 2001 y 2007 vendieron veintinueve inmuebles que la institución financiera tenía en Roma, Milán y Génova —casi todo su patrimonio inmobiliario— a un valor —unos 160 millones de euros— mucho menor al de mercado, que luego fueron revendidos y por cuya diferencia —unos 34 millones de euros— habrían recibido un reembolso. Cuatro años después les inició formalmente un proceso y, en enero de 2021, el tribunal condenó en primera instancia a Caloia y a su abogado, Gabriele Liuzzo, a 8 años y 11 meses de prisión por apropiación indebida y blanqueo de capitales (Scaletti ya había fallecido). Además, les impuso una indemnización de 23 millones de euros. Ya el promotor de justicia les había confiscado preventivamente 32 millones de euros de sus cuentas bancarias. En julio de 2022, la Corte de Apelaciones del Vaticano confirmó la sentencia.

2015-2016

En noviembre de 2015 estalló el Vatileaks II, una nueva filtración de documentos donde también se exponían manejos económicos espurios en el pequeño Estado y que fueron condensados en los libros *Avaricia*, de Emiliano Fittipaldi, y *Via Crucis*, de Gianluigi Nuzzi (quien también había disparado el Vatileaks I con otro libro). Si bien tuvo una envergadura menor que el primer Vatileaks, por el hecho (la sustracción de documentos es un delito para el Vaticano) terminaron acusados monseñor Vallejo Balda —quien por entonces era el número dos de la Secretaría para la Economía, secundando al cardenal Pell— y su colaboradora Chaouqui. Al año siguiente, ambos fueron declarados culpables, siendo condenado Vallejo Balda a 18 meses de prisión (al cumplir la mitad de la pena el Papa le otorgó la libertad condicional) y Chaouqui a 10 meses de prisión en suspenso. Paralelamente, en *Avaricia*, Fittipaldi consignó que la fundación del hospital infantil de Roma, Bambino Gesú, perteneciente al Vaticano, había aportado una parte de los fondos para la restauración del departamento de 600 metros cuadrados más una terraza de cien metros cuadrados que el cardenal Tarcisio Bertone ocupaba desde 2013, cuando dejó de ser secretario de Estado. Esto provocó que también se abriera una investigación que determinó que el aporte fue de 442.000 euros. El presidente de la institución, Giuseppe Profiti, fue condenado a 12 meses de prisión en suspenso. Bertone —que negó haber indicado que se efectuara pago alguno— donó 150 mil euros a la fundación a modo de resarcimiento. Por otra parte, en setiembre de 2016 el Vaticano adhirió a la Convención de las Naciones Unidas contra la corrupción, que "prevé la adopción de medidas efectivas para prevenir y luchar contra los delitos cometidos en el ámbito de la función pública".

2017-2018

En noviembre de 2017 se produjo una dimisión que levantaría polvareda: la del entonces auditor Libero Milone, quien dijo meses después que lo hizo obligado tras ser acusado falsamente de haber desviado fondos. Esto suscitó un tan inusual como severo comunicado del Vaticano en el que se afirmaba que Milone había espiado "la vida privada de exponentes de la Santa Sede" para lo cual se valió de una empresa que contrató ilegalmente. El funcionario se defendió diciendo que era víctima de quienes supuestamente resistían su supervisión, pero excluyó de su cuestionamiento a Francisco. "Creo que el Papa es una gran persona y arrancó [su reforma] con las mejores intenciones. Pero temo que haya sido bloqueado por el viejo poder, que sigue estando ahí y que se sintió amenazado cuando entendió que podía decirle al Papa y al secretario de Estado lo que había visto en las cuentas", declaró en aquel momento. En 2022 le reclamó judicialmente al Vaticano casi 10 millones de euros en concepto de resarcimiento. Por otra parte, el Papa le concedió al cardenal Pell una licencia extraordinaria como ministro de Finanzas para ir a comparecer ante la justicia de Australia por estar acusado de abusos sexuales en la década del 90 cuando era obispo de Melbourne. Si bien en 2019 fue declarado culpable por un tribunal y pasó 404 días en la cárcel, la Corte Suprema —por unanimidad— lo absolvió. También en noviembre, pero de 2018, se sumó otro incidente económico. El Vaticano informó que el Papa había apartado al director del Coro de la Capilla Sixtina —el más antiguo del mundo—, el salesiano Massimo Palombella, que estaba siendo investigado desde hacía varios meses por la Fiscalía del Vaticano, junto con el administrador del coro, Michelangelo Nardella. Fue a partir de que se detectara una cuenta bancaria de ambos en una entidad italiana en la que al parecer se depositaba dinero procedente de conciertos que sus titulares supuestamente utilizaban para gastos personales.

En agosto el Vaticano anunció una profunda reforma de los estatutos del IOR —los vigentes databan de 1990— con medidas para asegurar una mayor transparencia, que incluyó la incorporación de un auditor externo. Pero el pasado seguiría deparando sorpresas al compás de la búsqueda de Francisco de más transparencia. El primero de octubre estalló un nuevo y mayúsculo escándalo: la oficina de prensa de la Santa Sede anunció que por un decreto del promotor de justicia del Vaticano se habían requisado documentos y equipos electrónicos de las oficinas de la Primera Sección de la Secretaría de Estado —algo sin precedentes en la historia de la Iglesia— y de la Autoridad de Información Financiera. Precisó que el allanamiento se produjo tras "denuncias presentadas por el IOR y el auditor general relativas a operaciones financieras realizadas hace tiempo". Luego se supo que se trató de la compra de un muy cotizado edificio de Londres efectuada en 2013 que demandó el desembolso de 300 millones de dólares provenientes del Óbolo de San Pedro —la tradicional colecta anual en todas las iglesias del mundo para las obras de caridad del pontífice—, de los cuales decenas de millones habrían terminado en los bolsillos de intermediarios. Además, fueron suspendidos y sometidos a una investigación el supervisor de la documentación en la Secretaría de Estado, monseñor Mauro Carlino, tres empleados laicos y el director de la AIF, Tomasso Di Ruzza. El presidente de este último organismo, René Brülhart, dimitió por su responsabilidad en la supervisión del director, pero no se le inició una investigación.

Un mes más tarde, en el vuelo de regreso de sus visitas a Tailandia y Japón, Francisco precisó que el auditor general personalmente le había manifestado sus sospechas sobre la opacidad de la operación inmobiliaria y que entonces le indicó que hiciera la denuncia ante la justicia del Vaticano. "Es la primera vez que un hecho doloso, porque se trató de una mala inversión, fue descubierto por el propio Vaticano", subrayó el pontífice. No obstante, señaló que había que respetar el principio de inocencia y esperar que la justicia se expidiera. Dos días después del allanamiento, el Papa designó al ex jefe de la Fiscalía de Roma —llamado popularmente como el "fiscal antimafia" por haber dirigido investigaciones relacionadas con el accionar de la Cosa Nostra y la 'Ndrangheta—, Giuseppe Pignatone, presidente del Tribunal del Estado Vaticano. Finalmente, se anunció que el sacerdote jesuita español Juan Antonio Guerrero Alves sería el nuevo prefecto de la Secretaría para la Economía, cargo vacante desde que el cardenal Pell había marchado a Australia para presentarse ante la justicia. Al año siguiente, Guerrero Alves diría con motivo de presentar el balance correspondiente a 2019: "Los que piden transparencia tienen razón. La economía de la Santa Sede debe ser una caja de cristal. Esto es lo que nos pide el Papa (…). Por eso puso en marcha esta reforma (…). Estamos avanzando en este camino (…). Los fieles tienen derecho a saber cómo usamos los recursos en la Santa Sede. No somos propietarios, somos custodios de los bienes que hemos recibido".

2020

La investigación de la compra del inmueble en Londres sumó en febrero de 2020 un sexto sospechoso: monseñor Alberto Perlasca, ex jefe de la Oficina Administrativa de la Primera Sección de la Secretaría de Estado y promotor sustituto de justicia del Tribunal Supremo de la Signatura Apostólica. El Vaticano informó que durante un allanamiento "se procedió a la incautación de documentos y equipos informáticos en su oficina y su casa". Luego detendría al operador inmobiliario involucrado. El 1° de junio Francisco promulgó un minucioso decreto (motu proprio) que cambió radicalmente la política de compras, licitaciones y contratos de la Santa Sede, en línea con "la más avanzada legislación internacional en la materia" con el fin no solo de dotarlas de más transparencia, sino también de centralizarlas y reducir los gastos. Pero apenas cuatro semanas después Francisco —en otro episodio impactante— intervino la llamada Fábrica de San Pedro, el ente que desde el siglo XV gestiona la basílica tras una alerta del revisor general del Vaticano por la adjudicación sin concurso de las obras de restauración de la cúpula y presuntas irregularidades en las cuentas con las que operaba. La medida —que conllevó la apertura de una investigación judicial— incluyó el secuestro de documentos y computadoras y la designación de un comisario extraordinario.

El Papa volvió a sacudir al Vaticano y a toda la Iglesia en setiembre con una contundente decisión: le pidió la renuncia al cardenal Angelo Becciu como prefecto de la Congregación para las Causas de los Santos ante acusaciones de malversación de fondos cuando era el poderoso sustituto (el número dos) de la Secretaría de Estado. Además, más drástico, le quitó todos los derechos cardenalicios, lo que le impedirá participar en las elecciones papales (el último pontífice que tomó una medida idéntica con un purpurado fue Pío XI, en la década del 20, pero por cuestionar su autoridad doctrinal). Si bien a Becciu, de 72 años, se lo relacionó con la compra del inmueble en Londres, la magistratura vaticana comenzó a investigarlo por enviar un giro de 100.000 euros del Óbolo de San Pedro a una cooperativa del pueblo de Ozieri, en Cerdeña —de donde es oriundo—, que actúa como el "brazo operativo de Cáritas" y que maneja uno de sus hermanos. También se le atribuye haber facilitado un giro de 300.000 euros a la misma cooperativa por parte de la Conferencia Episcopal Italiana. En una posterior rueda de prensa,

Becciu se defendió diciendo que los fondos fueron para la caridad y que tenía las facultades para hacerlo. No faltaron quienes lo culparon de nepotismo por usar los servicios de otro hermano, que tiene un negocio de carpintería, para renovar las nunciaturas de Angola y Cuba cuando estaba destinado en esos países, entre otras acusaciones de haber beneficiado a familiares. Ante los periodistas, Becciu lamentó la decisión de Francisco con las siguientes palabras: "Me sentía amigo y fiel ejecutor del Papa".

En octubre trascendió que la justicia vaticana también lo estaba investigando por la contratación de una mujer experta en seguridad y relaciones internacionales, Cecilia Marogna, para crear una especie de servicio de inteligencia paralelo con el fin de proteger a distintos estamentos de la Iglesia en el extranjero como las nunciaturas, según ella misma declaró luego a la prensa. Marogna aseguró, además, que contaba con una carta del cardenal que la autorizaba para tal cometido. Las versiones periodísticas consignaron que Becciu le habría transferido a una cuenta de Eslovenia al menos 600 mil euros que la mujer habría utilizado para comprar bolsos, carteras y otros artículos de lujo. Pero Marogna dijo que una porción de ese dinero formaba parte de sus honorarios y que los gastó como quiso: "No soy una misionera y no trabajo gratis", argumentó. De todas formas, la justicia vaticana decidió investigarla y pidió a Interpol su detención, cosa que se logró a los pocos días. Ante el affaire, Becciu, lacónico, afirmó haber sido estafado por la mujer.

Francisco estaba dispuesto a seguir profundizando sus reformas económicas y poco más de un mes después del apartamiento de Becciu se anunció que había optado por una decisión radical respecto del manejo de fondos de la Secretaría de Estado que tantos dolores de cabeza le habían causado: pasárselos a la APSA bajo el control de la Secretaría para la Economía. La medida conllevaba que todos los fondos que administraba la Secretaría de Estado se incorporaran al presupuesto consolidado de la Santa Sede. En rigor, el Papa le había comunicado su decisión al secretario de Estado, el cardenal Pietro Parolin, el 25 de agosto, en una carta en la que fundamentaba su deseo de que las actividades económicas continúen en "una línea más evangélica, transparente y eficaz".

Paralelamente, entre el 30 de setiembre y el 12 de octubre, el Vaticano se sometió por primera vez a una exhaustiva evaluación sobre la eficacia en el control de sus finanzas a cargo de Moneyval, una agencia dedicada al combate del lavado de dinero y el financiamiento del terrorismo que depende del Consejo de Europa. Compuesta por 47 países, esta institución fue creada para la protección de los derechos humanos y la democracia. Desde 2011 está adherido a ella el Vaticano, lo cual implica —como a todos sus miembros— someterse a monitoreos periódicos. Concluida su labor

—cuyos resultados se conocen meses después en un voluminoso informe con calificaciones en diversos aspectos—, los expertos fueron recibidos por el Papa. Luego de agradecerles "el servicio que desarrollan para la tutela de las 'finanzas limpias'", Francisco interpeló a la propia Iglesia, al recordar que "Jesús expulsó a los mercaderes del templo y enseñó que no se puede servir a Dios y a las riquezas".

2021

En línea con la Convención de la ONU contra la corrupción, el Papa firmó en abril un decreto (motu proprio) que popularmente pasó a llamarse "ley anticorrupción" y que exige a cardenales, directivos y personal administrativo de la Santa Sede que firmen cada dos años una declaración en la que manifiestan que no tienen condenas ni investigaciones por corrupción, fraude, terrorismo, blanqueo de capitales, explotación de menores, trata de seres humanos o evasión fiscal. Además, les prohíbe tener activos en paraísos fiscales —ni siquiera a través de terceros, salvo que familiares residan en esos países—, ni invertir en empresas que no respeten los postulados de la Doctrina Social de la Iglesia. Y les pide "garantizar, según su conocimiento, que todos los bienes, muebles e inmuebles, de su propiedad o que solo tengan en posesión, así como las remuneraciones de cualquier tipo que reciban, proceden de actividades lícitas". En fin, también les prohíbe aceptar regalos por valor de más de 40 euros (una medida extensiva a todos los empleados independientemente de su cargo). Finalmente, señala que la Secretaría para la Economía podrá investigar la veracidad de la declaración y, en caso de detectarse falsedades, los empleados podrán ser despedidos y demandados por daños y perjuicios.

Con otro decreto, Francisco dispuso además que los cardenales y obispos acusados de delitos penales por los magistrados del Vaticano, si son enviados a juicio, sean juzgados por el Tribunal del Estado de la Ciudad del Vaticano (con sus tres instancias) como todos los demás, y no por un Tribunal de Casación presidido por un cardenal, como ocurría hasta ahora. Aunque no únicamente, la medida parece apuntar especialmente a los casos de eventuales delitos económicos, si bien seguirá siendo necesaria la autorización previa del pontífice para llevarlos a juicio. Al fundamentar su decisión, el pontífice señala en el motu proprio la "necesidad prioritaria de que en el actual sistema procesal aflore la igualdad de todos los miembros de la Iglesia y su igual dignidad y posición, sin privilegios que se remontan a otros tiempos que ya no están en consonancia con las responsabilidades que le corresponden a cada uno en la edificación de la Iglesia". En síntesis: igualdad ante la ley.

Por otra parte, las reforma al Código de Derecho

Canónico que se conoció en junio no solo tipifica los abusos sexuales, sino también nuevos delitos económicos y las correspondientes penas para toda la Iglesia. Concretamente, la legislación eclesiástica incorpora "quien sustrae bienes eclesiásticos o impide que sean percibidos sus frutos". Y "quien, sin la consulta, el consenso o la licencia prescritos, o bien sin otro requisito impuesto por el derecho para la validez o para la licitud, enajena bienes eclesiásticos o realiza actos de administración sobre los mismos". Además, el elenco de penas incluye por primera vez "pagar una multa pecuniaria o suma monetaria para los fines de la Iglesia, según las normas determinadas por la Conferencia Episcopal" de cada país.

En junio también se difundió el resultado de la evaluación de Moneyval. De las seis calificaciones que forman parte de la categorización de sus monitoreos, esto es, eficacia alta, sustancial, moderada y baja, el Vaticano obtuvo cinco de eficacia sustancial y seis de moderada. Entre los aspectos que requieren mejoras —eficacia moderada— se cuentan los recursos y especialización en la investigación de los delitos financieros, que considera insuficientes, y las sentencias, que "han sido modestas con solo dos condenas por blanqueo de capitales". No obstante, el presidente de la Autoridad y Supervisión e Información Financiera del Vaticano, Carmelo Barbagallo, consideró que el resultado fue "muy bueno". En ese sentido, dijo que hay que tener en cuenta que en las evaluaciones entre sus adherentes Moneyval "salvo una excepción, no ha expresado hasta ahora juicios de eficacia alta, y que los de eficacia sustancial son escasos". A la vez que señaló que las recomendaciones del informe "constituyen un estímulo a hacerlo mejor".

Por primera vez desde su creación en 1967, la APSA difundió en julio la cantidad de inmuebles con que cuenta la Santa Sede. Así, pudo saberse que posee 4051 unidades, la gran mayoría en Italia (el 92 % en Roma y la provincia), pero también en Francia, Gran Bretaña y Suiza, un patrimonio que ronda los 900 millones de euros. Consignó que, a raíz del impacto negativo de la pandemia en la actividad comercial, redujo el canon por los alquileres de entre un 30 % y un 50 %, según la actividad. Además, proporcionó ejemplos del uso de las utilidades a obras de caridad y emprendimientos religiosos. Toda esta información fue dada a conocer al presentar el balance de la APSA —que tampoco hasta ahora se hacía público, pero era sometida a los organismos de control— que reveló ganancias por poco menos de 51 millones de euros e inversiones financieras —orientadas a iniciativas con "impacto social"— por 1778 millones con una rentabilidad del 1,53 % que, a juicio de sus autoridades, evidencia una "gestión prudente en un contexto difícil".

Pocos días después comenzó el juicio —sin precedentes en el Vaticano— al cardenal Becciu que incluyó a los monseñores Carlino y Perlasca, que se había convertido en arrepentido. También al ex presidente de la Autoridad de Información Financiera del Vaticano, Brüelhart; al ex director, Di Ruzza; al financista Enrico Crasso, quien durante casi tres décadas manejó las inversiones de la Secretaría de Estado; al funcionario de la oficina de administración de ese organismo, Fabrizio Tirabassi, y a los operadores financieros Raffaele Mincione y Gianluigi Torzi, y al abogado de estos, Nicola Esquilase, además de Cecilia Marogna. Aunque el disparador del proceso fue la compra del inmueble en Londres, la investigación del promotor de justicia (fiscal), Gian Piero Milano —condensada en casi 500 folios—, detectó otros presuntos casos de mala praxis financiera que acrecentaron la magnitud del juicio. Entre otros delitos que se habrían cometido sobre los que deberá pronunciarse el tribunal encabezado por Pignatone se cuentan malversación de fondos, blanqueo y abuso de poder. Al año siguiente el tribunal escuchó la grabación de una llamada telefónica efectuada por Becciu al Papa en 2021 cuando este se estaba recuperando de la delicada operación en la que le extrajeron parte del colon. Según el fiscal, Alessandro Diddi, en la conversación —grabada sin conocimiento de Francisco, supuestamente por una sobrina del cardenal— Becciu pretendía "inducir al Papa a declarar circunstancias de alguna utilidad" para el juicio que estaba por comenzar. El fiscal dijo que el pontífice parecía "perplejo" ante la insistencia de Becciu. Concretamente, quería que admitiera que le había autorizado a realizar el pago de un rescate por cientos de miles de euros de una monja colombiana secuestrada en Mali, en 2017, gestión que Becciu —por su cuenta— le habría encomendado a Marogna. Si bien la religiosa fue liberada, no está claro todavía si al menos una parte de ese dinero es el que Marogna destinó a los gastos personales dispendiosos. Para el prefecto de la Secretaría para la Economía, el juicio "marca un punto de inflexión que puede redundar en una mayor credibilidad de la Santa Sede". Además, el padre Guerrero Alves cree que los escándalos dejaron una lección: "Venimos de una cultura del secreto, pero en economía hemos aprendido que la transparencia nos protege más que el secreto".

2022

En junio Francisco instituyó el Comité de Inversiones del Vaticano con el propósito de "garantizar la naturaleza ética de las inversiones de la Santa Sede de acuerdo con la doctrina social de la Iglesia y, al mismo tiempo, su rentabilidad, corrección y riesgos", como lo dispone la por entonces flamante constitución apostólica Praedicate Evangelium sobre la reforma de la curia romana. Al frente designó al prefecto de la Congregación para los Laicos, Familia y Vida, el cardenal irlandés Kevin Joseph Farrell, y como miembros con mandato por cinco años a cuatro destacados profesionales: al británico Jean Pierre Casey, fundador y director general de la consultora Red Hedge; al alemán Giovanni Christian Michael Gay, director general de Unión Investment Privatfonds GmbH; al noruego David Harris, gestor de Skagen Funds; y al estadounidense John J. Zona, responsable de inversiones del Boston College. Al mes siguiente, el Consejo de Asuntos Económicos del Vaticano difundió una declaración con más precisiones en la que señala que lo que se busca es "proteger el valor real del patrimonio de la Santa Sede generando un rendimiento suficiente para contribuir de forma sostenible a la financiación de sus actividades". Y que "la nueva política de inversiones tiene por objeto garantizar que se destinen a contribuir a un mundo más justo y sostenible" y que excluyan aquellas que "contradigan sus principios fundamentales, como la santidad de la vida o la dignidad del ser humano o el bien común". Subraya, además, que deben dirigirse a "actividades financieras de carácter productivo, excluyendo las de carácter especulativo y, sobre todo, se guíen por el principio de que la elección de invertir en un lugar y no en otro, en un sector productivo y no en otro, es siempre una elección moral y cultural".

La enumeración de los sucesos vinculados a las finanzas vaticanas durante los primeros ocho años del pontificado de Francisco —que no pretende ser exhaustiva— permite mensurar la dimensión del desafío del Papa para asegurar la transparencia económica, impedir manejos corruptos y acabar con la presunción de que el pequeño Estado es un paraíso fiscal. Porque, como dijo Francisco a poco de asumir, la Santa Sede "está llena de gente buena, pero hay algunos que no lo son tanto". Para un agudo observador vaticano, quienes resisten las reformas económicas suelen disfrazar su actitud de "diferencias teológicas con Francisco cuando, en verdad, se trata de cuestiones de intereses y de poder". Pero el periodista y escritor francés Nicolás Diat consideró ya en 2014 que "es poco decir que la voluntad del Papa argentino es una fuerza temible. Nunca los viejos barones que rondaban desde hace tantos años en torno a los círculos financieros del Vaticano hubieran imaginado semejante voluntad de reforma. Francisco cierra poco a poco la página de intrigas, a veces gravísimas, y sabe muy bien que inició un proceso irreversible".

—*Evidentemente, la cuestión económica —junto con los casos de pedofilia— era un desafío de proporciones que exigía tomar el toro por las astas. Pero siguiendo la metáfora zoológica, ¿pensó que iba a ser un hueso tan duro de roer?*

—Las exposiciones de los cardenales en las congregaciones generales me hicieron caer en la cuenta de que los desafíos del nuevo Papa iban a ser realmente grandes. Entre ellas, por supuesto, lo económico. Porque, como dije antes, se habló muy claramente de esto. Pero nunca pensé que lo primero que me caería en las manos como una papa caliente era el problema económico. Es realmente una maldición que tengo porque cuando me eligieron provincial de los jesuitas tuve que ocuparme de la situación de la Universidad del Salvador que pertenecía a nuestra orden y que afrontaba un agujero de un millón y medio de dólares de aquella época. Cuando asumí como arzobispo de Buenos Aires había un juicio por un préstamo de 10 millones de dólares de una mutual militar contra mi antecesor, el cardenal Quarracino, en el que se determinó que le habían falsificado la firma. Y como Papa me encontré acá con una situación complicada y el informe que me entregó Benedicto XVI de los tres cardenales que realizaron una investigación. Así que tuve que abocarme inmediatamente a esta cuestión.

—*¿Hubo sintonía con el Papa emérito frente a algo tan delicado por las sospechas de malversación de fondos? ¿Qué nos puede decir del contenido del informe, porque nunca trascendió?*

—Siempre digo que Benedicto XVI era la santidad hecha persona. Entre nosotros no hubo problemas de ningún tipo. En cuanto al saneamiento económico, fue él quien comenzó con determinación el proceso y yo soy un continuador. Cuando me entregó el informe me dijo que contenía las situaciones más difíciles, que había llegado hasta ahí y que ahora me correspondía a mí seguir. ¿Qué más puedo decir de su contenido sin vulnerar la confidencialidad que no tiene otro sentido que no interferir en las investigaciones y afectar la honra de las personas hasta que la justicia se pronuncie? Dos cosas. Que actué y seguiré actuando como está a la vista. Y que la Iglesia es santa y pecadora, como decía San Agustín. La gran mayoría de sus miembros son sanos, pero no se puede negar que algunos eclesiásticos y muchos, diría, falsos laicos "amigos" de la Iglesia contribuyeron a malversar el patrimonio móvil e inmóvil, no del Vaticano, sino de los fieles.

—*Si bien desde su elección estallaron casos de presunta corrupción anteriores a su pontificado, también otros ocurridos durante el suyo. ¿Cómo evalúa los pasos dados hasta ahora?*

—Para decirlo de un modo llano, por ejemplo en el IOR, tuve que "cortar cabezas". Fueron enjuiciados tres directores anteriores a mi llegada. Enjuiciados, destaco, por nosotros. Pero quise que lo fueran no solo en el Vaticano, sino en los países donde hicieron la maniobra. Uno fue también en Malta, otro en Suiza y el restante en Italia. Había que separar a los corruptos. Fueron muchas las medidas que se tomaron no solo respecto del IOR para asegurar la transparencia, prevenir el lavado de dinero y optimizar los procesos de contrataciones. Creo sinceramente que se avanzó mucho. Diría que hoy todo funciona de un modo transparente. Que hayamos sido nosotros los que detectamos la compra sospechosa de un inmueble en Londres me alegró porque significa que hoy la administración vaticana tiene los recursos para esclarecer las cosas feas que suceden dentro. Pero reconozco que poner todo en regla no fue fácil y que siempre existe la posibilidad de que aparezca alguna nueva situación dolosa, si bien es más difícil que ocurra.

—*Precisamente el IOR estuvo atravesado por sospechas de ocultamiento de dinero mal habido, lavado y operaciones muy poco claras. Desde la percepción de la sociedad, se convirtió en el lugar más cuestionado...*

—Es cierto, pero diría que está todo solucionado. Considero que hoy funciona muy bien. Es aceptado por todo el sistema financiero y puede actuar como los bancos italianos, algo que no se podía en 2019. Tengamos también en cuenta que el IOR está bajo la supervisión de Moneyval, el organismo del Consejo de Europa que controla las finanzas para detectar el lavado de dinero y el financiamiento del terrorismo. Si Moneyval detecta el asiento de una donación muy elevada pide antecedentes e investiga su procedencia. Es verdad que hay temas delicados como las inversiones, que exigen poner un especial cuidado. Pero no podemos guardar el dinero en un cajón, sino que una buena administración implica buscar una conveniente inversión, además de que sea moral, para que el capital no pierda su valor. Lo mismo cuenta para el Óbolo de San Pedro: se puede comprar una propiedad y alquilarla, siempre que sea una operación conveniente y transparente, porque estamos preservando el dinero de la gente.

—*En las últimas décadas circularon versiones de supuestas canonjías que habrían recibido miembros de la curia romana que los llevaron a ser indulgentes ante presuntos delitos o a cambio de favores políticos.*

—El dinero es una tentación fuerte. El diablo entra por el bolsillo, la corrupción empieza por el dinero y con el dinero se compran conciencias. Y en la Iglesia esto lamentablemente pasó. Por otra parte, la influencia del dinero —y no estoy hablando ahora de corrupción, sino de mundanidad— es un proceso del que no siempre se tiene plena conciencia en nuestras comunidades. De cómo puede ir desnaturalizando nuestra misión. Porque cuando la Iglesia comienza a enriquecerse pierde espíritu evangélico. Ocurre, por ejemplo, en las congregaciones religiosas. Pero a veces el Señor es bueno y les concede un ecónomo inepto que las manda a la quiebra. Esto es una gracia de Dios…

—*¿No se siente un poco solo en esta cruzada por la transparencia más allá de que continúa un proceso y que profundizarlo fue, digamos, un clamor de los cardenales?*

—La verdad es que en algún momento lo pensé. La respuesta que encontré no es unívoca. Sí y no, según como se mire. Me explico: me siento solo porque los que deben colaborar con este saneamiento no siempre colaboran, porque quienes deben comprometerse por otros en este empeño no siempre lo hacen, porque quienes deben seguirme no siempre me siguen. Diría que es una soledad funcional. Pero no experimento una soledad sustancial porque también encontré mucha gente que se arriesga por mí, que lucha con convicción porque sabe que estamos en lo correcto y que el camino recorrido, a pesar de mil obstáculos y resistencias naturales, es el correcto.

—*Más de uno se preguntará si a raíz de sus reformas económicas y considerando los rumores que rodearon la muerte de Juan Pablo I no teme que le den un té envenenado...*

—Contesto con un episodio que viví en una villa de Buenos Aires el día que murió Juan Pablo II. Después de una misa una señora se me acercó, me pidió información sobre cómo se elige al Papa, le hablé de los cardenales, del cónclave, del humo blanco... En un momento ella me interrumpió y me dijo: "Escuche, Bergoglio, cuando se convierta en Papa recuerde primero comprar un perrito". Le respondí que difícilmente me convertiría en pontífice, pero igual le pregunté por qué tendría que llevarme al perrito. Y me respondió: "Porque cada vez que tenga que comer dele primero un trocito al animal y si no tiene convulsiones recién entonces cómalo usted".

—*¡Qué consejo! Sabiduría popular, dirán algunos...*

—Evidentemente, fue una exageración. Pero revela

la idea que tiene el pueblo de Dios, en este caso una persona sencilla, de la Casa del Señor: que está atravesada por profundas heridas, contiendas internas y desfalcos. En todo caso, trabajamos para que lo esté cada vez menos y luzca transparente a los ojos de todos.

16. La fuerza del testimonio

Contra los pronósticos que se barajaron con profusión a lo largo del siglo pasado, las religiones siguen contando con muchos fieles. En la Encuesta Mundial de Valores, realizada en 2017 en 82 países de los cinco continentes, el 82 % se manifestó pertenecer a una religión. Además, el 80 % dijo creer en Dios y el 70 % se declaró religioso. Y la perspectiva para las próximas décadas, según una proyección del Pew Research Center, hecha también en 2017, arrojó que el conglomerado cristiano —del cual más de la mitad es católico— mantendrá su caudal acompañando el crecimiento demográfico, mientras que los musulmanes se expandirán a un ritmo superior al del aumento poblacional. Esto hará que incluso disminuya la cantidad de no religiosos. El Pew estima que para 2050 los musulmanes llegarán a constituir el 30 % de la población —en 2017 eran el 23 %— y serán casi tantos como los cristianos. Dicho de otra manera: alrededor del 60 % de los habitantes serán musulmanes o cristianos. Claro que la realidad religiosa no es homogénea: hay marcadas diferencias entre las distintas regiones. África y Medio Oriente aparecen como las más religiosas, seguidas por América Latina, Europa Oriental y América del Norte, en tanto que Europa Occidental, partes de Asia y Oceanía son las menos religiosas. Como también dentro de cada región hay países con escenarios disímiles. Podría concluirse, pues, que el fenómeno religioso en términos globales es y seguirá siendo vigoroso en los próximos años. Pero datos más recientes ponen en duda ese supuesto vigor.

Por lo pronto, la práctica religiosa —entendida centralmente como la asistencia al templo— es baja. De acuerdo con la Encuesta Mundial de Valores, el 28 % concurre semanalmente a los servicios religiosos, en tanto que el 27 % no lo hace nunca o casi nunca y el resto con menor frecuencia. Los protestantes son los que más asisten: el 51 %. Y los budistas, los que menos: un 15 %. Pero el 62 % dice que reza o medita todas las semanas en privado y cuando asiste a los servicios religiosos. En este aspecto, la socióloga argentina Marita Carballo —que participa en la realización de la periódica encuesta sobre valores— concluye que actualmente "la relación con Dios y la religiosidad existen de manera independiente de la práctica religiosa para la mayoría de las personas" y que "no sería necesario seguir a las instituciones o ritos religiosos establecidos para considerarse una persona religiosa o para darle importancia a Dios en la vida". Pero también destaca desde una mirada global que "la adhesión a las normas culturales tradicionales está en retroceso". Ello conlleva una creciente brecha entre determinadas premisas de diversos cultos y su observancia por parte de los fieles como es fácilmente comprobable. La Iglesia católica lo experimenta sobradamente con sus postulados en materia de sexualidad y familia, al igual que otras confesiones. En síntesis, muchos fieles hoy no apelan a las instituciones religiosas para comunicarse con Dios y cada vez son más los que no acatan aspectos doctrinales.

Como contrapartida, la Encuesta Mundial de Valores —siempre en 2017— estableció que, a nivel global, siete de cada diez personas no solo consideran que la religión es entre muy y bastante importante en sus vidas, sino que tiene un papel positivo en sus países. "De modo que también en este caso [la religión] se instala como agente reconocido e influyente en la sociedad", dice Carballo. No obstante, la tan mentada secularización, sobre todo en los países más ricos, principalmente —como ya se apuntó— en Europa Occidental, partes de Asia y Oceanía, constituye una tendencia arraigada. En otras palabras, lo religioso pierde peso cultural. Además, según el Pew, en quince países de Europa Occidental cada vez más personas declaran no tener filiación religiosa y en la mayoría de ellos la mitad o incluso más manifiestan no ser religiosos, ni espirituales.

Aun los Estados Unidos —un país donde la religión siempre tuvo gran presencia— es menos religioso que hace unos años. Carballo señala que la última Encuesta Mundial de Valores arrojó en 43 de los 49 países relevados "un descenso de la religiosidad respecto de la última década, con una aceleración de la tendencia en los últimos cinco años". Paralelamente, el desafío de la convivencia se potenció ante la oleada de inmigrantes de fe musulmana y los mayores prejuicios hacia ellos tras el atentado a las Torres Gemelas, facilitados por la falta de conocimiento de las religiones y la, a veces, ligereza con que se trata el fenómeno en los medios.

Por otra parte, la libertad religiosa está lejos de ser un derecho ampliamente respetado en el mundo. El informe de 2018 de la organización Ayuda a la Iglesia Necesitada arrojó que nada menos que para el 61 % de la población estaba recortada o totalmente cercenada. Detalló que en 38 países hay graves violaciones, en 21 persecuciones y en 17 discriminaciones. De su lectura surge claramente que el cristianismo es la comunidad religiosa más perseguida actualmente. A su vez, un relevamiento de la ONG Open Doors USA determinó que durante 2018 unos 215 millones de cristianos —uno de cada diez cristianos— sufrieron persecución de diverso grado en alrededor de medio centenar de países; 4136 fueron asesinados por causas relacionadas con la fe —un promedio de once cristianos por día—, entre ellos 40 misioneros católicos (esto sin mencionar a quienes fueron víctimas de las mafias, en particular, del narco-tráfico); 2625, encarcelados, y 1266 iglesias y edificios cristianos, atacados. Este cuadro llevó a Francisco a afirmar que "aunque cueste creerlo, hoy hay más mártires que en los primeros siglos del cristianismo". En ese sentido, señaló que los cristianos "son perseguidos porque a esta sociedad le dicen la verdad y anuncian a Jesucristo". Asimismo, destacó que estas situaciones se producen "especialmente allí donde la libertad religiosa todavía no está garantizada, pero también en países que, en la teoría y en los papeles, tutelan la libertad y los derechos humanos".

La contracara es que la convivencia interreligiosa se extendió y fortaleció en las últimas décadas y los gestos conjuntos en favor de la paz mundial empezaron a multiplicarse. El Concilio Ecuménico Vaticano II fue un hito trascendental en la apertura al diálogo interconfesional. Entre uno de sus resultados más relevantes, selló la reconciliación del catolicismo con el judaísmo, al afirmar que la muerte de Jesús "no puede ser imputada ni indistintamente a todos los judíos que entonces vivían, ni a los judíos de hoy" y desautorizar así un concepto que durante siglos favoreció el antijudaísmo entre los cristianos. Años después, Juan Pablo II los consideró "nuestros hermanos mayores en la fe". La Jornada Mundial de Oración por la Paz, que en 1986 congregó en Asís a líderes de diversas confesiones convocados por el Papa polaco, constituyó sin duda otro mojón. No es que no exista ningún conflicto o que no haya reticencias —e incluso abiertos rechazos— en ciertos casos. Tampoco puede pasarse por alto que el diálogo ecuménico —entendido como los esfuerzos para la reunificación del conglomerado cristiano— sigue sin resultados concretos. En su encíclica Hermanos Todos (2020), sobre la fraternidad y la amistad social, Francisco lo admite: "Al proceso de globalización le falta todavía la contribución profética y espiritual de la unidad entre todos los cristianos". Pero hubo un hecho histórico: la reunión que mantuvieron en 2016 en el aeropuerto de La Habana, Francisco y Kirill, el patriarca de la Iglesia ortodoxa rusa, el primer encuentro entre las cabezas de ambas Iglesias desde el Gran Cisma de Oriente y Occidente en 1054.

En el campo interreligioso, un hecho islamo-católico sobresaliente fue el histórico Documento sobre la Fraternidad Humana por la Paz Mundial y la Convivencia Común que Francisco y el líder de los sunitas, la corriente mayoritaria del islam, Gran Imán de la mezquita y la Universidad de al-Azhar, de El Cairo, suscribieron en 2019 en Abu Dabi. Allí manifiestan el compromiso de ambas religiones de trabajar mancomunadamente en la construcción de un mundo mejor a partir de transitar ellas mismas "la cultura del diálogo como camino; la colaboración común como conducta y el conocimiento recíproco como método y criterio". En contraste con esta creciente armonía, en las últimas décadas ganó espacio el fundamentalismo con su peor cara: el terrorismo basado en falsas premisas religiosas, que golpeó con fuerza en muchos países. Precisamente, en el histórico documento de Abu Dabi se aborda con determinación este flagelo. "Las religiones no incitan nunca a la guerra y no instan a sentimiento de odio, hostilidad, extremismo, ni invitan a la violencia ni el derramamiento de sangre", se afirma. "Esas desgracias —se agrega— son fruto de la desviación de las enseñanzas religiosas, del uso político de las religiones y también de las interpretaciones de grupos religiosos que han abusado —en algunas fases de la historia— de la influencia del sentimiento religioso en los corazones de los hombres para llevarlos a realizar algo que no tiene nada que ver con la verdad de la religión, para alcanzar fines políticos y económicos mundanos y miopes".

En su aproximación al islam, Francisco coprotagonizó dos años después otro hecho sumamente relevante. Durante su viaje a Irak visitó al Gran Ayatollah Sayyid Ali Al-Husayni Al-Sistani, uno de los máximos líderes chiítas, la otra corriente musulmana. En lo que constituyó la primera vez que un pontífice se reunía con un ayatollah, el encuentro se caracterizó por la cordialidad y el entendimiento. Particularmente, Al Sistani "enfatizó su interés para asegurar que los cristianos vivan como todos los iraquíes en paz y seguridad", una actitud que venía adoptando, sobre todo desde que ISIS los persiguió cruelmente

—aunque, por cierto, no solo a ellos— durante la ocupación de parte del territorio iraquí, entre 2014 y 2017. De hecho, el Papa le agradeció que "levantase su voz en defensa de los más débiles y perseguidos". En rigor, el calvario sufrido por la comunidad cristiana en Irak se inició 2003 cuando el país fue invadido por fuerzas lideradas por los Estados Unidos y comenzó un éxodo masivo de sus miembros (se redujo de un millón y medio a menos de 300 mil). Esto fue lo que principalmente decidió al Papa a visitar ese país, ya que quería manifestar su cercanía a los cristianos y contribuir a la convivencia. Por eso, destacó en esa reunión la coincidencia en "la importancia de la colaboración y amistad entre las comunidades religiosas para que, cultivando el diálogo con respeto recíproco, se pueda contribuir al bien de Irak".

En su discurso en el encuentro con la comunidad hispana y otros inmigrantes en Estados Unidos, celebrado en 2015 en Filadelfia, Francisco sintetizó los desafíos de las religiones: "En un mundo en el que diversas formas de tiranía moderna tratan de suprimir la libertad religiosa, o reducirla a una subcultura sin derecho a voz y voto en la plaza pública, o de utilizar la religión como pretexto para el odio y la brutalidad, es necesario que los fieles de las diversas tradiciones religiosas unan sus voces para clamar por la paz, la tolerancia, el respeto a la dignidad y a los derechos de los demás". Y al hablar en la apertura del VII Congreso de Líderes de Religiones Mundiales y Tradicionales, en 2022 en Kazajistán, clamó por la independencia de las religiones respecto de los gobiernos: "No permitamos que lo sagrado sea instrumentalizado por lo que es profano. ¡Que lo sagrado no sea apoyo del poder y el poder no se apoye en la sacralidad!".

—*Las encuestas dicen que, si bien la religiosidad se mantiene alta, en los países más desarrollados está declinando. ¿A qué lo atribuye? ¿Al mayor grado de cultura y educación como muchos suponen?*

—Cultura y educación son palabras muy amplias, involucran muchas cosas y no me atrevería a hacer una consideración en ese sentido. Pero sí diría que cuando se tiene más poder económico y, por tanto, más poder adquisitivo, es más fácil que haya un alejamiento de Dios. ¿Por qué? Bueno, porque como ya dije, Jesús dice que no se puede servir a dos señores. O servimos al dinero o servimos a Dios. Es decir, el dinero puede ser "divinizado". No me refiero al dinero que se requiere para vivir, sino al dinero que a uno lo va encerrando en sí mismo y haciéndonos egoístas. En cambio, el hecho de no terminar siendo esclavo del dinero abre horizontes. Pero la tentación del dinero también nos acecha a los clérigos. Así como rodearnos de un boato, que para colmo a veces se enfrenta a un templo vacío. Son mundanidades que debemos superar.

—*Precisamente otro desafío para las instituciones religiosas es la baja asistencia a los oficios religiosos. Como le señalamos para El Jesuita, muchos parecen decir: "Creo en Dios, pero no en los curas".*

—Y si no recuerdo mal les contesté que muchos curas no merecemos que crean en nosotros. Por eso, la clave para responder a los desafíos que en nuestro caso nos plantea el anuncio del Evangelio es el testimonio. Cada vez menos palabras y más testimonios. Las grandes predicaciones ya no van. Lo que realmente cuenta es la coherencia. No los discursos "sabios", menos los "persuasivos". Evangelización es testimonio de Jesucristo muerto y resucitado. Es Él quien atrae. Por eso, la Iglesia crece por atracción y no por proselitismo, como bien dijo Benedicto XVI. No se trata de buscar nuevos socios para la "empresa" católica, sino hacer ver a Jesús, que Él se haga ver en mi persona, en mi comportamiento. Esto requiere una Iglesia lo más alejada posible de los intereses mundanos, cercana a Jesús con la oración y la eucaristía, y a la gente, al Pueblo de Dios.

—*Como en otras actividades, la pandemia aceleró el uso de las nuevas tecnologías para acercar las celebraciones y mensajes religiosos. ¿Estos recursos permitirán paliar la escasa concurrencia al templo?*

—Me dicen que muchos fieles apelaron a esta posibilidad ante las restricciones sanitarias. Ciertamente, en momentos de aislamiento preventivo pueden ser de una gran ayuda. Yo mismo eché mano de estos recursos. Pero evidentemente esta no puede ser la norma, sino la excepción. Porque eso no es la Iglesia. En todo caso, es la Iglesia en una situación difícil. Pero el ideal de la Iglesia es estar siempre con el pueblo y con los sacramentos. Subrayo siempre. Además, los cristianos debemos crecer en familiaridad, que es personal pero también comunitaria. Una familiaridad sin comunidad, sin Iglesia, sin los sacramentos, es peligrosa y puede convertirse en una familiaridad gnóstica, separada del Pueblo de Dios. Debemos pues seguir el camino de madurez en la particular familiaridad con el Señor que recorrieron los apóstoles.

—*Los jóvenes parecen ser los más esquivos a lo religioso. En todo caso, se vuelcan en algún grado cuando ya son adultos, sobre todo si recibieron una formación religiosa en su hogar...*

—No estoy tan de acuerdo con que son menos religiosos. Cuando nos ponemos a hablar con un joven este nos suele dar clase de lo que siente y descubrimos que tiene sed de autenticidad. Evidentemente, si el ministro religioso no es auténtico, no va a convocar a un joven. Ellos están en crisis con el hecho religioso, sí, porque buscan autenticidad, buscan que lo religioso sea servicio a los demás. Pero al hecho religioso lo tienen incorporado. La cuestión es despertarlo con el diálogo o hacérselo explicitar a ellos. Porque, insisto, lo tienen. Eso sí: debemos plantearnos cómo hablarles y cómo escucharlos. Que no van a misa los domingos... ¡chocolate por la noticia! Pero pidámosles que vayan a pintar una iglesia o una escuela de un lugar pobre y acudirán muchos que se sentirán felices de estar haciendo algo por los demás.

—*Están entonces aquí las religiones ante un desafío relevante porque no hace falta decir que son el futuro, los que deben tomar la antorcha de la fe y a su vez pasársela a las nuevas generaciones...*

—Cuidado con eso. En la Jornada Mundial de la Juventud que se realizó en Panamá les dije a los jóvenes que no son el futuro, sino el ahora de Dios. Porque existe una creencia errónea de que su misión, su vocación, hasta su vida es una promesa tan solo para el futuro y nada tiene que ver con el presente. Como si ser joven fuese sinónimo de sala de espera. Pero tenemos que esforzarnos en propiciar espacios para soñar, involucrarse y trabajar el mañana desde hoy, juntos. Claro que aquí hay una deuda social muy grande, propia de la cultura del descarte. Una cultura que descarta a los jóvenes porque no hay fuentes de trabajo y no se buscan alternativas ante los cambios tecnológicos. Pero también una cultura que descarta a los ancianos debido a una jubilación miserable y a dificultades de acceso a los medicamentos que los condena a una eutanasia escondida. O simplemente se menosprecia su acompañamiento a los nietos, se los deja arrumbados y no se aprovecha su experiencia. Por eso, instituí en 2021 la Jornada Mundial de los Abuelos y Adultos Mayores.

—*En cambio, los adultos mayores son los que más*

manifiestan su religiosidad. Esto forma parte de las di-
ferencias entre las etapas de la vida, pero que se ahon-
daron por los vertiginosos cambios.

—No obstante, los une el descarte. Por eso, creo que es el momento de hacer un diálogo entre los jóvenes y los adultos mayores. Los adultos mayores cuando hablan con los jóvenes empiezan a sentir cosas nuevas que tienen adentro y sueñan como viejos soñadores. Y los jóvenes cuando los escuchan se sienten más comprendidos que cuando oyen a sus padres. Si les decimos que vayan a tocar la guitarra a un asilo de ancianos lo harán y después se dará un diálogo y no querrán irse porque se enfrentarán a un lenguaje sapiencial al cual no están acostumbrados porque los padres están ocupados o les falta experiencia de vida. Saldrán con ganas de hacer algo que los adultos mayores les sembrarán con sus sueños. Ya leemos en Joel (3:1) que los ancianos tendrán sueños y los jóvenes, profecías. El desafío es generar el diálogo entre dos descartados.

—*Otro desafío es que muchas premisas doctrinarias son cada vez menos observadas. Es una cuestión que también abordamos en* El Jesuita, *pero que continúa tan o más vigente.*

—En aquella ocasión les dije que la Iglesia predica aquello que cree que es lo mejor para las personas, que las hace más plenas, más felices. También afirmé que lo importante es el anuncio de Jesucristo, que en teología se llama el kerygma, que se sintetiza en que Jesucristo es Dios que se hizo hombre para salvarnos. Que vivió en el mundo, padeció, murió, fue sepultado y resucitó. Después del encuentro con Jesucristo viene la reflexión sobre Dios, Cristo y la Iglesia, de donde se deducen luego los principios, las conductas morales religiosas, que no están en contradicción con las humanas, sino que les otorgan una mayor plenitud. Pero con frecuencia observo en ciertas elites ilustradas una degradación de lo religioso por ausencia de una vivencia de la fe: se saltea el kerigma y se pasa a las cuestiones morales, generalmente vinculadas a lo sexual.

—*De todas formas, la Iglesia es hoy contracultural. Muchas veces va a contrapelo del pensamiento dominante. Por eso, es frecuente que se le achaque quedarse en el tiempo...*

—Sí, la brecha contracultural existe. Hay también en la sociedad una desvalorización del ejercicio de los principios éticos para justificar su incumplimiento. Expresiones como "esto no va más" o "esto no se estila más" son una suerte de coartadas basadas en la conducta de los demás. Es cierto que las culturas van progresando en la captación de la conducta moral. Cada vez la explicitamos mejor. Por caso, ahora hay una conciencia creciente sobre la inmoralidad de la pena de muerte. En el pasado la Iglesia la aceptaba o, al menos, no la condenaba. En 2018 modifiqué el catecismo. Establecí que "es inadmisible porque atenta contra la inviolabilidad y la dignidad de la persona". Pero la moral no cambia. La llevamos adentro. Es parte de nuestro ser. Todo esto se los comenté para *El Jesuita*, pero quisiera sumar ahora un aspecto que condiciona el modo de pensar.

—*Adelante...*

—El problema del pensamiento único. Como pontífice muchas veces dije sí a la globalización, pero no como esfera, sino como poliedro, donde cada persona, cada pueblo conserve su identidad y a la vez la integre a un mundo global. En cambio, el pensamiento único lleva a la globalización del pensamiento. Va imponiendo las pautas culturales, incluso educativas. Es un proceso en el que el Estado les quita a los padres la capacidad de enseñar a sus hijos e, indirectamente, a través de esas pautas culturales, va educando las nuevas mentalidades. De una manera más pulida que en el pasado, con ribetes de supuesta modernidad, se va educando en los totalitarismos del siglo XX. Los medios también contribuyen y a los padres les queda muy poco espacio para educarlos. Para colmo, algunos de ellos asumen actitudes adolescentes y compiten con sus hijos.

—*Supuestamente los padres que pueden enviar a sus hijos a un colegio religioso o privado afín a su pensamiento están más resguardados que los alumnos de las escuelas estatales...*

—Es cierto que los padres que quieren educar a su hijo por ejemplo en el catolicismo lo mandan a un colegio católico, pero tienen que pagar. Aunque hay muchos gratuitos o casi. O que los padres que lo quieren educar dentro de un grupo social determinado lo mandan a tal o cual colegio y también tienen que pagar. Pero la cuestión son los contenidos, no solamente los curriculares, sino los valores nuevos, los valores rehechos que reciben los alumnos y que son los que impone la sociedad. Una vez en mi país fui a hablar con una ministra de Educación y me dijo que el Fondo Monetario condicionaba los créditos para el área educativa a la aceptación de una serie de libros que, por ejemplo, promovían la ideología de género. Y que para tratar de contrarrestarlo ella sumaba otros más acordes con la idiosincrasia argentina porque quería defender los valores argentinos.

—*Estaríamos, entonces, ante una especie de colonización cultural que apunta nada menos que a la educación, a aquellos que están en una etapa eminentemente formativa...*

—Colonización cultural o colonización ideológica es un término que uso mucho. No se trata solo de una penetración en el ámbito educativo. Cuando vienen a verme de países de África suelen transmitirme su malestar debido a que tienen que luchar contra culturas que les quieren imponer desde afuera. Porque para otorgarles un préstamo también a esos países les exigen mil cosas que van más allá de la educación. Y no son solamente económicas. Es que los someten a una serie de preguntas sobre aspectos de sus sociedades: ¿tienen ley de divorcio? ¿Ley del aborto? ¿Ley de matrimonio entre personas del mismo sexo? ¿Enseñan con "perspectiva" de género? Si no tienen nada de eso no les dan el dinero. Creemos que los lavados de cerebro y las granjas de reeducación son cosas del pasado, pero hoy se hacen de una manera imperceptible.

—*Sepa usted disculpar la terminología, pero los sociólogos de las religiones dicen que el "mercado de la fe" se volvió muy competitivo y el pasaje a otros cultos no es algo inusual.*

—Ya les dije que la Iglesia no crece por proselitismo, sino por atracción. Por hacer ver a Jesucristo a través de nuestro comportamiento. Claro que esto implica una "Iglesia en salida", como no me canso de repetir, que no es invento mío, sino que es el mandato de Jesús, que en el Evangelio de Marcos pide a los suyos que vayan por todo el mundo y prediquen el Evangelio a toda criatura. Más aún: la Iglesia o es "en salida" o no es Iglesia. Si no sale, se corrompe, se desnaturaliza. Se convierte en otra cosa. En una asociación espiritual, en una multinacional para lanzar iniciativas y mensajes de contenido ético-religioso. Lo cual no es malo, pero no es la Iglesia. Y esto va estrechamente ligado al Espíritu Santo, sin el que la misión se convierte en un proyecto de conquista religiosa o tal vez ideológica, quizá hecha con buenas intenciones, pero es otra cosa.

—*¿No hay entonces, al menos desde la perspectiva de la Iglesia católica, una competencia religiosa?*

—Lamentablemente, no me atrevería a decir que

el proselitismo es una cosa del pasado, de los tiempos del antiguo colonialismo o de conversiones forzadas o compradas con la promesa de ventajas materiales porque puede existir hoy en parroquias, movimientos, congregaciones religiosas... No solo tergiversa el espíritu evangélico, sino que daña el camino del ecumenismo y el diálogo interreligioso. Como digo en la encíclica Fratelli Tutti, el punto de partida entre las religiones debe ser la mirada de Dios, que no mira con los ojos, sino con el corazón. El amor de Dios es el mismo para cada persona, sea de la religión que fuere. Y si es ateo —con el cual también tenemos que dialogar— es el mismo amor. Cuando llegue el último día y exista luz suficiente sobre la tierra para poder ver las cosas como son... ¡nos vamos a llevar cada sorpresa!

—*¿Qué Iglesia le gustaría dejar?*

—Una Iglesia maternal como la que me recibió. Me gustaría despedirme con una Iglesia evangélica, con espíritu evangélico. Una Iglesia cercana a Jesús mediante el Evangelio, la oración y la eucaristía. Una Iglesia, en fin, alejada de los intereses mundanos y cercana a la gente, que sea servicio a la sociedad porque de lo contrario se convierte en servicio al poder.

17. El desafío de perdonar

La imagen del Cristo de Bojayá impresiona. Esta mutilado. Le faltan los brazos y las piernas. Pero lo que horroriza es su historia. De hecho, se decidió no restaurarlo, sino dejarlo como testimonio de acaso la peor masacre del largo enfrentamiento, contado en décadas, entre el Ejército, la guerrilla y los paramilitares en Colombia. Fue en 2002 cuando decenas de civiles se refugiaron en una iglesia del municipio, en el departamento costero pacífico del Chocó, escapando de un combate entre las FARC y los paramilitares de las llamadas Autodefensas Unidad de Colombia (AUC). Pero que terminaron siendo las víctimas de una bomba de la organización gerrillera que impactó en el templo y dejó un saldo de más de un centenar de muertos. En setiembre de 2017 la imagen fue colocada en lo alto detrás de una enorme tarima montada en el parque Las Malocas, en las afueras de la localidad colombiana de Villavicencio, una de las regiones de Colombia más castigadas por la violencia, donde el papa Francisco presidió ante una multitud el Gran Encuentro Nacional por la Reconciliación. Fue en el marco de una visita al país con el propósito central de respaldar el Proceso de Paz que un año antes había sufrido un revés cuando una ajustada mayoría de colombianos lo rechazó en un referéndum que patentizó lo profundamente dividida que estaba la sociedad entre quienes aceptaban el criterio del gobierno del entonces presidente Juan Manuel Santos de que debía hacerse un esfuerzo para ganar la paz y otorgar concesiones a los victimarios y quienes lo rechazaban y querían que se aplicara sin cortapisas la justicia para que las matanzas no quedaran impunes.

El desafío para el pontífice no era menor. Podría hasta decirse que su actitud no carecía de osadía. Es que los interrogantes que confrontaban a los colombianos eran perfectamente comprensibles. ¿Después de más de medio siglo de violencia guerrillera y paramilitar mezclada con narcotráfico —y la consecuente represión—, que dejó el pasmoso saldo de 260 mil muertos, 60 mil desaparecidos y siete millones de desplazados, puede una sociedad perdonar a sus victimarios? ¿O debe exigir el cumplimiento a rajatabla de la justicia, sin importar si ello dificulta el camino hacia la paz? ¿En qué punto el anhelo de justicia puede convertirse en deseo de venganza? ¿Perdonar significa olvidar? En todo caso, ¿quién debe perdonar y bajo qué circunstancias?

¿Lo puede hacer la sociedad o es una actitud estrícta-mente personal? ¿Qué aporte puede hacer la fe en fa-vor de sanar las heridas? No obstante, Francisco estaba dispuesto a correr el riesgo porque consideraba que el objetivo bien lo valía. Para encarnar su prédica se de-cidió que expusieran durante el encuentro testimonios de colombianos que fueron verdugos o sufrieron un dolor inasible por la pérdida de seres queridos y que habían decidido pedir perdón o perdonar y hasta com-prometerse en ayudar a otros a superar el mismo trau-ma. Por lo pronto —y más allá de cuán sincero haya sido el gesto—, horas antes del inicio se conoció que el máximo líder de las FARC, Rodrigo Londoño —alias "Timochenko"— le había enviado una carta al Papa en la que le pedía que lo perdone por el dolor que su or-ganización causó en más de cincuenta años de violen-cia. Ya en 2016 las FARC habían pedido perdón por la bomba que cayó en la iglesia.

Los testimonios fueron conmovedores. Deisy Sán-chez Rey contó que a los 16 años fue reclutada por su hermano para los paramilitares, durante tres años combatió, fue arrestada, pasó dos años en la cárcel y al salir reincidió. Finalmente se desvinculó. "Comprendí aquello que ya sentía desde hacía tiempo, o sea, que yo misma había sido una víctima y tenía necesidad de que me fuese concedida una oportunidad", dijo. Señaló que, movida por el deseo de reparar su daño, estudió psicología y comenzó a asistir a víctimas de la violencia y a adictos en recuperación. Luego, Juan Carlos Murcia Perdomo dijo que estuvo doce años en las FARC tras ser reclutado a los 16. Mutilado, precisó que había perdido su mano izquierda manipulando explosivos. "A pesar de que me enseñaron que el único dios verdadero son las armas y el dinero, no perdí del todo la fe y Dios me hizo comprender que la violencia no es el camino y que debía salir de la selva más profunda, la de mi corazón esclavizado por el mal, si quería vivir feliz", afirmó. Añadió que entonces creó una fundación que a través del deporte busca que los jóvenes no sean reclutados para las armas y las drogas. A su turno, Pastora Mira García contó que los guerrilleros mataron a su padre y a su primer marido, y que los paramilitares desaparecieron a su hija, cuyo cadáver encontró siete años después. Como un modo de aliviar el dolor a través del servicio, se dedicó a asistir a víctimas de desaparición forzada, pero que luego los paramilitares mataron a su hijo menor. Sin embargo, no se doblegó y llegó a atender, aunque sin saberlo, a uno de sus asesinos. Como signo, puso a los pies de la Cruz de Bojayá una camisa de su hija.

Pasados los años Francisco sigue teniendo muy presente aquellos testimonios, particularmente el de Pastora. No duda en considerarla un "apóstol del perdón social porque es perdonadora en una sociedad en la que muchos no se cansan de promover el camino de la reconciliación, a pesar de que esta palabra está muy gastada y hay que buscar otra". Asiente cuando le recordamos un término que prefería utilizar en su país: la "cultura del encuentro". Por otra parte, destaca "la honestidad de aquellas víctimas que admiten que todavía no perdonaron, pero quieren llegar a hacerlo". Reconoce que son muy humanas la bronca y el deseo de castigo, pero que también es propio de la naturaleza humana buscar la reconciliación y la paz. Lamenta, sin embargo, que haya victimarios que no sean capaces de reconocer sus acciones para facilitar el perdón de las víctimas. Específicamente, le viene a la mente la noche oscura que vivió su país en los 70 con acciones terroristas y una atroz represión de la dictadura —moralmente más grave por provenir del Estado— que dejó miles de desaparecidos. "Hay muchos militares presos que dicen que obraron bien y que lo hicieron por el bien de la patria, y quizás así lo querían, pero no admiten que echaron mano de métodos aberrantes, lo cual cierra las puertas al perdón", señala. Recuerda el caso de un obispo que durante una visita a una cárcel se encontró con un conspicuo ex represor y le ofreció confesarlo, pero este le respondió: "Yo solo me confieso ante Dios". Afirma que también le duele que, salvo alguna que otra excepción, tampoco los terroristas expresaron arrepentimiento. No obstante, destaca que tanto de un lado como del otro hay algunos que trabajan por el reencuentro.

En la otra punta de esta problemática el Papa señala

la tentación de caer en la venganza. En el caso de delitos graves, no solo piensa en la inclinación a "hacer justicia por mano propia", sino en un recurso judicial aún vigente en más de cincuenta países: la pena de muerte. "En mi criterio, no ofrece justicia, sino que fomenta la venganza", dice. Pero ante todo la considera "inadmisible porque atenta contra la inviolabilidad (el mandamiento 'no matarás' abarca tanto al inocente como al culpable, recuerda) y la dignidad de la persona, que no se pierde ni siquiera después de haber cometido crímenes muy graves". Por estos argumentos, en 2018, suprimió completamente del Catecismo de la Iglesia católica su aceptación, aunque en la última reforma de ese compendio doctrinal, que data de 1992, los casos en que los que la justificaba eran prácticamente inexistentes. ¿Y cuál era el fundamento? Cuando fuese —explicaba— "el único camino posible para defender eficazmente del agresor injusto las vidas humanas". Sin embargo, hoy existen sistemas de detención más eficaces, que garantizan la necesaria defensa de los ciudadanos. Además, el Papa advierte que la pena de muerte "le quita al reo la posibilidad de redimirse definitivamente. No olvidemos —subraya— que hasta último momento una persona puede convertirse y cambiar". En ese sentido, cree que "en toda condena debe haber un horizonte de esperanza". Por lo que considera incluso que la cadena perpetua "es discutible". Y completa: "Es que nadie puede cambiar de vida si no ve un horizonte".

Más allá de lo difícil que suele ser el camino hacia el perdón, el pedirlo y el otorgarlo, Francisco está convencido de que constituye actualmente "un problema muy serio porque no siempre se tiene en claro qué implica perdonar: no es un borrón y cuenta nueva, sino un proceso trabajoso". Por eso, considera muy valioso todo lo que ayude a clarificarlo dado que "el mundo necesita del perdón".

—*En el caso de Colombia estamos hablando de un proceso de reconciliación que se promueve a nivel de toda de la sociedad. ¿Pero no es el perdón una cuestión personal?*

—Sí, es personal. Pero también hay un perdón social basado en la voluntad popular de darlo. Porque el perdón social no se logra por un decreto. Colombia optó por un referéndum. Ahora bien, evidentemente no le es fácil perdonar a quien le mataron a un hijo. Pero también es cierto que la bronca cansa y que el perdonar termina siendo sanador. Desde el punto de vista cristiano, en el Evangelio leemos que Jesús se refiere a las personas que perdonan. Si ustedes no perdonan, el Padre no los va a perdonar, dice. De hecho, en el Padrenuestro menciona como condición para ser perdonado, perdonar. Claro que la capacidad de perdonar se enfrenta con algo que también está en la médula de la naturaleza humana: la tendencia a juzgar y condenar. Pero la conversión que propone Jesús pasa por perdonar. El concepto "ojo por ojo, diente por diente" del

Antiguo Testamento —aunque hay allí también afirmaciones misericordiosas— era una de las expresiones
de la justicia. Pero en el Nuevo Testamento esa concepción cambia radicalmente y se transforma en perdón.
Las parábolas son claras en ese sentido. Cuando Pedro
le pregunta a Jesús cuántas veces hay que perdonar, el
Señor le responde "setenta veces siete". Me gusta decir
que Dios no se cansa de perdonar, sino que somos nosotros los que nos cansamos de pedir perdón. Eso sí, el
cristiano debe saber que para perdonar hace falta rezar
mucho y en esa senda todos deben dejarse ayudar. Es
necesario, en definitiva, agrandar el corazón.

—*A primera vista podría pensarse que su planteo sobre el perdón excluye la justicia. O, dicho de otra manera, que ambos se contraponen.*

—Estaba hablando del perdón en general, que en
la dimensión religiosa implica para un cristiano arrepentimiento y propósito de enmienda. Ahora, cuando
estamos ante un delito por supuesto que debe hacerse
justicia. Porque una cosa es la ofensa y otra, el delito.
Pero interiormente debemos tratar de no tener rencor.
Es cierto que es más fácil perdonar el pecado que el
delito. En el caso de los abusos sexuales cometidos por
miembros del clero se trata de pecados gravísimos, pero
también de delitos que obviamente deben ser penados.
Además, recordemos que en el ámbito eclesiástico los
acusados son expulsados del ejercicio del ministerio
sacerdotal si son encontrados culpables tras un juicio

canónico. Incluso yo mismo separé a varios obispos que no actuaron como corresponde frente a una denuncia. Un nuncio estuvo preso aquí en el Vaticano. Es bien conocido el caso de Alí Agca, que atentó contra Juan Pablo II: el Papa lo perdonó, pero la justicia lo condenó y cumplió la pena. Dicho sea de paso, durante mi pontificado este señor se apareció en la Plaza de San Pedro con un ramo de flores. Al ser detectado por la Gendarmería vaticana dijo que venía para depositarlas en la tumba de Juan Pablo II. Entonces lo acompañaron hasta allí, las colocó y rezó unos minutos. Paralelamente, se dio aviso a la policía italiana y, como según tengo entendido entró al país sin dar aviso, fue deportado de inmediato.

—*Parecería ser que hay sociedades que procesan mejor su pasado que otras...*

—Es verdad, pero si uno escarba verá que siempre subyacen bolsones de rencor. Hace falta un trabajo continuo de las nuevas generaciones para transmitir la historia desde el perdón. Y por supuesto el gobernante tiene un papel relevante. Debe ser consciente de que en esto no hay término medio: si no se sabe cerrar heridas, si no se las cura, permanecen abiertas y se pudren. Es cierto también que en el camino hacia el perdón siempre cuesta dar el primer paso. Justamente, el lema de mi viaje a Colombia fue "dar el primer paso". En muchos casos pueden jugar un papel clave los mediadores. La mediación es una figura jurídica, pero a la vez muy humana. Diría que dentro del sistema judicial es de las más bellas. El mediador acerca a las partes, busca que haya un arreglo para evitar el juicio y ahorrar costos en las más diversas disputas y reclamos, incluso ante los conflictos familiares. En el plano religioso me atrevería a calificar la mediación como un apostolado muy importante. Exige ser creativo y saber buscar la oportunidad porque no siempre se puede. A veces la ocasión surge en un aniversario de una familia, donde al principio hay frialdad, pero de a poco las enemistades van cediendo. A los padres les cuesta perdonar a los hijos que erraron gravemente, pero el instinto de la carne, por decirlo de alguna manera, los lleva a acercarse a ellos y, si son cristianos, el mensaje del Señor los empuja a hacerlo.

—*¿Los padres serían pues el modelo de perdón?*

—Sí, porque siempre perdonan. Que no es lo mismo que dejar hacer lo que quiere el chico. Porque la clave es que comprenda que hizo algo malo y que tiene que cambiar; por eso lo perdona. ¿Cuál es sino el mensaje de la parábola del hijo pródigo? No obstante, solemos hacer hincapié en el hijo que se fue y malgastó todo el dinero de la herencia que le correspondía y cuando tuvo hambre volvió arrepentido y el padre organizó una fiesta para celebrarlo. Decimos que es el hijo pródigo. Pero el otro hijo que se había quedado y que al ver la celebración no quería entrar a la casa por celos, ofendió a su padre. Entonces este le explica que la fiesta es para celebrar el regreso de un hijo que anduvo por el mal camino. Al final, los perdona a los dos. Es triste ver a una familia enemistada por dinero. Lamentablemente, a veces hace falta que se muera el padre o la madre para que los hermanos se vuelvan a abrazar. A mi juicio, el arma más a la mano que tiene el demonio para desunir es no permitir el perdón. Un impedimento que con frecuencia comienza en la vergüenza de perdonar o de pedir perdón.

—*¿Qué opina de la actitud de perdonar sin olvidar?*

—Es parte de la realidad de la vida. Una ofensa es una herida y las heridas dejan cicatrices. El perdón la cura, pero la marca queda. Algunos son perfeccionistas y dicen que hay que perdonar y luego hacerle cirugía estética a la cicatriz. Pero lo cierto es que lo que sucedió no se olvida. De todas formas, Dios nos da la fuerza para superarlo. Ahora bien, en el miedo a pedir perdón o a perdonar hay dos actitudes contrapuestas en tensión. Una es la crueldad de no querer perdonar al que me ofendió para hacerlo sufrir; sería digamos un modo de "pasarle factura". Tengamos en cuenta que la crueldad es un trauma más común de lo que parece. La otra es la ternura, que es lo que hace falta siempre para consolidar el perdón. La capacidad de acariciar, que se perdió en la sociedad del descarte de los ancianos, de los enfermos, de los jóvenes que vivimos y a la que me refiero con frecuencia. En esa sociedad prima la crueldad y hay que hacer la revolución de la ternura. Acariciar es el instinto más primario de la persona. Lo primero que hace la madre cuando toma a un hijo recién nacido es acariciarlo.

—*Pese a la prédica de Jesús a favor del perdón, en la Iglesia prevaleció el castigo llevado en algún momento de su historia a lo físico y con gran crueldad. ¿Cuánto queda de esa inclinación?*

—Sí, algo queda. Y cambiar esa cultura no es fácil. Creo que en el fondo subyace una tendencia muy arraigada hacia la venganza, a la que me acabo de referir hablando de inclinaciones de la condición humana. Pero también expresa una inclinación maniquea a dividirlos en buenos y malos, y no reconocernos como pecadores. Me explico: el perdón tiene una gran dosis de gratuidad. O sea, dar gratuitamente al otro lo que también gratuitamente recibí. Claro que el que nunca tuvo necesidad de pedir perdón y lo recibió gratuitamente difícilmente pueda perdonar. ¿Y por qué no tuvo necesidad de pedir perdón? Porque no se dio cuenta de que lo necesitaba. ¿Quién en la vida no se equivocó? ¿Quién no cometió errores? Todos de alguna manera debemos pedir perdón a Dios o al prójimo. Pero como ya lo dije alguna vez no solo hay que estar dispuesto a otorgar el perdón, sino también a recibirlo para que la reconciliación se cristalice. En definitiva, el perdón es algo que para realizarse de modo completo demanda que se superen muchas cosas.

—*¿A usted le cuesta perdonar?*

—En mi caso siempre fue algo instintivo, siento que debo perdonar. Además, y siguiendo el razonamiento anterior, me acuerdo de mis errores y digo que si yo me equivoco también el otro puede equivocarse. Tampoco puedo dejar de tener en cuenta las veces que fui perdonado por los que ofendí. Por otro lado, como hombre de fe me pregunto cómo con todo lo que Dios me perdonó no voy a perdonar a quienes me ofendieron. A mí me ayuda mucho el final del capítulo 16 de Ezequiel en el Antiguo Testamento cuando Dios le echa en cara en duros términos al pueblo de Israel el abandono de su fe, pero finalmente lo perdona y le da el poder sobre sus hermanos. En mi caso, miro para atrás, veo mis pecados y mis errores y digo: ¡quién soy yo para no perdonar! Es cierto que en la posición que me encuentro de pontífice también debo hacer justicia, pero primero perdono. No obstante, perdonar no es fácil. Además, a mí me cuesta un poco olvidar. No me resulta fácil sacarme de la cabeza algunas cosas que me hicieron. Pero la oración me ayuda mucho.

18. Una Iglesia que mira al futuro

En el comedor de Santa Marta los habituales y ocasionales comensales repartidos en una decena de mesas cruzaban miradas de asombro. El papa Francisco estaba intercambiando un cordial saludo con un obispo cuya ordenación en 1988 —junto a otros tres sacerdotes— sin la autorización del papa Juan Pablo II fue considerada por el Vaticano una "actitud cismática". Esto determinó la excomunión automática de su consagrante, el tradicionalista monseñor Marcel Lefebvre, del co-consagrante, monseñor Antonio de Castro Mayer y de los cuatro ordenados. Se trataba del suizo Bernard Fellay, quien hasta 2018 fue el superior de la Fraternidad San Pío X, la congregación religiosa fundada por Lefebvre. Es que, desde que Jorge Bergoglio llegó al papado, permitió como un gesto conciliatorio que los clérigos lefebvristas se alojen en la residencia del Vaticano cuando van a Roma y Fellay no deja de acercarse y estrecharle la mano cada vez que pernocta allí y se lo cruza. La actitud de Francisco llamó la atención porque proviene de un pontífice cuyo perfil lo lleva a estar muy alejado de las posiciones ultraconservadoras de Lefebvre y sus seguidores. Aunque, en rigor, Roma —que nunca llegó a considerar estrictamente la actitud de rebeldía como un cisma— ya venía procurando un acercamiento. En 2009, el papa Benedicto XVI levantó la excomunión que pesaba sobre los cuatro obispos ordenados —Lefebvre y Castro Mayer murieron en 1991— como un gesto para facilitar las tratativas, pese a que mantuvo una sanción disciplinaria que también regía: la suspensión "a divinis", que impide ejercer el ministerio sacerdotal. La medida le acarreó a Joseph Ratzinger un gran disgusto porque casi simultáneamente se conocieron declaraciones de uno de los beneficiados, el inglés Richard Williamson, en las que negaba que los nazis hayan usado cámaras de gas para exterminar a los judíos, afirmación que provocó una ola de indignación mundial. Y que derivó en su relevo de la dirección de un seminario que la congregación tiene en la Argentina, donde residía. Además, el gobierno decidió expulsarlo del país por negacionista. Finalmente, la Fraternidad San Pío X, siendo Fellay su superior general, lo separó.

Siempre en tren de un acercamiento con los lefebvristas, Francisco también ordenó a la curia romana que atendiera ciertos requerimientos que pudieran elevar sus clérigos, como los pedidos de reducción al estado laical. Además, les otorgó licencia ordinaria para confesar —o sea, la confesión con un ministro de la Fraternidad San Pío X es válida para la Iglesia— y para levantar las excomuniones ordinarias que puedan pesar sobre los fieles. E incluso para que puedan oficiar el sacramento matrimonial, siempre que notifiquen al obispo respectivo. Claro que el escollo principal para llegar a un entendimiento —si bien no se refiere a dogmas de fe— es el rechazo manifestado por Lefebvre y sus seguidores a las posiciones aperturistas del Concilio Vaticano II, más un hecho puntual que gatilló la crisis: el reemplazo de la llamada misa tridentina —oficiada en latín y de espaldas a los fieles— por la celebración actual —en la lengua vernácula y de cara a los fieles— tras la autorización por parte de Pablo VI de un nuevo misal, en 1970. De todas maneras, Benedicto XVI aclaró en 2007 en un decreto (motu proprio) que la antigua modalidad nunca fue abolida y estableció que los fieles que quisieran optar por ella, si reunían un número razonable, podían solicitarla a su obispo. Aunque no pensaba solo en los lefebvristas, su decisión implicaba una contribución a allanar el camino a un acuerdo —a lo que se sumaría el levantamiento de las excomuniones—, pero sin que las conversaciones prosperaran. Como antes los de Benedicto XVI, los gestos de Francisco no cayeron bien en sectores de la Iglesia que creen que los lefebvristas se alejaron en demasía de

Roma. "Mis decisiones molestaron a algunos", admite el propio Papa. Pero argumenta que —al igual que su predecesor— las tomó impulsado por el deseo de esforzarse por la unidad de los cristianos, "respetando en lo que sea posible la diversidad". Se trata de un objetivo relevante en la Iglesia católica por la recomendación de Jesús recogida en el Evangelio de Juan: "Sean uno para que el mundo crea". De hecho, Jorge Bergoglio considera que esta constituye una premisa de gran vigencia "porque estamos en época de cismas, de microcismas y de actitudes cismáticas".

No obstante, a mediados de 2021, Francisco tomó una decisión de gran impacto en los sectores tradicionalistas porque implica una vuelta atrás en la flexibilización de la misa tridentina: la limitó al máximo tras evaluar que su celebración estaba siendo usada para profundizar las diferencias internas. Concretamente, ahora para celebrarla hace falta la autorización del obispo del lugar, siguiendo las orientaciones de la Santa Sede. Este, además, deberá indicar el lugar donde se oficiará, que no podrá ser en una iglesia parroquial. Y controlar que sus participantes no desconozcan la validez de la misa en su modo actual. Al anunciar la medida, Francisco dijo que fue el fruto de una consulta a los obispos de todo el mundo. "Las respuestas recibidas revelaron una situación que me duele y me preocupa, confirmándome la necesidad de intervenir", señaló. En ese sentido, lamentó que la posibilidad ofrecida por

Benedicto XVI y Juan Pablo II (el Papa polaco también había permitido el rito en latín) para "recomponer la unidad del cuerpo eclesial en el respeto de las varias sensibilidades litúrgicas, fue usada para aumentar las distancias, endurecer las diferencias y construir contraposiciones que hieren a la Iglesia y frenan su camino, exponiéndola al riesgo de divisiones". Admitió, sin embargo, que también le duelen los "abusos" en las celebraciones litúrgicas habituales, fruto de una excesiva creatividad que "muchas veces lleva a deformaciones al límite de lo soportable". Pero afirmó que igualmente lo entristece "un uso instrumental del Misal Romanum de 1962 [la misa en latín], siempre más caracterizado por un rechazo creciente no solo de la reforma litúrgica, sino del Concilio Vaticano II, con la afirmación infundada e insostenible de que traicionó la Tradición y la 'verdadera Iglesia'. Dudar del Concilio significa dudar de los padres, que ejercitaron su potestad colegial en modo solemne "cum Petro et sub Petro" (con Pedro y bajo Pedro) en el concilio ecuménico y, en último análisis, dudar del mismo Espíritu Santo que guía a la Iglesia". Por tanto, concluye: "Es para defender la unidad del cuerpo de Cristo que me veo obligado a revocar la facultad concedida por mis predecesores".

—*Aquí aparece la disputa entre conservadores y progresistas que se manifestó con fuerza durante el Concilio Vaticano II, precisamente porque procuró "poner al día" a la Iglesia, y en los años inmediatamente posteriores. ¿Aún no se terminaron de asimilar sus enseñanzas?*

—Lo primero que quiero decir es que al cumplirse sesenta años del concilio [en 2022] afirmé que ni el progresismo que se adapta al mundo, ni el tradicionalismo o el involucionismo que añora un mundo pasado, son pruebas de amor, sino de infidelidad. Son egoísmos pelagianianos que anteponen los propios gustos y planes al amor que agrada a Dios, ese amor sencillo y fiel que Jesús le pidió a Pedro. ¿Me amas tú? En ese momento, llamé a redescubrir el concilio para volver a dar la primicia a Dios, a lo esencial, a una Iglesia que esté loca de amor por el Señor y por todos los hombres que Él ama, a una Iglesia que sea rica de Jesús y pobre de medios, a una Iglesia que sea libre y liberadora. Además, le pedí a Dios que nos libre de la autoexclusión de la unidad, del engaño diabólico de las polarizaciones, de los "ismos". Ahora bien, las tensiones entre los que resisten los cambios y los que van más allá de los postulados son comprensibles: los estudiosos de la historia de la Iglesia dicen que un concilio necesita cien años para asentarse y plasmarse. Estamos en la mitad.

—*En los últimos años usted dispuso un vasto proceso de consulta al clero y a los fieles en todo el mundo para auscultar su pensamiento sobre la Iglesia y sus desafíos actuales con vistas a mejorar la acción religiosa. ¿No teme atizar las diferencias?*

—En 2021 iniciamos el llamado Camino Sinodal, un

proceso de escucha y discernimiento que finalizará en 2024. Los sínodos eran espacios de deliberación en los primeros siglos del cristianismo. Etimológicamente, la palabra "sínodo" significa "caminar juntos". Esto implica oír diversos pareceres. Y, por cierto, la pluralidad enriquece. Más aún: debemos superar la tentación de la uniformidad. Pero la pluralidad entre los miembros del cuerpo solo tiene sentido desde la unidad en Cristo cabeza. Desde esa unidad en la pluralidad, con la fuerza del Espíritu, la Iglesia está llamada a abrir caminos y, también, a ponerse ella misma en camino. En definitiva, "hacer sínodo" es caminar juntos en la misma dirección. Obviamente, esto también implica diálogo en todos los estamentos de la Iglesia, pero sin caer en una actitud solo deliberativa porque entonces ya no es un proceso sinodal, sino que se convierte en una agenda de opiniones como si fuese un partido político. Esto es otra cosa. Es decir lo que uno piensa y dejar que el Espíritu Santo lo armonice. Porque el Espíritu Santo, precisamente, es el que acompaña y guía el Sínodo.

—*Usted, además, junto a un grupo de cardenales, dedicó nueve de los diez años a una reforma de la curia romana que entró en vigor al promediar 2022. ¿Cuál fue el objetivo? ¿Que la Iglesia sea menos centralista?*

—Esto surgió de los debates entre los cardenales previos a mi elección. Allí se manifestó la necesidad de que los organismos de la curia estén organizados de una manera que promueva más la tarea evangelizadora de la Iglesia que, como dije, hace a su esencia. De hecho, el nombre de la constitución apostólica donde se la describe se llama Praedicate Evangelium. Esto implicó un rediseño de esos organismos, pero como parte de un esquema dinámico, de una Iglesia en camino en el que la curia romana no se interpone entre el Papa y los obispos, sino que se pone al servicio de ambos en las formas propias de la naturaleza de cada uno. No me gusta la palabra "centralista". Diría que se busca una Iglesia más sinodal. También otorga más participación a los laicos en funciones de gobierno y de responsabilidad. Cualquier fiel puede presidir un dicasterio [ministerio] o un órgano curial. En definitiva, avanzamos hacia una estructura más misionera.

—*En el marco de esa reforma usted emitió un decreto que modifica la relación del Opus Dei con el Vaticano, que desde 1982 era una "prelatura personal" que dependía directamente del Papa y ahora ya no. Además, dispuso que su superior no sea un obispo como venía siéndolo. Hay quienes dicen que "La Obra" fue degradada...*

—No estoy de acuerdo. Es una interpretación típicamente mundana, ajena a la dimensión religiosa. Por lo pronto, el Opus Dei —que sigue siendo una prelatura— no es el único alcanzado por una reorganización durante mi pontificado. Pienso, por ejemplo, en Comunión y Liberación, la Comunidad de San Egidio y el Movimiento de los Focolares. El Opus Dei reportaba a la Congregación para los Obispos, pero ahora lo hará a la Congregación para el Clero, como corresponde a las prelaturas personales. Ello conlleva que el informe de su quehacer ya no será quinquenal, sino anual. En cuanto a que quien esté al frente no será más promovido al episcopado, la decisión —como dice claramente el decreto— tiene el propósito de reforzar una forma de gobierno fundada no tanto en la autoridad jerárquica, sino sobre todo en el carisma que, en el caso del Opus Dei, implica buscar la santificación a través del trabajo y de los compromisos familiares y sociales.

—*Hay vaticanistas que afirman que reformar la curia romana más allá de las estructuras, en cuanto a modificar hábitos que alejan de una actitud de apertura y servicio, es imposible...*

—Es difícil, pero no imposible. ¡Cuánto hablé en estos años de la necesidad de que seamos pastores y no funcionarios clérigos de despacho! No obstante, es una tarea de todos los católicos hacer que la Iglesia sea cada vez más un lugar de solidaridad, de fraternidad y de acogida. Me da miedo cuando veo comunidades cristianas que dividen el mundo en buenos y malos, en santos y pecadores. De esa manera, terminamos sintiéndonos mejores que los demás y dejamos fuera a muchos que Dios quiere abrazar. Hay que incluir siempre. ¡Cuánto hablé también de la Iglesia hospital de campaña después de la batalla! ¡De una Iglesia samaritana! Diría más: no debemos ser solamente una Iglesia que acoge y recibe, manteniendo sus puertas abiertas, sino más bien una Iglesia que encuentra caminos nuevos, capaz de salir de sí misma yendo hacia el que no la frecuenta, hacia el que se marchó de ella, hacia el indiferente.

—*Precisamente, usted desde el comienzo de su pontificado, o incluso antes, viene insistiendo en la necesidad de que la Iglesia como clero y laicos vaya a las periferias geográficas y existenciales...*

—En los debates de los cardenales previos a la elección papal afirmé que "la Iglesia está llamada a salir de sí misma e ir hacia las periferias, no solo las geográficas, sino también las existenciales: las del misterio del pecado, del dolor, las de la injusticia, de la ignorancia y de la prescindencia religiosa, las de toda miseria". No es este anhelo producto de una elaboración intelectual, sino práctica. Porque como obispo en Buenos Aires viví mucho la importancia de salir para ir al encuentro del otro, a las periferias, que son sitios, pero son sobre todo personas en situaciones de vida especial. Y la cercanía es fundamental. La Iglesia es madre, y yo no conozco ninguna mamá "por correspondencia". La mamá da afecto, toca, besa, ama. Cuando la Iglesia no está cerca de sus hijos por estar ocupada en miles de cosas o se comunica con ellos mediante documentos es como si una madre se comunicara con sus hijos por carta.

—*A diferencia de Europa y América, la Iglesia se expande sobre todo en África, pero también en países de*

Asia. Corea del Sur vivió en los últimos años un boom
de vocaciones sacerdotales. En una misa que usted cele-
bró en 2015 en Manila, Filipinas, se congregaron más de
seis millones de personas, una concurrencia superior a la
que tuvo la que ofició allí Juan Pablo II...

—Me sentí anonadado ante esa multitud. Era el pueblo de Dios y el Señor estaba allí. Un pueblo entusiasta
y alegre de verdad. Pero también sentí que Dios me decía a mí y a todos los pastores presentes que no debíamos perder de vista que somos servidores de todas estas personas, que los protagonistas son ellos. En cuanto
a la expansión, siempre les pido a los misioneros que, si
en algún momento alguno de ellos se da cuenta de que
está haciendo proselitismo, por favor que se detengan.
El anuncio es otra cosa. El apóstol es testigo. Esto vale
siempre y en todas partes en la Iglesia, pero vale especialmente para quien está llamado a menudo a vivir
la misión en contextos de primera evangelización o de
prevalente religión islámica. No me canso de repetirlo:
no se comienza a ser cristiano por una decisión ética o
una gran idea, sino por el encuentro personal con Cristo, con su amor y con su misericordia.

—*Si hablamos de Oriente tenemos que hablar de*
China. Las relaciones con el Vaticano se interrumpieron
hace más de setenta años con la irrupción del comunis-
mo, los clérigos fueron expulsados o encarcelados y des-
de entonces la libertad religiosa está muy restringida.
Los 12 millones de católicos chinos se dividen entre la

llamada "Iglesia clandestina", fiel a Roma, y la deno-
minada "Iglesia patriótica", que responde al régimen.
Usted logró un acuerdo que parecía poco menos que im-
posible...

—Ante todo, quiero destacar la importancia de la carta de Benedicto XVI a los obispos y fieles católicos chinos, en 2007. En sus más de cincuenta páginas, expone la situación de la Iglesia en ese país y posibles caminos hacia la normalización de su presencia. En ese marco aborda la cuestión de los obispos ordenados sin mandato pontificio. En 2018 suscribimos un Acuerdo Provisional por dos años, prorrogado en 2022 por otros dos, por el cual todos los obispos están en plena comunión con el Sucesor de Pedro y a la vez no hay más ordenaciones episcopales ilegítimas. Las primeras seis ordenaciones episcopales que se hicieron conforme al procedimiento establecido en el acuerdo dejan al Papa la última y decisiva palabra. Además, los primeros seis obispos "clandestinos" también obtuvieron el registro y, por lo tanto, se oficializó su posición, siendo reconocidos como obispos por las instituciones públicas chinas.

—*Sin embargo, el acuerdo suscitó críticas dentro de la propia Iglesia porque, mientras el Vaticano mostró buena disposición, el gobierno chino sigue restringiendo el accionar de la Iglesia y hasta continúa persiguiendo a católicos...*

—No desconozco los problemas y los padecimientos.

Ahora bien, ante una situación cerrada hay que buscar lo posible, no lo ideal. La diplomacia es el arte de lo posible y de hacer que lo posible se convierta en real. Por eso, apostamos a los pequeños pasos, a abrazar lo que el cardenal Agostino Casaroli, artífice de la ostpolitik del Vaticano hacia los países de la Europa del Este bajo el imperio soviético, llamaba el "martirio de la paciencia". Muchos criticaron no solo a Casaroli, sino también a Juan XXIII y Pablo VI, pero la diplomacia es así. Además, la Santa Sede siempre contó con grandes diplomáticos y este acuerdo lo está llevando adelante nuestro secretario de Estado, el cardenal Parolin, que es un diplomático de alto nivel. Es cierto que la implementación del acuerdo va despacio, diría que a la manera china porque tienen un particular sentido del tiempo.

—*Cuando viajó en 2014 a Corea se convirtió en el primer pontífice que sobrevoló el espacio aéreo chino. Siendo un Papa que proviene de una orden religiosa como los jesuitas que tanto se esforzó por la presencia de la Iglesia en China, ¿qué sintió?*

—Cuando íbamos a entrar en el espacio aéreo chino estaba en la cabina con los pilotos y uno de ellos me señaló un control del tablero que indicaba que estábamos a diez minutos de hacerlo y que debíamos pedir autorización como corresponde con cada país. Escuché cómo pedían la autorización y cómo les respondían. Inmediatamente, transmitieron el telegrama de salutación que siempre se envía en los vuelos papales al sobrevolar un país. Luego, me despedí de los pilotos, volví a mi asiento y recé un buen rato por el grande y noble pueblo chino... Pensé en los grandes sabios chicos, en su historia de sabiduría. También pensé en la parte de nuestra historia que tenemos allí los jesuitas, especialmente con el padre Matteo Ricci, que fundó las primeras comunidades católicas y se ganó la admiración del emperador por sus conocimientos científicos.

—*Calificados analistas dicen que la resistencia del régimen a las religiones en general y a la católica en particular tiene que ver con un temor a que introduzcan una cultura occidental que a la larga amenace su continuidad...*

—Vuelvo a la carta de Benedicto XVI: "La Iglesia católica que está en China no tiene la misión de cambiar la estructura o la administración del Estado, sino la de anunciar a los hombres a Cristo. La Iglesia no puede ni debe ponerse en el lugar del Estado". Respetamos al pueblo chino. La Iglesia lo único que quiere es libertad para cumplir con esa misión. No pedimos más que eso.

—*¿Está dispuesto a ir a China?*

—¡Mañana mismo si fuera posible!

19. Del dolor a la esperanza

Era una tarde desapacible, lluviosa, fría, oscura. El papa Francisco comenzó a caminar hacia las escalinatas de la basílica de San Pedro donde se había levantado una austera plataforma techada. Impactaba verlo en la plaza, siempre concurrida al momento de la aparición de un pontífice, esta vez desierta debido a la reclusión impuesta por la cuarentena. Acaso constituía una metáfora de un mundo que había entrado en una noche oscura, de duración y final inciertos. Un tiempo de inesperadas tribulaciones que ponía de manifiesto la fragilidad humana. Era el 22 de marzo de 2020. Hacía once días que la Organización Mundial de la Salud había declarado el estado de pandemia por la irrupción del Covid-19. Los contagios empezaban a crecer con fuerza y buena parte del mundo comenzaba a detenerse. La gente se encerraba en sus casas, los enfermos eran aislados y muchos morían en soledad. Ni siquiera era posible ir a rezar a una iglesia, una sinagoga, una mezquita... Los economistas advertían sobre el impacto negativo que iba a tener la cuarentena en la economía si se prolongaba durante meses, y los psiquiatras y psicólogos alertaban acerca del daño en la salud mental de la población por la angustia y el aislamiento. Francisco había decidido elevar esa tarde una oración a Dios con el fin de pedirle que templara los espíritus ante la catástrofe e inspirara a sacar lo mejor de cada uno para que produjera el menor daño posible.

Dos semanas antes el Papa había llamado la atención al caminar como peregrino por las calles vacías de la Ciudad Eterna. Movido por su deseo de implorar el fin de la pandemia, la curación de los enfermos, el alma de los fallecidos y el consuelo de los familiares, así como por el personal sanitario y todos los demás que arriesgaban su vida en tareas esenciales, fue a la basílica de Santa María Mayor a rezar ante la imagen de la Virgen Salus Populi Romani, protectora de Roma. Y luego, a pie, hasta la iglesia de San Marcello, también a orar, esta vez frente al crucifijo que en el año 1522 fue llevado en procesión por los barrios de la ciudad para acabar con la llamada Gran Peste. Pero su ruego en soledad en la Plaza de San Pedro —que cerró con la bendición Urbi et orbi, impartida solo en Navidad y Pascua— tuvo un enorme impacto mundial, al punto de convertirse en una imagen icónica de su pontificado. Además, las palabras que pronunció fueron interpelantes. "La tempestad desenmascara nuestra vulnerabilidad y deja al descubierto esas falsas y superfluas seguridades con las que habíamos construido nuestras agendas, nuestros proyectos, rutinas y prioridades", advirtió. Como contrapartida, destacó a quienes estaban arriesgando su vida: "Médicos, enfermeros y enfermeras, encargados de reponer los productos en los supermercados, limpiadoras, cuidadoras, transportistas, fuerzas de seguridad, voluntarios, sacerdotes, religiosas y tantos otros que comprendieron que nadie se salva solo".

La pandemia arrojaría a mediados de 2022 un saldo de casi 15 millones de muertos, según la Organización Mundial de la Salud, y provocaría un aumento drástico de la desigualdad social en el marco de un deterioro económico que demandaría mucho más tiempo para su recuperación a los países en desarrollo, como señalaría luego el Banco Mundial. Para Francisco semejante tragedia debería hacer reflexionar a la humanidad. Y así como sus afirmaciones de que "todos estamos en la misma barca" y "nadie se salva solo" quedaron en la memoria de muchos, también otra afirmación papal: que de una crisis no se sale igual, sino mejor o peor. No pensaba únicamente en las personas, sino también en las empresas y las naciones. Por caso, en la solidaridad que debían manifestar los laboratorios y los países más desarrollados compartiendo las patentes y las vacunas con los pueblos más pobres. Claro que los creyentes —recordó Francisco aquella tarde— tienen un motivo adicional para sacar lo mejor y no lo peor del ser humano, para abrazar la superación en medio de tanto dolor y penuria: recordó el pasaje del Evangelio que cuenta la tempestad que sobrevino cuando Jesús y sus discípulos navegaban. "Al igual que los discípulos, experimentaremos que, con Él a bordo, no se naufraga. Porque esta es la fuerza de Dios: convertir en algo bueno todo lo que nos sucede, incluso lo malo. Él trae serenidad en nuestras tormentas, porque con Dios la vida nunca muere", afirmó Francisco.

Pero la noche oscura de aquel 27 de marzo de 2020 preanunciaba otras tragedias. Cuando la pandemia empezaba a mermar, tambores de guerra comenzaban a sonar en Europa. El Papa los empezó a escuchar antes que muchos. Fue a raíz de una visita que en diciembre le hizo a un jefe de Gobierno para despedirse con motivo de finalizar su mandato (aunque luego el parlamento lo reeligió). Este le dijo que el avance que se estaba produciendo en las tratativas para el ingreso de Ucrania en la OTAN con el apoyo de los Estados Unidos constituía una imprudencia porque provocaría una guerra con Rusia. Es que para Moscú la presencia de fuerzas y misiles de la alianza militar occidental en un país vecino constituiría una amenaza, más allá de la decisión soberana de Ucrania. Lo cierto es que el 23 de febrero de 2022, un día antes de que se iniciara la invasión rusa, el Papa convocó a una jornada mundial de ayuno y oración por la paz para el 2 de marzo, Miércoles de Ceniza, en que los cristianos inician el tiempo de Cuaresma, ante el "empeoramiento de la situación en Ucrania". Al día siguiente de iniciadas las operaciones bélicas rusas Francisco, en vez de convocarlo como sería de práctica, fue a ver al embajador de la Federación Rusa ante la Santa Sede, Aleksandr Avdeev, para expresarle su preocupación. Comenzaban ingentes gestiones del Papa y la diplomacia vaticana para detener la guerra, y sus condenas públicas a la guerra que fueron subiendo de tono.

En contraste con la nueva conflagración, que se sumaría a muchas otras en distintas regiones del planeta, en un mundo con autocracias, populismos, liberalismos "al servicio de los intereses económicos de los poderosos" y, en fin, polarizaciones, en octubre de 2020 Francisco había difundido su encíclica Fratelli Tutti, en la que proclama la fraternidad y amistad social como los caminos adecuados para construir un mundo más justo, pacífico y mejor. Un año antes, en su paso por Nagasaki e Hiroshima, víctimas de la devastación atómica, había clamado por el fin de las armas nucleares. "La encíclica pretende promover una aspiración mundial a la fraternidad y la amistad social a partir de una pertenencia común a la familia humana, del hecho de reconocernos como hermanos porque somos hijos de un solo Creador, todos en la misma barca y por tanto necesitados de tomar conciencia de que en un mundo globalizado e interconectado solo podemos salvarnos juntos", escribió Isabella Piro en el sitio Vatican News. A lo largo de sus 200 páginas divididas en ocho capítulos, Francisco trata de responder cuáles son los grandes ideales, pero también los caminos concretos a recorrer, para quienes quieren construir un mundo más justo y fraterno en sus relaciones cotidianas, en la vida social, en la política y en las instituciones. E incluye una fuerte reivindicación de la buena política, que, como otro pontífice, considera la forma más elevada de la caridad, porque se ocupa del bien común.

—*¿Salimos mejores o peores de la pandemia? Hay quienes dicen que los buenos seguirán siendo buenos, los malos, malos y que, en definitiva, el mundo mucho no va a cambiar...*

—Por lo pronto, no salimos todavía. Cuando era estudiante, los virus de la familia de los corona a lo sumo producían un resfrío, pero mutaron y se volvieron una grave amenaza. Hoy siguen mutando, aunque algunos científicos dicen que actualmente su peligrosidad estaría disminuyendo por su propia subsistencia. Ahora bien, la regla es que de una crisis no se sale igual. O salimos mejores o salimos peores. En cuanto a cómo reacciona un "bueno" y un "malo", según las categorías que ustedes utilizan para formular la pregunta, debo decir que un malo que atraviesa una crisis y no quiere cambiar sale peor. Pero de una crisis no se puede salir solo. O salimos todos o no sale nadie. En ese aspecto, la crisis nos devolvió el sentido de que nos necesitamos mutuamente. Luego del primer año de la pandemia afirmé que había llegado el momento para abrazar un nuevo humanismo que pueda canalizar la fraternidad que afloró en tantas personas, que en muchos casos llegaron a ofrendar sus propias vidas por los demás, como médicos, enfermeras, personal de la salud en general, sacerdotes, religiosos y religiosas. Debemos abrazar un nuevo humanismo para terminar con la globalización de la indiferencia y la hiperinflación del individuo. Tenemos que sentir de nuevo que nos necesitamos los unos a los otros, que somos responsables de los demás.

—*Pero el mundo no parece dispuesto a cambiar, al menos a avanzar en grandes cambios. Pese a que vivimos una enorme tragedia, existe la impresión de que no alcanzó para un cambio generalizado, que todo sigue igual...*

—Sin embargo, nos habían dicho que la sociedad es tan solo un conjunto de individuos que buscan su propio interés, que la unidad del pueblo es solo una fábula; que somos impotentes ante el poder del mercado y del Estado y que el objetivo de la vida es el lucro y el poder. Pero con la llegada de la tempestad vimos que no es así. Es cierto que la visión predominante en la política occidental considera a la sociedad poco más que un conjunto de intereses que coexisten y sospecha del lenguaje que valora los lazos de la comunidad y la cultura. También es verdad que hay visiones como los diversos populismos que deforman el significado de la palabra "pueblo" al vincularlo con ideologías que se enfocan en supuestos enemigos, internos y externos, recurriendo a una retórica a menudo cruel que denigra al otro. Así, mientras una visión ensalza y promueve al individuo atomizado dejando poco espacio para la fraternidad y la solidaridad, la otra reduce al pueblo a una masa sin rostro que dice representar. Pero desde el principio de la pandemia estoy diciendo que no podemos dejar pasar este esclarecedor momento. No permitamos que las nuevas generaciones digan que frente a la crisis del Covid-19 no pudimos actuar para restaurar la dignidad de nuestros pueblos.

—*La pandemia potenció la comunicación a distancia, el encuentro virtual, el home office. La Iglesia católica como otras confesiones apelaron a las nuevas tecnologías para difundir sus oficios religiosos. ¿Cómo evalúa su impacto en las relaciones humanas?*

—Evidentemente, todo eso se potenció. Pero también experimentamos en carne propia que ningún medio digital puede satisfacer el deseo del alma humana de tener contacto directo con sus seres queridos y su realidad. Nada puede sustituir la interacción directa con la complejidad que ofrecen las experiencias de los demás. La comunicación es mucho más que una conexión, es mucho más fructífera cuando hay vínculos de confianza: comunión, fraternidad, presencia física. El distanciamiento social fue una respuesta necesaria a la pandemia, pero no puede sostenerse en el tiempo sin erosionar nuestra humanidad. Nacimos para estar en contacto y no solo en conexión. La Iglesia también recurrió a los medios digitales. No había otra manera. En mi caso se transmitía la misa diaria que oficio en Santa Marta. A su vez, hubo sacerdotes que iban a las casas de las personas que no podían salir para hacerles las compras. Recuerdo que me llamó un obispo furioso porque no lo dejaban entrar a los hospitales para brindar asistencia espiritual a los enfermos. Le dije que apelara a su instinto de pastor. Terminó bendiciendo desde la entrada. Consiguió, además, que un católico distribuyera adentro la eucaristía. Eso sí, puede haber circunstancias excepcionales como una pandemia, pero no existe el cristianismo "a distancia".

—*¿Cómo vivió el aislamiento?*

—De alguna manera vivo aislado porque estudio mucho, trabajo mucho. Pero el hecho de no haber tenido audiencias, no haber tenido coloquios me pesaba mucho. Pero no es verdad como algunos periódicos escribieron que no quería ponerme el barbijo. Cuando estaba solo delante en las ceremonias no lo usaba. Tampoco cuando tenía un encuentro oficial con una persona guardando distancia por una cuestión de educación. Lo positivo es que tuve más tiempo para rezar. De todas maneras, tengamos en cuenta que la crisis del Covid parece única porque afecta a la mayoría de la humanidad. Aunque es especial solo por su visibilidad. Existen miles de otras crisis igualmente terribles, pero que nos resultan tan lejanas a algunos de nosotros que actuamos como si no existieran. Pensemos, por ejemplo, en las guerras diseminadas en distintas partes del mundo, en los cientos de miles de refugiados que huyen de la pobreza, del hambre y de la falta de oportunidades, en los que padecen las consecuencias del cambio climático… Esas tragedias, insisto, nos parecen lejanas, suelen ser ante nuestros ojos meras noticias pasajeras que tristemente no logran movilizar nuestras agendas y prioridades. Pero al igual que la crisis por el Covid, afectan a toda la humanidad.

—*Cuando el mundo empezaba a salir de la pandemia estalló la guerra en Ucrania. Usted, precisamente, viene insistiendo en que nos estamos acostumbrando al horror, a la muerte, y en que no deberíamos perder la sensibilidad que nos lleva a llorar ante esas situaciones…*

—Sí, nos estamos acostumbrando. Es una enfermedad de la vida que se está expandiendo cada vez más. Entonces, empezamos a convivir con ella y la guerra nos parece una gripe más. Cuando en 2014 fui a Redipuglia con motivo del centenario del comienzo de la Primera Guerra Mundial y visité el cementerio vi la edad de los caídos y lloré con amargura. Cuando el Día de los Fieles Difuntos, en 2017, concurrí al cementerio americano de la Segunda Guerra Mundial en Anzio, donde hay casi 8000 tumbas de norteamericanos, también lloré. Cuando en 2019 se realizó la ceremonia por los setenta y cinco años del desembarco en Normandía, que reunió a numerosos jefes de Estado, no recuerdo que alguno haya hablado de los 30 mil jóvenes soldados que murieron en las playas. Al término de la Segunda Guerra Mundial hubo una ola de acciones por la paz que incluyó la buena voluntad de no fabricar armas. ¡Tantas esperanzas se pusieron en las Naciones Unidas! Pero nos olvidamos de eso. El esquema de la guerra se impuso otra vez. Es cierto que hubo grandes personalidades que apostaron por el esquema de la paz como Gandhi, pero somos tercos como humanidad. Estamos enamorados de las guerras, del espíritu de Caín.

—*Los pontífices de modo directo o a través de la diplomacia vaticana desplegaron en el último siglo muchas gestiones en favor de la desactivación de conflictos, la mayoría de las veces en la mayor discreción para no entorpecer las negociaciones. No obstante, no siempre quedó bien parada ante la opinión pública...*

—Efectivamente. Hay cosas que se lograron, enfrentamientos en ciernes que se desactivaron y que no se conocen. Vuelvo a citar las acciones de Juan Pablo II ante la Guerra del Golfo. ¡Cómo no mencionar los valiosos esfuerzos de Juan XXIII para superar la llamada "crisis de los misiles" que en 1962 enfrentó gravemente a los Estados Unidos y la Unión Soviética y puso al mundo al borde de una conflagración atómica! ¡Cómo no recordar también intervenciones públicas resonantes como la mediación de Juan Pablo II entre la Argentina y Chile, que evitó en 1978 una guerra inminente! ¡O su contribución a la liberación de los países detrás de la Cortina de Hierro sin violencia! Pero los papas nunca van a condenar directamente a un país o a un presidente. El objetivo, el bien superior que se busca, es la paz. No obstante, pueden hacer gestos. Cuando Hitler visitó Roma, Pío XI se fue a la residencia de Castel Gandolfo. En el caso de la guerra en Ucrania la diplomacia vaticana, con el secretario de Estado, el cardenal Parolin, y el sustituto para las Relaciones con los Estados, monseñor Gallagher, realizó desde el primer momento intensas gestiones que no se conocieron por razones de prudencia.

—*Sin embargo, no siempre es comprendido el papel de la Iglesia en general y de los pontífices en particular, lo cual los convierte en blancos de duras críticas...*

—Es verdad. Pero los papas no trabajamos para nuestra imagen, sino para el bien de la Iglesia y de la humanidad. Uno procura hacer todo el bien que puede, trata de promover siempre el diálogo. Como Iglesia promovemos la unidad. No podemos olvidarnos de que la Iglesia es madre de sus fieles. Tiene una actitud misericordiosa, perdonadora que implica también señalar una puerta de salida a los pecados personales para facilitar una reconciliación. Cuando pierde esta actitud deja de ser madre. Esta característica la manifiesta también en su relación con el mundo. Así como no quiere que sus hijos se peleen, tampoco quiere que los países se peleen. Por lo tanto, trata de que los que están peleados se reconcilien. ¿Es esta una actitud ingenua? Sí y no, porque posibilitó que hubiera gente que no hizo todo el mal que podría haber hecho. La historia de la Iglesia es genial en esto. Eso sí, cuando dejó de ejercer su característica de madre se equivocó.

—*Pandemias, guerras, situaciones sociales laceran-tes, primacía de lo económico en vez de las personas, dictaduras crueles, populismos manipuladores, indivi-dualismo creciente y podríamos seguir... ¿Cree que va a dejar un mundo mejor al que encontró?*

—No sé si va a ser mejor. Pero convengamos que el mundo está tomando cada vez más conciencia de muchas aberraciones. Por ejemplo, de la esclavitud. Es cierto que aún hay esclavos, formas de esclavitud, porque el mal se va, digamos, rehaciendo. Pero no po-demos decir que da lo mismo su existencia o inexisten-cia. Nadie en una mesa la puede defender. Esa toma de conciencia se manifiesta en actitudes individuales que no trascienden a la opinión pública, que no aparecen en los medios de comunicación, pero que son edifi-cantes. Conocí a un muchacho de unos 25 años que se recibió de ingeniero y comenzó a buscar trabajo, pero no lo conseguía. Después de enviar el currículum a las empresas, se presentó en un concurso y lo ganó, pero descubrió que la compañía a la que había accedi-do fabricaba armas. "Por una cuestión de conciencia no puedo trabajar allí", se dijo. Y renunció a su único trabajo.

—*Convengamos que en el mundo actual no es fácil tener esperanza...*

—Lo primero que quisiera decir es que existe la psicología de la calamidad. Una cosa es la calamidad real, y otra cosa es el comentario de la calamidad o la descripción de la calamidad que refleja mal o parcialmente la realidad. En la Argentina había una conocida actriz de comedia llamada Catita que siempre decía, ante un problema, "dígamelo a mí, señora". Cuando vemos el mundo únicamente como una calamidad tenemos que detenernos un poco y mirar otras cosas de la realidad que no son tan calamitosas. En el libro *El principito*, Antoine de Saint-Exupéry nos propone abrir los ojos a otras situaciones. Ahora bien, una cosa es el optimismo, que es una actitud humoral si se quiere, otra es la esperanza en algo concreto y otra es la esperanza como virtud teologal junto con la fe y la caridad. Son dimensiones diferentes y el cristiano está llamado a tener esperanza, que es un don de Dios. Tiene razones para tenerla.

—*¿Cuáles?*

—Contesto con una catequesis sobre la esperanza de Juan Pablo I, durante su breve pontificado, en la que fue aún más enfático. Afirmó que "es una virtud obligatoria para todo cristiano" porque nace de la confianza en tres verdades: "Dios es todopoderoso, Dios me ama inmensamente, Dios es fiel a las promesas. Y es Él, el Dios de la misericordia, quien enciende la confianza en mí; por lo tanto no me siento ni solo, ni inútil, ni abandonado, sino involucrado en un destino de salvación, que un día llegará al Paraíso". Aun en términos humanos, no religiosos, la esperanza es clave para modelar nuestra vida. Los mafiosos piensan que el mal se puede vencer con el mal, y así realizan la venganza y hacen muchas cosas que todos nosotros sabemos. Pero no conocen qué cosa es la humildad, la misericordia y la mansedumbre. ¿Y por qué? Porque los mafiosos no tienen esperanza.

—*¿Hay una fórmula para ser feliz?*

—Fórmula, ninguna. Pero cuando la vida interior se encierra en los propios intereses y no hay espacio para los demás, no se goza más de la dulce alegría del amor porque no se puede ser felices solos. La alegría no es la emoción de un momento: ¡es otra cosa! La verdadera alegría no viene de las cosas, de tener, ¡no! Nace del encuentro, de la relación con los demás, nace del sentirnos aceptados, comprendidos, amados y del aceptar, del comprender y del amar; y esto no por un momento, sino porque el otro, la otra es una persona. En síntesis, la felicidad viene solo de amar y dejarse amar. Y tengamos en cuenta que, como reza el dicho popular, "mientras haya vida, hay esperanza", pero también lo contrario: "Mientras hay esperanza, hay vida".

Anexo

Encíclicas

Lumen Fidei (29 de junio de 2013)
Laudato Si' (24 de mayo de 2015)
Fratelli Tutti (3 de octubre de 2020)

Exhortaciones apostólicas

Evangelii Gaudium: exhortación apostólica sobre el anuncio del Evangelio en el mundo actual (24 de noviembre de 2013)
Amoris Laetitia: exhortación apostólica sobre el amor en la familia (19 de marzo de 2016)
Gaudete et Exsultate: exhortación apostólica sobre la llamada a la santidad en el mundo contemporáneo (19 de marzo de 2018)

Christus Vivit: exhortación apostólica postsinodal a los jóvenes y a todo el Pueblo de Dios (25 de marzo de 2019)

Querida Amazonia: exhortación apostólica postsinodal al pueblo de Dios y a todas las personas de buena voluntad (2 de febrero de 2020)

Viajes

Visita a Lampedusa (8 de julio de 2013)

Viaje apostólico a Río de Janeiro, XXVIII Jornada Mundial de la Juventud (22-29 de julio de 2013)

Visita pastoral a Cagliari (22 de septiembre de 2013)

Visita pastoral a Asís (4 de octubre de 2013)

Peregrinación a Tierra Santa (24-26 de mayo de 2014)

Visita pastoral a Cassano all'Jonio (21 de junio de 2014)

Visita pastoral a las diócesis de Campobasso-Boiano e Isernia-Venafro (5 de julio de 2014)

Visita a Caserta (26 de julio de 2014)

Viaje apostólico a la República de Corea con ocasión de la VI Jornada de la Juventud Asiática (13-18 de agosto de 2014)

Celebración presidida por el Santo Padre Francisco ante el monumento militar de Redipuglia en el centenario del inicio de la Primera Guerra Mundial (13 de septiembre de 2014)

Viaje apostólico a Tirana (Albania) (21 de septiembre de 2014)

Visita al Parlamento Europeo y al Consejo de Europa (25 de noviembre de 2014)

Viaje apostólico a Turquía (28-30 de noviembre de 2014)

Viaje apostólico a Sri Lanka y Filipinas (12-19 de enero de 2015)

Visita pastoral a Pompeya y Nápoles (21 de marzo de 2015)

Viaje apostólico a Sarajevo (Bosnia y Herzegovina) (6 de junio de 2015)

Visita pastoral a Turín (21-22 de junio de 2015)

Viaje apostólico a Ecuador, Bolivia y Paraguay (5-13 de julio de 2015)

Viaje apostólico a Cuba, a los Estados Unidos de América y visita a la sede de la Organización de las Naciones Unidas (19-28 de septiembre de 2015)

Visita pastoral a Prato y Florencia (10 de noviembre de 2015)

Viaje apostólico a Kenia, Uganda y República Centroafricana (25-30 de noviembre de 2015)

Viaje apostólico a México (12-18 de febrero de 2016)

Visita a Lesbos (Grecia) (16 de abril de 2016)

Viaje apostólico a Armenia (24-26 de junio de 2016)

Viaje apostólico a Polonia con ocasión de la XXXI Jornada Mundial de la Juventud (27-31 de julio de 2016)

Visita a la basílica de Santa María de los Ángeles-Asís (4 de agosto de 2016)

Visita a Asís para la Jornada Mundial de Oración por la Paz "Sed de Paz. Religiones y Culturas en diálogo" (20 de septiembre de 2016)

Viaje apostólico a Georgia y Azerbaiyán (30 de septiembre-2 de octubre de 2016)

Viaje apostólico a Suecia (31 de octubre-1° de noviembre de 2016)

Visita pastoral a la Archidiócesis de Milán (25 de marzo de 2017)

Visita pastoral a la diócesis de Carpi (2 de abril de 2017)

Viaje apostólico a Egipto (28-29 de abril de 2017)

Peregrinación al Santuario de Nuestra Señora de Fátima, en el centenario de las apariciones de la Virgen María en Cova da Iria (12-13 de mayo de 2017)

Visita pastoral a Génova (27 de mayo de 2017)

Peregrinación a Bozzolo (diócesis de Cremona) y a Barbiana (diócesis de Florencia) (20 de junio de 2017)

Viaje apostólico a Colombia (6-11 de septiembre de 2017)

Visita pastoral a Cesena y Bolonia (1° de octubre de 2017)

Viaje apostólico a Myanmar y Bangladés (26 de noviembre-2 de diciembre de 2017)

Viaje apostólico a Chile y Perú (15-22 de enero de 2018)

Visita pastoral a Pietrelcina y a San Giovanni Rotondo (17 de marzo de 2018)

Visita pastoral a Alessano y Molfetta (20 de abril de 2018)

Visita pastoral a Nomadelfia y Loppiano (10 de mayo de 2018)

Peregrinación ecuménica a Ginebra (21 de junio de 2018)

Visita pastoral a Bari (7 de julio de 2018)

Viaje apostólico a Irlanda con ocasión del Encuentro Mundial de las Familias en Dublín (25-26 de agosto de 2018)

Visita pastoral a las diócesis de Piazza Armerina y de Palermo en el 25° aniversario de la muerte del beato Pino Puglisi (15 de septiembre de 2018)

Viaje apostólico a los Países Bálticos (22-25 de septiembre de 2018)

Viaje apostólico a Panamá para la XXXIV Jornada Mundial de la Juventud (23-28 de enero de 2019)

Viaje apostólico a los Emiratos Árabes Unidos (3-5 de febrero de 2019)

Visita a Loreto (25 de marzo de 2019)

Viaje apostólico a Marruecos (30-31 de marzo de 2019)

Viaje apostólico a Bulgaria y Macedonia del Norte (5-7 de mayo de 2019)

Viaje apostólico a Rumanía (31 de mayo-2 de junio de 2019)

Visita a las zonas afectadas por el terremoto de 2016 de la diócesis de Camerino-Sanseverino Marche (16 de junio de 2019)

Viaje apostólico a Mozambique, Madagascar y Mauricio (4-10 de septiembre de 2019)

Viaje apostólico a Tailandia y Japón (19-26 de noviembre de 2019)

Visita a Bari con motivo del Encuentro de Reflexión y Espiritualidad "Mediterráneo, frontera de paz" (23 de febrero de 2020)

Viaje apostólico a Irak (5-8 de marzo de 2021)

Viaje apostólico a Budapest, con motivo de la Santa Misa de clausura del 52º Congreso Eucarístico Internacional, y a Eslovaquia (12-15 de septiembre de 2021)

Viaje apostólico a Chipre y Grecia (2-6 de diciembre de 2021)

Viaje apostólico a Malta (2-3 de abril de 2022)

Viaje apostólico a la República Democrática del Congo y a Sudán del Sur (2-7 de julio de 2022)

Viaje apostólico a Canadá (24-30 de julio de 2022)

Visita pastoral a L'Aquila (28 de agosto de 2022)

Viaje apostólico a Kazajistán (13-15 de septiembre de 2022)

Visita a Asís con motivo del encuentro "Economy of Francesco" (24 de septiembre de 2022)

Visita pastoral a Matera para la clausura del 27º Congreso Eucarístico Nacional (25 de septiembre de 2022)

Viaje apostólico a Baréin (3-6 de noviembre de 2022)

FRANCESCA AMBROGETTI nació en Roma. Es periodista y psicóloga social. Comenzó su carrera en la radio y la continuó en la agencia noticiosa Ansa, de la que fue directora para Argentina y secretaria general de redacción para América Latina. Ha colaborado con otros medios internacionales, entre ellos Radio Vaticana. En 1982 presidió la Asociación de la Prensa Extranjera en Argentina y, de 2000 a 2003, la Asociación de Corresponsales Extranjeros de Buenos Aires, de la que actualmente es consejera.

Ha impartido clases y cursos de periodismo en varias instituciones educativas. Es miembro del Consejo Directivo y prosecretaria de la Fundación Cultural Coliseum. Ha recibido varias distinciones, entre ellas el premio Santa Clara de Asís a la trayectoria periodística y la Orden Stella d'Italia otorgada por el presidente de la República Italiana.

Coautora, junto con Sergio Rubín, del libro *El Jesuita: Conversaciones con el cardenal Jorge Bergoglio*, convertido en bestseller internacional tras la elección papal de su protagonista.

SERGIO RUBÍN tiene una vasta trayectoria en el seguimiento del quehacer de los diferentes cultos. Durante los últimos cuarenta años ha cubierto más de una decena de viajes de Juan Pablo II, la elección de Benedicto XVI y de Francisco, y también varias giras de este último. Ha entrevistado a personalidades religiosas como la Madre Teresa, cuando todavía no era premio Nobel de la Paz, y al cardenal Antonio Samoré, quien en 1979 le reveló que sería el representante del Papa para la mediación entre Argentina y Chile por la disputa limítrofe austral. Desde 1994 está a cargo de los temas religiosos en el diario *Clarín* y, desde 2002, es el editor del suplemento *Valores Religiosos*. Además, es columnista del canal de TV Todo Noticias y de Radio Mitre.

Autor de *Secreto de confesión: cómo y por qué la Iglesia ocultó el cuerpo de Eva Perón durante 14 años*. Junto con Francesca Ambrogetti, es coautor del libro *El Jesuita: Conversaciones con el cardenal Jorge Bergoglio*, convertido en bestseller internacional tras la elección papal de su protagonista.